بنجامين أبراهاون

بين الملائكة وقطاع الطرق

Escrituras Editora e Distribuidora de Livros Ltda.
Rua Maestro Callia, 123 – Vila Mariana – São Paulo, SP – 04012-100
Tel.: (11) 5904-4499 – Fax: (11) 5904-4495
www.escrituras.com.br
escrituras@escrituras.com.br

Diretor editorial	Raimundo Gadelha
Coordenação editorial	Mariana Cardoso
Assistente editorial	Ravi Macario
Projeto gráfico e diagramação	Schäffer Editorial
Capa	Raimundo Gadelha
Imagem da capa	Benjamin Abrahão e o padre Cícero Romão Batista aos 85 anos de idade: a foto polêmica para o jornal carioca O *Globo*, de 15 de setembro de 1929. Cortesia Arquivo Crato Antigo/Lúcia Castro, Crato, Ceará.
Revisão	Jonas Pinheiro e Paulo Teixeira
Impressão da capa	Stilgraf
Impressão do miolo e acabamento	Corprint

Dados Internacionais de Catalogação na Publicação (CIP)
(Câmara Brasileira do Livro, SP, Brasil)

Mello, Frederico Pernambucano de
Benjamim Abrahão : entre anjos e cangaceiros /
Frederico Pernambucano de Mello. – São Paulo :
Escrituras Editora, 2012.

Bibliografia
ISBN 978-85-7531-447-0

1. Banditismo – Brasil – Nordeste 2. Abrahão, Benjamin, 1890-1938 3. Cangaceiros – Brasil – Nordeste 4. Cangaço – Brasil – Nordeste – História 5. Criminalidade – Brasil – Nordeste 6. Fotógrafos – Brasil – Nordeste 7. Violência – Brasil – Nordeste I. Título.

12-12767 CDD-302.3409813

Índices para catálogo sistemático:
1. Cangaço e cangaceiros: Nordeste: Brasil:
História social 302.3409813

VitoPaper®
Papel sintético, feito a partir de plásticos reciclados
Esta capa foi impressa em Vitopaper® 232g/m²

Impresso no Brasil
Printed in Brazil

Frederico Pernambucano de Mello

Benjamin Abrahão

Entre anjos e cangaceiros

escrituras
São Paulo, 2012

Benjamin Abrahão, no auge do prestígio social, aos 27 anos de idade, em foto dedicada à "distinta prima Maria Elihimas", a 7 de julho de 1928, Juazeiro, Ceará. Cortesia Aziz Francisco Elihimas, Recife, Pernambuco. Coleção do Autor. Reprodução Severino Ribeiro, Recife.

A Diana, Martha e Ulysses

Somente um discípulo um tanto romântico de Rodin, desgarrado na literatura biográfica, conseguiria levantar estátuas sem matar de todo homens, pelo que deixasse sempre de rusticamente inacabado, de incompleto, de ainda vivo e, por conseguinte, imperfeito, humano, incorreto em suas criações.

Gilberto Freyre, A propósito do segundo
Rio Branco, *Diário de Pernambuco*,
Recife, 10 de março de 1946.

SUMÁRIO

Prefácio

Benjamin Abrahão e a saga guerreira do cangaço: a pluralidade do olhar

– La ventura va guiando nuestras cosas mejor de lo que acertáramos a desear; porque ves allí, amigo Sancho Panza, donde se descubren treinta o pocos más desaforados gigantes, con quien pienso hacer batalla y quitarles a todos las vidas, con cuyos despojos comenzaremos a enriquecer, que ésta es buena guerra, y es gran servicio de Dios quitar tan mala simiente sobre la faz de la tierra.

– ¿Qué gigantes? – dijo Sancho Panza.

– Aquellos que allí ves – respondió su amo – de los brazos largos, que los suelen tener algunos de casi dos leguas.

– Mire vuestra merced – respondió Sancho – que aquellos que allí se parecen no son gigantes, sino molinos de viento, y lo que en ellos parecen brazos son las aspas, que, volteadas del viento, hacen andar la piedra del molino.

– Bien parece – respondió Don Quijote – que non estás cursado en esto de las aventuras: ellos son gigantes; y si tienes miedo quítate de ahí, y ponte en oración en el espacio que yo voy a entrar con ellos en fiera y desigual batalla.

Miguel de Cervantes
Don Quijote de la Mancha

Inicio deliberadamente por uma reflexão sobre o autor desta obra preciosa e, para tanto, evoco o fato de que no pórtico de seu *Traité du caractère*, escrito na prisão, à época da ocupação nazista em seu país, o filósofo francês Emmanuel Mounier (1905-1950) pôs estas palavras luminosas:

> *Entramos numa dessas crises periódicas do homem, em que ele busca na angústia reter os traços de um rosto que se desfaz ou reconhecer para si figura de homem no novo rosto que lhe vem. É mister então escolher vigorosamente, na confusão de todos os valores, o que é ser homem, e homem de seu tempo, depois querê-lo ousadamente, aliando a isso imaginação e fidelidade.*

Quero reter, sobretudo, estas duas últimas palavras, para sublinhar a fidelidade de Frederico Eduardo Pernambucano de Mello à sua vocação de pesquisador e a refinada imaginação com que entretece o resultado desse seu labor, componentes ambos essenciais de sua opção de vida intelectual. Portanto, não me move, aqui, intenção de proceder à crítica desta sua obra, mesmo porque não é este evidentemente o *locus* de tais exercícios acadêmicos, visto que prefácio se rege antes por normas de cordialidade que subjazem à amizade. É minha pretensão, pois, atendendo ao convite que gentilmente o autor a mim fizera, registrar apenas reflexões, sentimentos e impressões que me despertou sua leitura efetuada ainda em manuscrito e sem a riqueza iconográfica que a acompanha em seu formato final.

Contudo, gostaria de prosseguir mediante outra evocação, esta agora de cunho mais pessoal.

Distante, tomei conhecimento de Frederico Pernambucano de Mello por alguns de seus primeiros trabalhos sobre aspectos do banditismo rural nordestino e sobre a cultura da violência no ciclo do gado da região, isso nos anos de 1974 e 1979, publicados na revista *Ciência & Trópico*, de que Gilberto Freyre assegurava a edição. O estilo era então de tal modo sisudo e jurisdicista que imaginei ser o seu autor um daqueles velhinhos ranzinzas que militavam no vetusto Instituto Arqueológico, Histórico e Geográfico Pernambucano. Por essa época, fui convidado a fazer uma conferência sobre violência urbana e confesso que me espantei ao me deparar com a presença do então jovem pesquisador, convidado a participar da mesa, na qual fez longa exposição no mesmo teor solene e heráldico! E eu me senti incomodado com essa presença extemporânea... Mais tarde, tendo prosseguido em suas investigações sobre a temática do cangaço, publicou em 1985, volume denso que compendiava seus achados e sua interpretação do fenômeno: *Guerreiros do sol – violência e banditismo no Nordeste do Brasil*. Li atentamente essa obra rica de informações e dela extraí bons conhecimentos, porém, me confrontei mais uma vez com suas teses e argumentos. Posteriormente, ou em minhas idas ao Recife ou em suas vindas ao Ceará, na ampliação de suas buscas, nós nos tornamos bons amigos, e só então pude constatar que bela figura humana ele era.

Tendo assegurado a continuidade de suas publicações sobre a temática do cangaço, em especial no livro monumento, por todos os títulos, *Estrelas de couro: a estética do cangaço* (2010), e quando isso nos fazia crer que esgotara o assunto, Frederico Pernambucano de Mello nos surpreende mais uma vez com esta obra inovadora e rica por sua impressionante documentação e relato admiravelmente bem urdido, cujo estilo cognitivo situa-se a meio caminho entre o ensaio rigoroso e a ficção; obra construída sobre um território rarefeito de rastros seguros como foi a existência, em suas alegrias e desventuras, desse árabe singular que foi Benjamin Abrahão. Antes, porém, por sua competência na área, ele atuou como assessor da equipe que criou a película *Baile perfumado* (1996) – centrada na ousada experiência de Abrahão que, na metade dos anos 1930, parte do Juazeiro em busca de recursos para encontrar e filmar na intimidade Lampião e seu bando de cangaceiros, em seu refúgio da época – de que seu livro atual reconstrói toda sua história, situando-a em seu contexto político e cultural. Assim, sem descontinuar sua perspectiva analítica e sem produzir, portanto, uma ruptura radical, percebo no entanto significativa mutação no olhar com que o autor explorou o fenômeno do cangaço em suas obras da primeira fase. Nesta obra, de evidente empatia por seu objeto, prevaleceu a perspectiva histórica e estética. Além disso, identifico em sua escrita traços do estilo de Gilberto Freyre, o primo ilustre, sob cujo influxo intelectual Frederico fez parte de sua formação.

O livro *Benjamin Abrahão: entre anjos e cangaceiros* principia sua boa urdidura desde suas primeiras palavras. Palavras de abertura, que põem de chofre o leitor em face do inteiro quadro de vida dessa personagem de romance que foi seu protagonista, cuja existência real se desenrola sobre as agitadas décadas de 20 e de 30 de nossa história no século passado. Com a licença do leitor, valha o destaque:

> *Na crônica da região mais velha do Brasil, poucas vidas riscaram de modo tão incisivo os traços duros de uma encruzilhada quanto a do imigrante Benjamin Abrahão, objeto do livro que se vai ler. Que não é senão o retrato em preto e branco dos cruzamentos sucessivos de acontecimentos históricos conturbados e de perfis biográficos pouco comuns, a se abaterem, uns e outros, a modo de agregações postiças de risco – sempre de risco, quis o destino – sobre a solidão de vida de um forasteiro que não conseguiu ir além dos 37 anos de idade.*

Desde logo o autor revela seu interesse antigo pela vida de Benjamin Abrahão, que o impressionou ao primeiro contato e seguiu a estimular-lhe o desiderato de tornar pública a saga desse homem "a quem coube dar gesto, movimento e voz labial ao cangaço, fenômeno de importância cada vez maior na cultura brasileira em geral, e na do setentrião do país, em particular". E sublinha com ênfase que, para alcançar esse objetivo, buscou o possível equilíbrio entre estes três aspectos cruciais: o estritamente biográfico; a linha da existência em seu desenvolvimento cronológico condicionado em parte pelas escolhas a que procedeu e pelas surpresas do cotidiano; e a reconstrução possível dos dispositivos de poder dominantes no período em que aqui viveu – em suma: "Despejando nesse caldeirão de condicionantes humanas e materiais que envolveram Benjamin a cada passo, desde o abalo essencial da fuga para o Brasil até a execução bárbara que vem a sofrer a 7 de maio de 1938, *chega-se ao prato que o livro põe na mesa do leitor*" [grifo meu].

É necessário assinalar ainda que a saga desse protagonista e demais personagens envolvidas nesta trama, a um só tempo pessoal e coletiva, realiza-se como espécie sertaneja de épico trágico, cuja recomposição insere de certo modo em sua narrativa o próprio autor.

Um dos primeiros aspectos a chamar a atenção do leitor desta obra reside na finura e na simbologia da escolha dos títulos com que abre os doze capítulos que a compõem, bem como na incisiva expressividade das sextilhas colhidas de um poema de César Leal, este grande poeta cearense radicado no Recife, postas em epígrafes de tais capítulos. Tudo isso integra a configuração da sensibilidade estética presente no desempenho de seu autor. E, em geral, esses títulos não constituem rótulos autoevidentes, porém são muito mais instigações ao espírito do leitor, as quais só se explicitam no desdobramento do texto.

Se me fosse permitido abusar do espaço necessariamente restrito desta apresentação, eu a transformaria – pelo entusiasmo que esta obra em mim despertou – numa antologia de suas mais belas páginas, pois que, sem exagero, o autor logrou transfigurar esteticamente os materiais brutos que escavou com tanto esforço dos numerosos documentos arquivísticos e da memória dos entrevistados, ao longo de algumas dezenas de anos que investiu, com paixão, em suas pesquisas. Impressionam o valor dos resultados e o volume das informações que coletou nessa sua arqueologia de saber.

E enriqueceria mais ainda este quadro sublinhar as argutas imagens e metáforas com que ele entretece seu estilo narrativo. Eis por que não resisto à tentação de trazer para cá alguns exemplos desse acervo rico e instigante:

- No capítulo II, já em seu título – "O rosário e a espora" – manifesta-se com evidente força esse recurso estilístico; e na sequência, quando relata as tramoias de Floro Bartolomeu contra Benjamin Abrahão, em acusação falsa e contraditória da suposta tentativa deste de assassiná-lo, nosso narrador comenta: "Não faltava mais nada: o tigre a fazer praça do temor que sentia ante a ação do camundongo...". Mais adiante, sua narrativa ajunta esta apreciação saborosa: "O segundo semestre de 1925 dará a Floro com que se ocupar, aliviando o lombo de Benjamin da roseta aguda das esporas do caudilho".
- No capítulo seguinte – "O capanga da lei" – cujas páginas iniciais, prosseguindo o que vinha do capítulo precedente,

fornecem ao leitor mais ainda a riqueza estética dessa narrativa referente aos percalços a respeito do convite feito por Cícero a Lampião a vir se integrar com seu bando no combate à Coluna Prestes; este, porém, o faz tardiamente ao se apresentar a 4 de março de 1926 à frente de meia centena de cabras, visto que àquela altura o grosso da Coluna já havia deixado para trás Ceará, Rio Grande do Norte, Paraíba, Pernambuco e se achava em pleno sertão da Bahia a realizar a difícil travessia do São Francisco, embora na impossibilidade de levar sua cavalhada – comenta o autor: *As montarias que riscam no beiço do rio estão nos ossos. (...). No melhor estilo militar, a rapaziada de Prestes empilha os arreios de couro, mantas, caronas, alforjes rotos e toca fogo. Para não dar gosto ao inimigo. Não deixou de ser uma despedida luminosa do Leão do Norte.* Nota-se aí o prazer que frui o autor na reconstituição dessa história. E que os exemplos mencionados bastem à ilustração de seu estilo ao longo da obra.

O capítulo subsequente – "Prestes x Lampião" – é de algum modo inovador. Igualmente como Gilberto Freyre, que revolucionou a sisuda historiografia brasileira, introduzindo em sua elaboração uma amplitude de horizontes para a qual qualquer expressão cultural se tornaria documento, desde que fundamentasse a perspectiva socioantropológica do imaginário de uma época. Assim, nesta parte do livro, além da boa documentação de que se serve para dar seguimento ao relato dos desdobramentos da relação expressa no título: eis por que o autor se utiliza também de narrativas populares em verso, citando trechos de folhetos de grandes poetas do período, tais como Francisco das Chagas Batista e João Martins de Ataíde. Todavia, a despeito de sua boa e bem fundamentada narrativa, rica de informes sobre o percurso de Lampião em face da Coluna Prestes, o leitor talvez estranhe o fato de que ele haja alongado excessivamente essa digressão que já vinha de capítulos anteriores, a tal ponto que a personagem objeto desta biografia passa inteiramente omitida. É bem verdade que o autor, na introdução, nos advertira disso e de outras digressões assemelhadas ao afirmar: *Para mostrar esse tempo brasileiro de mudanças rápidas, como foram as décadas de 20 e 30 do século passado, beirando o patético em muitas passagens, por vezes Benjamin parecerá resvalar para a condição de quase pretexto*. E não custa lembrar que procedimentos de digressão são recursos literários usuais com que um autor busca reforçar, esclarecer, ilustrar ou até mesmo criticar um tema. Aqui, nesta obra, eles constituem espécie de *leitmotiv*.

No texto que se segue, sobre "A morte do Padrinho", Benjamin Abrahão retorna enfaticamente como protagonista da trama. São páginas de uma força impressionante essas que sublinham a aceleração de seu ritmo vital, em especial nesse período em torno da morte do Padre Cícero aos 20 de junho de 1934. O próprio autor intensifica o timbre de sua composição ao retratar o significado desse acontecimento como uma hecatombe que se abate sobre a cidade e seus arredores, reproduzindo o depoimento pungente e belo do caixeiro-viajante Lourival Marques, espécie de John Reed dessa história, e para acentuar suas palavras solicita a sonoridade da invocação à deusa Fortuna, da cantata *Carmina Burana* (1937), de Carl Orff. E mais uma vez o autor recorre a um folheto de João Martins de Ataíde para dar voz também à expressão de dor popular. Finda o capítulo com páginas sugestivas em reflexões comparativas sobre o início da aventura de cinematografia de Benjamin Abrahão.

Em "O efeito mágico", eis-nos diante de um ponto central da obra. O autor inicia este sexto capítulo, lembrando que alguém poderia dizer que o padre, lá de cima, começava a proteger aquele que o auxiliara por mais de quinze anos mesmo com seus atropelos, visto que o segundo semestre de 1935 verá o árabe a percorrer os sertões de Alagoas e Pernambuco, na busca ainda incerta do encontro com Lampião. A 20 de janeiro de 1936, ele se autorretratara contra uma cerca de faxina, foto histórica e premonitória, em vestimenta de campo, equipamento trançado em x sobre os ombros, ar confiante...; e enquanto se afundava na caatinga, ia deixando mensagens para Lampião com seus *coiteiros*, sem esquecer-se de juntar foto "aérea" do padre no caixão, em meio à praça central de Juazeiro apinhada de romeiros em prantos, tirada por ele do alto do prédio mais alto da cidade, e no seu reverso assinado a lápis de cera azul e boa caligrafia: *Benjamin Abrahão Calil Botto*. Seguem-se belas páginas – como sempre apoiadas em imagens que lhes reforçam a significação – de reconstituição dessa aventura infrene e, sobretudo, aquela que descreve o encontro de Abrahão e Lampião. Uma vez estabelecida a confiança e iniciados os primeiros passos da operação, o autor comenta: *Credor do mérito de todo aquele afã incansável de administração à margem da lei – de uma lei vista na caatinga como extravasamento inaceitável de valores de cultura do litoral sobre o sertão – Lampião estava pronto para confirmar sua presença na História mediante a linguagem moderna do cinema. Benjamin passava de solicitante a solicitado, resvalando para a garupa do projeto, a ser tocado doravante pelo próprio cangaceiro.* Da síntese dessa participação mútua, que daí resulta, o autor conclui:

> *Não é muito. Mas não são muitas as ocasiões em que o historiador parece alisar com as mãos os fatos que tanto persegue. Beber da fonte sem caneco. Ouvir Lampião, a bem dizer. Está aí o efeito mágico que deu profundidade e alcance etnográficos ao documentário de Abrahão: o casamento sem reservas da intenção de mostrar com o impulso de ser mostrado. Quanto ao segundo aspecto em sua implicação psicológica, pode-se dizer que Benjamin apenas estende a mão para colher do pé uma fruta madura que lhe cai sem esforço. (...). Braços dados com Benjamin, o cangaceiro bebia um gole da agitação criativa que tanto nome dava aos profissionais da velha Hollywood dos sonhos.*

O seguinte capítulo – "Asas da fama" – é um passeio pelo desenrolar tanto dos conteúdos desse documentário produzido por Benjamin quanto as resultantes positivas e nem tanto de sua divulgação naquele período tenso de nossa história. Numa nota, o autor sublinha a habilidade do sírio-libanês em achar efeitos mercadológicos de sua ação, fundo ancestral da etnia de que provinha. Quero, contudo, assinalar enfaticamente que é neste capítulo que a narrativa flui mais livremente, quase sem interrupções do pesquisador a mostrar fundamentação para seu texto – deixada mais para as notas e referências do final – numa construção preciosa onde o encanto de seu estilo se solta e dá vez aos depoimentos valiosos de sua personagem. Nada obstante, nos seus parágrafos iniciais, levado pelo ardor de seu entusiasmo, ele exagera nas hipérboles; e chega a afirmar Recife da época como *capital do Nordeste*. Tropos provincianos.

A partir do capítulo VIII – "Nuvens de chumbo" – como o próprio título sugere, inicia-se tanto o sucesso que eclodiu amplamente na imprensa quanto os percalços da busca de Benjamin por aprovisionar o bolso com a perspectiva de vender o filme para o Brasil e o exterior. A própria divulgação de seu "furo" cinematográfico, porém, começa a incomodar a ordem vigente que vai desembocar no Estado Novo, um estado corporativo e unitário, com suas sequelas repressivas a tudo quanto era suposto vir do atraso ou impedir a modernidade, e com os movimentos em conflito, tais como se representam nas siglas da ANL e AIB, e seus grupos regionais. Em páginas vigorosas, o autor ilumina o pano de fundo dessa nossa história sociopolítica, sobre o qual Abrahão porfiava por desenvolver seu sonho. Complementam esse quadro as aberturas da arte moderna nesse período, nem sempre aceitas e até mesmo perseguidas. As páginas finais deste bom capítulo, porém, merecem reparo crítico aos equívocos conceptuais e à confusão de fatos e períodos no relato de movimentos populares, como o do Caldeirão e o de Pau de Colher, abatidos pela mesma repressão policial: repete, na verdade, a legenda que engrossa essa historiografia mal formulada por muitos autores.

"Conversando com cangaceiros" é a expressão que intitula o texto seguinte. Sua temática constitui o campo preferencial das pesquisas de Frederico Pernambucano de Mello e do extenso saber que nele acumulou. Ele aí situa, em páginas primorosas, os desdobramentos da experiência de Benjamin Abrahão nesse território. No meio do capítulo, há um relato impressionante sobre como funcionava a ordem social nos velhos sertões, em seu suporte de violência e mandonismo, ordem que ainda perdurava no período em apreço – seria mais consentâneo se o autor fizesse a distinção entre jagunços e cangaceiros. Mais adiante no texto, vale assinalar a reflexão segura sobre as motivações do banditismo. Há, por outro lado, um ponto que merece ser ressaltado: pela segunda vez nesta obra, o autor salienta a necessária cautela metodológica que o historiador deve exercitar em face da "memória bruta" de um depoente ou de um protagonista. O questionamento com que conclui este capítulo é iluminador das transformações com que se defrontam os potentados da região:

> *Como seguir em frente acoitando cangaceiros, e destes se beneficiando em coações ao eleitorado, em demonstrações violentas de poder e mesmo em transações comerciais rendosas, se o reduto patriarcal já não se mostra mais inviolável e qualquer sargento de polícia se sente forte para atravessar-lhe a porteira?*

"Créditos da nacionalidade", assim se intitula o menor capítulo do livro, porém grande pela frustração de que é portador e cuja epígrafe antecipa em versos simbólicos e proféticos esse evento castrador: *O Tempo ao mundo vai ficando espesso, / a suave luz do mar no mar se oculta / e o canto muda em notas de aspereza, / Eneias busca a gruta de Sibila, / a precisão do oráculo destila, / a flecha acerta Dido no arremesso.* Vigilante, sobretudo, na área da segurança pública, a verticalização do mando no novo regime estigmatizou o cangaço como uma das manifestações mais perniciosas dos poderes oligárquicos ainda remanescentes: nesse contexto, explica o autor, o filme de Abrahão era como um nervo exposto. O Departamento de Propaganda, órgão do Ministério da Justiça, comunica ao chefe de Polícia do Ceará a ordem de apreensão imediata de todo material do filme sobre Lampião, proibida sua exibição nos cinemas do país, "por atentar contra os créditos da nacionalidade". E o capítulo relata em pormenores a luta de Benjamin, que sonhara com créditos bem mais palpáveis, e os descaminhos do que se salvou desse feito pioneiro. A intolerância ditatorial negava o que de fato era "um filme politicamente inofensivo, embora dotado de valor etnográfico singular".

É incomum a beleza das páginas iniciais do capítulo onze – "Tempo de vaquejada". Não obstante o encanto da escrita, em suas imagens pitorescas, do relato da ocupação dos sertões semiáridos, não deixa de parecer estranho esse remontar aos começos do século XVII. E o leitor se apressa em indagar: que tem de fato a ver com a vida de Abrahão essa longa digressão cheia de minudências? Só aos poucos, no entanto, a habilidade narrativa do autor vai introduzindo o árabe nesse território da dominância do gado e da vaquejada, mediado indiretamente pela ingerência do grande poeta Ascenso Ferreira em sua luta por fazer prevalecer nossas tradições populares contra a invasão de manifestações culturais alienígenas, como o futebol e outras – luta semelhante à que empreendeu, duas décadas antes, o genial mulato carioca, Lima Barreto. Em meio às suas desventuras e em sua inquieta criatividade, o árabe visualiza aí sua nova oportunidade, que o leva a outra façanha documental: a vaquejada de Pau Ferro passa à história como o primeiro espetáculo do gênero a ser filmado em Pernambuco. O autor conclui este texto com esta nota: *Amizades feitas de Fortaleza aos sertões de Sergipe e da Bahia, os convites de trabalho começam a chegar à base montada no Pau Ferro. Onde dois olhos negros, redondos e doces tinham se aliado, nos últimos dias, às razões negociais de permanência do nosso homem de cinema na vilazinha progressista.*

Tal nota, como técnica de *suspense* narrativo, prepara o desfecho trágico do relato de que se ocupará o derradeiro capítulo, o mais longo, bela e tristemente intitulado "Noite dos punhais". Serei breve para não tirar ao leitor o desejo de fruí-lo no silêncio final. Trata-se de longo relato bem escrito e bem documentado sobre o crepúsculo do cangaço no final dos anos 30 do passado século. Aí pelo meio, o autor reintroduz Benjamin Abrahão nesse cenário, onde exercita suas ousadias criativas e por vezes desastrosas pelas próprias circunstâncias, com estas palavras: *No Pau Ferro, o destino começa a armar o golpe final contra Benjamin Abrahão.* Isso me fez evocar esta palavra de Freud a Laforgue: *Você sabe que eu sou o Demônio? Toda minha vida eu desempenhei o papel do Demônio para que os outros pudessem construir, com os materiais que eu trouxesse comigo, a mais bela das catedrais.*

Seguem-se os desdobramentos dos desacertos e desatinos que vão se acumulando nestes tempos finais de sua experiência de vida contraditória e rica. Benjamin Abrahão é morto assassinado na noite de 7 de maio de 1938. Pouco mais de dois meses depois, no dia 28 de julho do mesmo ano, Lampião é assassinado na fazenda Angico, em Poço Redondo, Estado de Sergipe. Duas almas irmanadas por tragédias assemelhadas. Jorge L. Borges, em "O fazedor", afirma: *Essa geometria desconhece as paralelas e declara que o homem que se desloca modifica as formas que o circundam.*

Gostaria de concluir com esta outra palavra de Borges, no breve conto "A trama" e que poderia ser inscrita no túmulo do infeliz Benjamin Abrahão:

Mataram-no e ele não sabe que morre para que se repita uma cena.

Fortaleza, 2 de agosto de 2012

Eduardo Diatahy Bezerra de Menezes

Professor emérito da Universidade Federal do Ceará e titular de Sociologia no Doutorado e no Mestrado em Sociologia, e no Mestrado em História Social dessa Universidade.

Professor titular de Sociologia e do Mestrado em Filosofia da Universidade Estadual do Ceará.

Professor visitante na Universidade de Colônia, Alemanha, em 1996.

Doutor em Sociologia do Conhecimento pela Universidade François Rabelais, Tours, França.

Pós-doutorado em História Antropológica pela Escola de Altos Estudos em Ciência Sociais, Paris, França.

Membro do Instituto do Ceará; da Academia Cearense de Letras; da Academia Cearense de Ciências e da Associação Internacional de Sociólogos de Língua Francesa.

Introdução

Na crônica da região mais velha do Brasil, poucas vidas riscaram de modo tão incisivo os traços duros de uma encruzilhada quanto a do imigrante Benjamin Abrahão, objeto do livro que se vai ler. Que não é senão o retrato em preto e branco dos cruzamentos sucessivos de acontecimentos históricos conturbados e de perfis biográficos pouco comuns, a se abaterem, uns e outros, a modo de agregações postiças de risco – sempre de risco, quis o destino – sobre a solidão de vida de um forasteiro que não conseguiu ir além dos 37 anos de idade.

Padre Cícero, beata Mocinha, caudilho Floro Bartolomeu, beato José Lourenço, cineasta Ademar Albuquerque, coronel Pedro Silvino, major José Lucena Maranhão, tenente de volantes João Bezerra da Silva, Lampião, Maria Bonita, Corisco e todos os grandes cangaceiros do tempo comparecem de maneira direta à vida de Benjamin, arvorados, cada qual a seu modo, em capítulos da existência de determinação, de sucesso, mas finalmente de tragédia a mais sangrenta, de quem se intitulava orgulhosamente sírio-brasileiro. No plano indireto, essa convergência de destinos toma novos espaços por meio de envolvimentos históricos sucessivos, por vezes simultâneos, caracterizadores, no conjunto, de um tempo brasileiro a que não são estranhas pinceladas de surrealismo.

Nada do que se desenrolou nas terras secas do Brasil nos anos 20 e 30 do século passado parece ter sido estranho a Benjamin. Um caso de prontidão permanente para empurrar portas e penetrar sem qualquer cerimônia em sagas expressivas, e quase sempre perigosas, como foram as da evolução política do Juazeiro, ou a do vendaval da passagem da Coluna Prestes pela caatinga – de par com a da vasta operação militar improvisado que essa passagem desata em decorrência – ou a do obreirismo religioso fanatizado em terras do Caldeirão da Santa Cruz do Deserto, ou a da ascensão da vaquejada no cenário do esporte e da diversão regionais, ou a do desenvolvimento vertiginoso da documentação pela imagem animada, ou a de um cangaço organizado em empresa por Lampião, ou ainda a de um Getúlio Vargas enrijecido em ditador, brandindo sobre o país a experiência corporativa do Estado Novo.

Em todos esses episódios, Benjamin ocupa espaço de alguma forma, do alto de sua figura maciça, ora metido em terno da melhor casimira inglesa, gravata de seda pura, ora em túnica de azulão inconfundível, e arrastando o sotaque carregado de que jamais se livrou – ou procurou se livrar – dando vida a páginas, em regra, capazes de surpreender. E se é certo que, dos gigantes da região na alma do povo, não chegou a conhecer o empreendedor Delmiro Gouveia, teve olhos ao menos para ver os instantes finais do relacionamento entre o visionário da Pedra e o padre Cícero, azeitado em favorecimentos recíprocos: o industrial melhorando o plantel bovino do clérigo com o envio de zebuínos recém-aclimatados no Brasil, e recebendo em troca autorização para o emprego da imagem do religioso na propaganda da fábrica de linhas da Pedra, ao que se comentava no Juazeiro sem reservas.

Capítulo irrecusável na vida dos outros – assim o averbam tantas biografias publicadas sobre o padre Cícero e Lampião, algumas gozando da fama merecida que se reserva às obras clássicas – como de resto no quadro de situações sociais e políticas por que passou o setentrião brasileiro no período apontado, Benjamin não merecera até o presente um estudo que desnudasse os aspectos básicos de sua existência. As razões de seus deslocamentos e de suas fixações, de suas preferências, de suas escolhas de vida, do universo de circunstâncias que condicionou sua trajetória de sobrevivente em meio a desafios, e que finalmente o destruiu; as ideias em voga no tempo brasileiro que foi o seu, e o que fez para desviá-las em favor do projeto em que estivesse aplicado no momento, nem sempre com sucesso; as astúcias de quem sabia não ter muito tempo a perder com escrúpulos, com limitações, com generosidades, com pieguices; os gostos de um dandismo nada platônico; a capacidade, levada às últimas consequências, de se manter imune ao medo e ao sofrimento físico no afã da realização do projeto da hora, reveladora de um estoicismo incomum. E da possível capitulação de sua alma ante o fatalismo viscoso do *maktub* ancestral.

A vida de Benjamin Abrahão nos impressionou ao primeiro contato. Sempre nos animou o propósito de revelar-lhe publicamente a saga de homem a quem coube dar gesto, movimento e voz labial ao cangaço, fenômeno de importância cada vez maior na cultura brasileira em geral, e na do setentrião do país, em particular. O que supomos ter alcançado finalmente com o livro *Guerreiros do sol: violência e banditismo no Nordeste do Brasil*, de 1985, enriquecido por um bravo prefácio de Gilberto Freyre, ora em quinta edição, com que um grão de verdade sobre a existência do aventureiro pôde ser levado ao público.

Foi com a confessada predisposição em favor da saga desse árabe pintado de verde e amarelo com as próprias mãos, que recebemos em nosso gabinete da Fundação Joaquim Nabuco, em fins de 1995, a visita dos cineastas Paulo Caldas e Lírio Ferreira, uns quase meninos à época, ansiosos por definir o conteúdo de um longa-metragem para o qual haviam conseguido o apoio de agência governamental específica. A conversa foi ótima. Um dos papéis da Fundação Joaquim Nabuco, antes de que morresse ali a linha de ação impressa por Gilberto Freyre, seu fundador, era mesmo a de orientar jovens produtores de cultura no desenvolvimento de obras de ciência ou de arte que tivessem por tema o Brasil setentrional. Saíram da conversa com duas opções: a vida de Antônio Silvino, um cangaceiro romântico da passagem do século XIX para o XX, que se permitia invadir povoações envergando um fraque roubado, rosa na lapela, perfume a valer, cavilações da *belle époque* enfiadas sertão adentro, ou a vida de altos e baixos de Benjamin Abrahão, cortada de faca, literalmente, nem bem chegara à idade adulta, sem dar margem a que conhecesse o que é a velhice. Ficaram com a segunda. O que nos levou a bater a poeira que já cobria a bruaca de pesquisa iniciada ainda em meio à graduação, no final dos sessenta, alimentada em banho-maria até a data da conversa. Desses levantamentos sem-fim. Cachaça de pesquisador.

O filme, concluído em 1996 – que veio a tomar o título de *Baile perfumado*, atendendo à dança com que o bando costumava encerrar a permanência em um determinado coito, unindo os cabras às famílias do lugar especialmente convidadas – se debruçaria sobre a maior façanha de Benjamin e, certamente, uma das maiores do cinema documental em qualquer tempo e lugar, realizada entre os anos de 1935 e 1937, a que se viu empurrado depois da morte do padre Cícero: a filmagem de Lampião e de boa parte de seu bando. Da mulher do chefe e de outras mulheres igualmente de cartucheira e punhal, de cachorros com guizo de ouro nas coleiras, do estado-maior ou guarda pessoal do comandante, de todo o grupo central enfim, e a dos subgrupos que orbitavam com autonomia derredor do conjunto de maior patente pela caatinga de vários Estados – esperteza capaz de frustrar a repressão policial concentrada – apresentando todas aquelas cabeças estreladas, cobertas de ouro e sublimadas no tempo pela poesia matuta, na abrangência da mesa e da festa, da vitória na "profissão", da ausência de fome ou de andrajos no bando, dos luxos resultantes do saque desabrido, da alegre crueldade sem remorso da herança tapuia.

Tudo isso que Benjamin conseguiu documentar, do modo mais moderno que o tempo permitia, precisava passar para a tela. Era o desafio. E a equipe foi sendo composta. Paulo e Lírio na direção, naturalmente, acumulando a responsabilidade do roteiro com Hilton Lacerda, outro menino, talento à flor da pele. Germano Coelho Filho, Marcelo Pinheiro e Aramis Trindade encarregam-se da produção executiva, sem prejuízo de que coubesse a Aramis, ator conhecido, dar vida a um tenente de volantes de atitudes surpreendentes, na cota da ficção integrativa do tema. A direção de fotografia foi para as mãos de Paulo Jacinto dos Reis, que nos deu aquela tomada do *canyon* do rio São Francisco em mergulho aéreo vertiginoso, cedo alongada em cartão de visita do filme. Vânia Debs respondeu pela montagem, ficando Virgínia Flores, César Migliorin e Fernando Ariani com a edição de som, e Paulo Rafael, com a direção musical. Nesse último campo, a composição, o arranjo e a execução premiaram a juventude então mais que promissora de um Chico Science, um Fred Zero Quatro, um Sérgio Siba Veloso, um Lúcio Maia, um Paulo Rafael, um Márcio Miranda, um Mestre Ambrósio. Um outro Fred de talento, o Jordão, encarregou-se da fotografia de preparação de cenários e de *making-off*. A direção de arte foi para as mãos experientes de Adão Pinheiro, a quem mais atormentávamos com as nossas prescrições etnográficas de consultor histórico. A estética do cangaço já nos assaltava a curiosidade de pesquisador interessado em devassar o imaginário do fenômeno. Como perder a oportunidade de levá-la ao cinema?

Do elenco, o mais preocupado em compor o tipo com profissionalismo e humildade exemplares foi o paulista Duda Mamberti, a quem coube dar vida a Benjamin Abrahão. Queria inteirar-se de tudo sobre o personagem. Quando chegou a questões como ritmo da fala, tom de voz, destro ou canhoto, fumante ou não fumante, cacoetes, gírias, sentimos ser chegada a hora de levá-lo a quem convivera de perto com o sírio. E nos largamos para o Espinheiro, aqui mesmo no

Recife, para visitar dona Neném Asfora, anfitriã muitas vezes de Benjamin nos anos 30, por ser o marido, o alto comerciante Elias, amigo e conterrâneo deste. E não ficamos na primeira visita. O interrogatório de Duda parecia não ter fim.

Melhor que o suficientismo do ator paraibano Luiz Carlos Vasconcelos, que não ouviu ninguém da equipe e findou por decalcar, com seu desempenho, um Lampião inexistente, ainda que famoso: o do filme O *cangaceiro*, de Lima Barreto, de 1953, expresso no ar invariavelmente pedante, mesmo na intimidade, de poses ora insolentes, ora debochadas, colhidas menos na história da região que em estereótipos de bandoleiros mexicanos deturpados pelo pior de uma Hollywood preconceituosa quanto a tudo que não se revelasse castiçamente anglo-saxônico. Não foi outro o caminho com que Milton Ribeiro pensou retratar o maior chefe de cangaceiros do Nordeste, no filme de 1953, quando dava vida a um arremedo de Mussolini que trocasse a campanha italiana pela caatinga, a olhar a tudo e a todos de cima para baixo, carranca fechada, braços em cruz, beiço espetado. A Lima Barreto ainda acudiu a escapatória de ter batizado o personagem central de seu filme com o nome de Galdino, Capitão Galdino, fugindo da responsabilidade de reproduzir o Virgulino real, que tinha na boa educação e nos modos contidos, na calma como regra de vida, no falar quase em sussurros, no ar paternal e doce com os seus – e com visitantes em geral – o paradoxo mais precioso de sua personalidade sabidamente violenta nos momentos de choque. Paradoxo que se perdeu a oportunidade de levar à tela no filme de 1996.

Cláudio Mamberti, na pele de certo coronel de barranco, em quem a astúcia macia disfarçava a violência, saiu-se bem. Como Chico Diaz, vivendo um coiteiro atrapalhado, de final trágico. O mesmo cabendo dizer do extraordinário Jofre Soares, metido na batina do padre Cícero para fazer apenas uma ponta: a da hora da morte do Padrinho, com que o filme tem início. Humildade própria de quem sabia ser grande. Aramis Trindade, pouco sertanejo no exagero caricato do tenente de volantes a que deu vida, não chegou a comprometer. Talvez não restasse outro caminho para que se introduzisse na película uma figura cômica, desafio que venceu galhardamente, levando as plateias ao riso aberto onde quer que o filme fosse apresentado.

Ao devassar pioneiramente a estética do cangaço e o sertão deliciosamente verde da menagem de Lampião dos anos derradeiros da existência no Baixo São Francisco, o aburguesamento alegre da cabroeira, de par com a modernização a se espalhar pela caatinga de modo inevitável, o filme inovou e causou surpresa aos que cuidam existir apenas um Nordeste sertanejo arcaico e esbraseado. A sufocar a todos com uma poeira incessante. Mas não foi possível ir além dos menos de quatro anos entre a morte do padre Cícero, a realização da façanha documental e a própria morte do autor desta, no traçado de vida do personagem central. Mais que outras artes, o cinema se vê presa de limitações orçamentárias fatais.

Ir além do período 1934-1938, coberto pelo filme, para dar ao leitor a vida inteira do aventureiro extraordinário, é a proposta do livro que oferecemos. Que buscou – não custa repetir – o equilíbrio possível entre o estritamente biográfico, a linha da existência em sua evolução cronológica condicionada proximamente pelas escolhas que fez e pelas surpresas com que se deparou no cotidiano, e a recomposição possível das tendências políticas dominantes nos diferentes tempos em que viveu, a exemplo do mandonismo oligárquico da República Velha, derramado Brasil afora nas muitas e muitas expressões de poder local, ou da verticalização paulatina – mas inexorável – do poder público depois de 1930, com o início da imposição da instância federal sobre estados e municípios cada vez mais fracos, ou dos esgares de um poder militar convicto da condição de tutor da República, assinada nos longes de 1889. Despejando nesse caldeirão as condicionantes humanas e materiais que envolveram Benjamin a cada passo, desde o abalo essencial da fuga para o Brasil até a execução bárbara que vem a sofrer a 7 de maio de 1938, chega-se ao prato que o livro põe na mesa do leitor.

Para mostrar esse tempo brasileiro de mudanças rápidas, como foram as décadas de 20 e 30 do século passado, beirando o patético em muitas passagens, por vezes Benjamin parecerá resvalar para a condição de quase pretexto. Sua vida se apassivando em fio condutor da sucessão dos temas propostos. É o preço que a biografia precisa pagar no esforço por abrir as perspectivas que irão explicar ao leitor, mais que a palavra arbitrária de quem narra, a trajetória do biografado. Permitindo a esse leitor compreender as opções pessoais, as renúncias, os avanços e os recuos, fortalezas e fragilidades, as vitórias e os tropeços do homem que se espera venha a erguer-se das páginas ao final da leitura, equilibrando-se de algum modo sobre as pedras do mosaico que assentou na vida, ora como agente, ora como paciente em face da circunstância histórica. Que não o privou de legar à posteridade uma contribuição cultural digna de todo aplauso, como foi a documentação do cangaço principalmente, alcançada com o destemor de quem parecia recitar a cada instante a sentença que Julien Gracq colocou na boca de Danielo, o estadista incendiário do romance *O litoral das Syrtes*, de 1951: "O mundo floresce por meio daqueles que cedem à tentação. O mundo só se justifica às custas da própria segurança".

Cumpre agradecer aos que colaboraram com o estudo pelas mais diferentes maneiras, à frente o saudoso amigo Aziz Francisco Elihimas, cuja convivência de anos com o biografado nos foi passada sem reservas em conversas pacientes que invadiam a madrugada, permitindo-nos ir além do dado formal no livro de agora. Mais. Abrindo margem ao exercício da empatia e à aplicação daquele cimento humano que integra as lacunas documentais presentes na trajetória do personagem, caminhos de alongamento da história naquele "romance verdadeiro" de que falavam os irmãos Goncourt.

A mesma preocupação em não furtar Benjamin ao convívio com o leitor nos fez abusar das transcrições das poucas falas diretas que dele restaram, na linha vivaz de que costuma se valer a imprensa. Aceitamos a crítica dos conservadores.

Napoleão Tavares Neves, médico e historiador do Cariri cearense, nos cumulou com as melhores fontes locais disponíveis, ao lado do genro, também médico e também historiador, Leandro Cardoso Fernandes. Todo um levantamento que o primeiro havia feito ao longo de anos com pessoas que privaram com Benjamin, pensando apenas em preservar essas memórias do esquecimento, foi-nos franqueado de mão beijada. O mesmo devemos proclamar quanto à serventia incansável de Renato Casimiro e de Daniel Walker, titulares de um dos melhores arquivos de imagens históricas existentes no Ceará, notadamente no que respeita aos Cariris Novos e ao Juazeiro em especial. Terra da escritora Fátima Menezes, a quem ficamos a dever a cessão de documentos valiosos sobre o padre Cícero e figuras de seu tempo. Na linha generosa do também cearense Melquíades Pinto Paiva, vezeiro em nos ajudar nas pesquisas que encetamos, ao lado de sua esposa, Maria Arair, professores, ambos, da Universidade Federal do Ceará.

A um outro cearense de prestígio acadêmico invejável, o cientista social Eduardo Diatahy Bezerra de Menezes, emérito da Universidade Federal daquele Estado, cabe o agradecimento pelo bravo prefácio de crítica que produziu para este livro, sempre mais interessante do que a louvaminha da moda atual. Também a José Nêumanne, pelo humor.

Myriam Asfora, Carlos Alberto Asfora, Thereza Alliz e Marcelo Antônio Elihimas, pela colônia árabe que temos no Recife, foram incansáveis quanto a esclarecimentos e sugestões, na generosidade que é traço de seu povo. Do mesmo modo como os tradutores da língua árabe de que nos valemos, trabalhando em tempos distintos de intervenção, para maior segurança do apurado, Adélia Alliz e Amin Seba Taissun. O diplomata sírio Georges Fayez Khouri, de São Paulo, trouxe luz gentilmente sobre algumas dúvidas da equipe.

A estes coube a responsabilidade de desvelar para a história as partes ocultas da caderneta de campo de Benjamin, confiada a nós por Aziz Elihimas em 1992, juntamente com as câmeras fotográfica e cinematográfica, a maleta de viagem, sete moedas de prata, um punhalzinho de cava de colete e uma camisa social destruída pela ação do sangue que a impregnava. Uma doação inestimável. Bens a serem incorporados ao futuro Museu do Cangaço do Nordeste.

No trabalho de imagem, contamos com o apoio da Fundação Joaquim Nabuco, do Recife, especialmente por meio do Núcleo de Digitalização, na pessoa do perito Severino Ribeiro, mas também dos especialistas Albertina Malta, Rosi Cristina e André Gil; da Cinemateca Brasileira de São Paulo, por sua conservadora Myrna Malanconi; do jornalista Roberto Muylaert, na abertura de espaços em São Paulo; de Marly Motta, no Recife; de Vilma Cavalcanti de Arruda, de Patrícia Travassos de Arruda e de Neto Negromonte, em João Alfredo, Pernambuco; de Dierson Tomaz Ribeiro, em Serra Talhada, Pernambuco; de Ricardo Albuquerque, da inesquecível Aba-Film, de Fortaleza, Ceará; de Lúcia Castro, curadora do Arquivo Crato Antigo, do Crato, Ceará, que nos foi indicada pelo artista plástico

José Wilton Soares e Silva, e que foi secundada gentilmente pelo empresário cratense Manuel Magalhães Neto.

A Anco Márcio Tenório Vieira, colaborador de tantos anos, ficamos a dever a leitura crítica dos originais. Dívida que se estende ao desembargador Nivaldo Mulatinho Correia Filho, do Tribunal de Justiça de Pernambuco, que se debruçou sobre possíveis arestas jurídicas resultantes da menção a nomes de vivos e de mortos, colocando tudo nos limites da lei. E a Nadja Pernambucano de Mello, pela busca dos livros raros. Campo em que também intervieram gentilmente o acadêmico, notável bibliófilo, Antônio Correia de Oliveira Andrade, e seu primo Valmar Correia de Andrade, reitor da Universidade Federal Rural de Pernambuco. Muito obrigado a todos.

Fechamos o prelúdio com uma estrofe de César Leal, talento que o Ceará doou a Pernambuco faz muitos anos, retirado do poema A Oriental Safira, do livro A *Águia e o Simurgh: imagens poéticas*, HCE Editora, Porto Alegre, 2011. Sextilhas de que lançamos mão para as epígrafes de capítulo, por nos parecerem concebidas premonitoriamente sobre as situações visitadas no livro que se vai ler:

> A sombra me conduz a outras paisagens,
> a montanha de Kaf (cerca a Terra),
> os rios, os ciprestes inclinados,
> as cidadelas brancas onde a Morte
> joga com seu punhal e afina o corte,
> levando a todos a cruel mensagem.

Sítio do Caldeireiro, Recife, 2012

Frederico Pernambucano de Mello

Entre dois messias

Prateadas vozes, luminosos dedos,
neblina azul no fundo azul das águas,
pés orvalhados, alvos tornozelos!...
Olhar pesado e cego ao céu profundo
deixar o lar, o mar, o sol, o mundo
saber-se unido ao sono dos rochedos.

A *Oriental Safira*, 21ª sextilha

A Primeira Guerra Mundial tocava fogo na Europa, minando o sossego de boa parte dos outros continentes. Para fugir ao alistamento militar obrigatório que os turcos – ainda orgulhosos no canto de cisne de seu Império Otomano – estavam levando a efeito nos domínios do Oriente Médio, brandindo com rigor o afã de fornecer soldados para a Alemanha prussiana, um jovem sírio, Benjamin Abrahão Calil Botto, como se assinava letra por letra, desembarca no Porto do Recife em dias de 1915.

Por mais que doesse a um adolescente formado no seio da família deixar para trás tudo o que amealhara de mais caro no plano do sentimento, o gesto era inevitável. E milhares de conterrâneos seus o adotaram. Afinal, "prestar o serviço militar constituía uma obrigação que, mais do que qualquer outra, simbolizava a integração de um membro de comunidade autônoma em um Estado nacional". Realizar esse ato contra a vontade "era uma situação vivida como uma imposição insuportável".[1]

A Síria era um país vasto à época, abarcando, além do território de hoje – ananicado por guerras e retalhaduras políticas em 1919, 1922, 1948 e 1967 – as configurações atuais do Líbano, da Palestina, de Israel, da Jordânia e do Iraque. A Grande Síria, como insistiam em bater no peito os nacionais de mais idade. Não tão grande que permitisse a alguém escapar aos efeitos do terror patrocinado pelos turcos, entregues naquele momento à remoção de outros súditos igualmente escorchados, os armênios, de seu território de berço, em uma segunda vertente de brutalidade, tangendo-os para o país árabe ao sul, para que fossem mortos ali com maior facilidade, no genocídio que alcançou mais de um milhão de membros da etnia.

Por conta do alistamento brutal de jovens para a guerra; da ação sanguinária do general turco Jamal Pachá, designado governador militar com poderes absolutos; da abolição *manu militari* do Estatuto de 1861, que conferia direitos mínimos aos nacionais de comunidades autônomas; da iniciativa de implantar um racionamento absurdo de alimentos e de remédios por todo o território ocupado, e ainda em razão do *pogrom* contra os armênios em curso final de execução, a Síria estava banhada em sangue no momento em que o jovem Benjamin toma a bênção a cada um dos parentes, de casa em casa, todas próximas, chorando as despedidas.

"Os turcos requisitaram as colheitas sem nenhuma indenização aos lavradores", o que acarretou uma "carestia desenfreada pela falta de gêneros, e mais que a terça parte da população morreu de fome, de tifo e de outras enfermidades", depõe quem estava lá e viu os horrores cometidos, somente podendo fugir para o Brasil em 1922. Para nosso informante, o então adolescente Farid Aoun, a derrota do general Pachá no ataque levado a efeito contra Suez, em fevereiro de 1915, agravaria ainda mais a situação, convertendo aquele ano na "fase mais pavorosa e hostil" vivida pela Síria em sua história recente. Com base em decreto de estado de sítio, o Tribunal Militar implantado na cidade de Aley multiplicava as sentenças de morte à simples suspeita de que o cidadão fosse simpatizante da França. Ou da Inglaterra, cada vez mais interessada no petróleo da região.[2]

Além da mala e das lembranças da mãe, dos irmãos e do seminário, que deixa para trás com a compreensão da família – a guerra dita suas próprias razões, afinal – Benjamin trazia o propósito, amaciado por troca de correspondências entre os mais velhos, de fazer contato com parentes remotos, os Elihimas, enraizados no comércio do Recife desde 1906, no ramo das "miudezas por atacado", das ferragens, da caça e da pesca, endereço certo na Rua Visconde de Inhaúma, nº 83-91, antiga Rua do Rangel, nº 23, com filiais na capital da Paraíba e em Campina Grande. Estreita, quente, central, ares de bazar nas lojas apinhadas, espaço o seu tanto produzido por eles mesmos, os Elihimas, e pelos muitos *primos* que formavam a colônia de sangue árabe, aquele raio saído da Praça da Independência devia devolver-lhes algo da origem. Porque dali não arredaram pé em um século de existência comercial a mais ativa.

Alto, alvo, cheio do corpo – "gordo socado", na voz de quem privou com ele – caprichoso no vestir, agradável no trato, prestativo, fala arrastada e mansa, o retrato certamente não corresponde ao instante em que o sírio arriba por aqui, quando não passava de um quase menino nos seus quinze anos incompletos, pálido e esguio, dizendo-se nascido em Belém, na Terra Santa, no ano de 1901, de família nem judia nem muçulmana, mas católica apostólica romana. Uma família impelida a buscar incessantemente a comunhão com as de outras confissões religiosas, sem poder desarmar a postura de cautela de quem sabia que o conjunto dos cristãos não ia além dos 10% da população da cidade na virada do século XIX para o XX. E de quem não ignorava – nem podia ignorar, por conta do amargor dos parentes mais velhos, bem lembrados de tudo e sempre dispostos a contar a filhos e netos – que os motins anticristãos de 1860 tinham respondido pela eliminação cruenta de mais de duas mil pessoas, entre mortos e feridos graves.

De Belém para Damasco, palco das andanças de menino e de rapaz, pudera ver que se estendia um mosaico precariamente justaposto de raças, de tribos e de credos, a que faltava a cola desejável, antes havendo repulsão entre as partes. Simpatias e aversões por vezes viscerais. Em meio a muçulmanos sunitas, divididos em quatro escolas, às seitas xiitas partidas e repartidas principalmente entre ismaelitas, iesidis e bahais, aos cinco tipos de judeus reconhecidos, às catorze seitas cristãs, com predominância para maronitas, gregos, armênios, jacobitas, coptas e abissínios, aos protestantes convertidos por missionários ingleses e americanos e, por fim, aos católicos devotos, seus irmãos em Cristo, convertidos por missões francesas, italianas e espanholas, a atmosfera beirava o irrespirável de tempos em tempos. Não trazia dessa característica espiritual de sua terra uma boa recordação, ainda que alcançasse as razões históricas imemoriais que a tinham estilhaçado em tantos refúgios de fé, para dizer o mínimo.

Como cristão e, portanto, *kafir* ou infiel a olhos muçulmanos, nunca se sentiu inteiramente seguro na terra natal. E por isso, ao se abrir em conversas no Brasil, acontecimento pouco frequente, preferia fugir da religião e da política para recordar da velha Síria a rotina amena de Belém, perambulando menino pelos sítios de parentes nos arredores da cidade, à sombra de romãzeiras, de abricós, de palmeiras esguias, de jasmins, de parreiras, de laranjeiras, de limoeiros, estes últimos a demarcarem os quintais exíguos com seus espinhos, de onde, pelo meio da tarde, lhe chegava o cheiro da cozinha rica de pratos da terra, preparados pelas tias velhas. Como esquecer os bolinhos com calda, a baklava e a halfa, as tortas, como a konafa, a zalabia, a maamounia, os pudins de arroz, de banana, de figo? Quantas vezes não tomou sorvete vendo os homens da família a beber café e a puxar a fumaça dos narguilés enfeitados, repassando os assuntos do dia?

De Belém, só não apreciava o inverno gelado, impossível de ser diferente em cidade de 800 metros de altitude, grimpada no alto de uma colina. Damasco era mais baixa, disposta em planalto situado na orla do deserto, mas em meio ao oásis do Ghutah, de onde sopravam ventos moderadamente aquecidos, um hálito feminino a atenuar o frio do inverno, como gostava de brincar, identificando na Al-Sham dos árabes um dos ajuntamentos humanos mais velhos do mundo. E fonte de aventura em sua vida. É que para ali precisava viajar a cada final de mês, na companhia de um tio que armava caravanas para vender utensílios aos beduínos. O tio lhe dava algum dinheiro ao final da jornada. Em algumas dessas andanças, a ausência do agente local o obrigara a entrar no deserto, vencendo léguas sobre um daqueles magníficos camelos que somente a Síria possui, e chegando a cochilar nos altos e baixos da marcha compassada. Num dos regressos, a consciência da distância da família e o desafio de um dos empregados do tio o levam à ousadia de conhecer os primeiros segredos femininos oferecidos por aquela cidade exótica e misteriosa, alvíssima sob o sol e mais ainda ao luar, de minaretes esguios, domos arredondados, crescentes dourados em muitos prédios, muralhas envolventes e portões que outrora se fechavam à noite, um centro indiscutível de cultura em geral e de erudição islâmica. Fiapos de lembranças.[3]

Naquele segundo ano do conflito mundial, em que os alemães avançavam em todas as linhas, levando inquietação até mesmo a países longínquos como o Brasil – um dentre tantos em que a modelagem cultural obedecia a figurinos que Paris espalhava pelo mundo, fazendo pulsar no trópico brasileiro um coração francês – o Recife fervia como centro de comércio da região. Às voltas com a importação de quanto o estrangeiro oferecia – e conseguia furar o bloqueio naval dos beligerantes – a exportação do açúcar, do algodão e dos couros, sobretudo, definindo a contrapartida que a região ofertava para o equilíbrio da balança dos negócios externos. A indústria nacional, sem dispor de um passado digno desse nome, começava a botar a cabeça de fora por conta mesmo da desgraça da guerra, chamada a se expandir na linha do que viria a ser o primeiro ciclo de substituição de importações em nossa história. Período de desenvolvimento acelerado da economia brasileira, numa palavra. Presidência do mineiro Venceslau Brás, bacharel pelo Largo de São Francisco, um mediano de inteligência a quem não faltavam habilidade e muita sorte para navegar na tormenta.

Com os Elihimas, o jovem não tinha como fugir ao comércio, indo para a linha de frente da oferta móvel pelas praças do interior, aspereza própria de quem inaugurava a vocação naquela vida, agenciando produtos maiores e mascateando miudezas. Para isso é que fugira do colégio em que os primos o tinham matriculado logo ao chegar, justiça seja feita a estes, confiantes em que o jovem não teria problemas de comunicação por dominar um pouco de francês.

Benjamin desdenha do plano. Queria mesmo era lançar-se nos negócios. Foge do colégio e vai dar com os costados em Rio Branco, atual Arcoverde, boca do sertão de Pernambuco, sem revelar às autoridades como chegara tão longe. Devolvido à presença dos primos, recebe finalmente a matrícula por que verdadeiramente ansiava: a de auxiliar de comércio. Não o de balcão de loja, o caixeiro fixo, passarinho de gaiola preservado de riscos por um cotidiano de rotina, submetido a jornada diária de trabalho que podia chegar às dezesseis horas naquele início de século. O sonho era outro. Viveria solto. Sem peias. Ao modo de um cometa, que outro nome não se dava à época ao caixeiro-viajante. Ao mascate que riscava hoje aqui, amanhã, bem longe.

O trem de ferro já chegara ao agreste do Estado, detendo-se na cidade de Pesqueira. Daí para a frente, bruacas de couro sobre casco de burro. Vila em vila. Cidade em cidade. Benjamin desaparece na poeira dos caminhos. Nascia um peregrino de Mercúrio. Mais um. Eram tantos a enxamear pelas estradas de chão do interior, alegres quando se encontravam, solidários nos riscos, nas informações sobre roteiros e cadastros de compradores, sem acordo apenas quando o mostruário saía à luz. Aí, cada qual que puxasse para a sua bandeira comercial. Havia os de Albino Silva, os de Alves de Brito, os de Álvares de Carvalho, os de Pessoa de Queiroz, os de Seixas Irmãos, casas que fizeram a grandeza econômica de Pernambuco, nomes de sabor português na maioria dos casos.[4]

A mercadoria dos Elihimas passa a frequentar desde balcões encardidos de ponta de rua a bodegas do mato. E não se detém por aí o sírio irrequieto. Em São Bento do Una, a amizade que tece com o fazendeiro José Ferreira de Morais, por volta de 1916, nos abre janela expressiva sobre a capilaridade de um varejo que estava conseguindo atingir até mesmo a unidade rural de vida econômica, a fazenda.

E ajuda a dissipar o mistério sobre as razões do sucesso nos negócios encetados pelo aprendiz de vendedor nos poucos meses de Brasil. Razões personalíssimas, discutíveis quanto à veracidade do que encerravam, mas que Benjamin não se pejava de usar. Expliquemos. Acolhido na casa-grande da fazenda a cada passagem, logo que se encerrava o horário dos negócios, boquinha da noite, o visitante envolvia a todos em atmosfera de maravilha ao se entregar a revelações sobre a terra de Jesus, curiosidade de todo cristão, a voz engrolada conspirando em favor de um mistério que a luz bamba dos candeeiros só fazia aumentar. Quem não gostaria de comprar alguma coisa a um conterrâneo do Salvador do Mundo?[5]

Pelo final do ano de 1916, a visão do mar de chapéus de palha que branqueava a sua conhecida Rio Branco, em meio ao pontilhado do foguetório incessante, aos vivas sem-fim, à alegria dos laços de fita ao vento, ao fanhoso das ladainhas, o leva a indagar dos romeiros – sim, eram romeiros que estavam ali, coalhando o quadro da feira, homens, mulheres, meninos, famílias completas, muitos velhos, plenos de entusiasmo, cobertas, redes, matulões, cabaças d'água cruzando o peito em x – sobre as razões de tanto fervor, de tanta animação em torno de jornada penosa como a que iam empreender, ao que diziam, para uma vila do sul do Ceará, por todos considerada santa. Recolhe o testemunho em coro acerca das virtudes excelsas do padre Cícero Romão Batista, um sacerdote virtuoso e místico, ordenado no Seminário da Prainha, em Fortaleza, no ano de 1870, que chega à povoação do Juazeiro dois anos depois, deparando-se com duas ruas, capela, escola e trinta casas cobertas de palha. E hoje? Indagavam todos, para exagerar na resposta dada a uma voz: mais de vinte mil habitantes, entre a rua e os sítios!

Benjamin se impressiona. Além de destino espiritual de todo nordestino do interior, estava claro que a capelania do padre Cícero se convertera em praça de negócios em expansão acelerada, capitalizando a condição de estuário de romarias. De Sergipe ao Maranhão, segundo lhe chega aos ouvidos, os homens de fé acudiam ao Juazeiro para receber a bênção do Padrinho, ao menos uma vez a cada ano.

Cabeça cheia com tudo o que vira em Rio Branco, com poucos dias resolve seguir para a cidade santa dos romeiros. Para os domínios do padre misterioso. Restara claro aos seus olhos – não há exagero na suposição – que o futuro tinha tomado por sede o verde brejoso dos Cariris Novos, oásis na vasta caatinga derredor, que outra coisa não é o Nordeste que se estende para além do litoral: uma grande caatinga derramada sobre chãs, mastigada nas grotas, de clima adoçado levemente nas serras, como as andanças de mascate já lhe tinham revelado.

Em artigo de vinte anos depois, publicado no recifense *Diário de Pernambuco*, edição de 2 de junho de 1937, deixará claro que sua escolha de destino repousara sobre razões bem calculadas de natureza prática, e não apenas sobre as espirituais: "O Cariri é a zona mais fértil do Estado. É denominada Coração do Ceará, onde estão situadas importantes cidades, como sejam, Jardim, Missão Velha, Barbalha, Juazeiro e Crato. Esta última é o ponto terminal da estrada de ferro, que tem seiscentos quilômetros de extensão".

Impossível não contrastear o quadro que se abre aos seus olhos, com as visões do passado no chão de berço. O cenário humano da Terra Santa, a se projetar sobre a circunstância de vida que se oferece como promessa de realização no presente. Tudo apontando para o que há de comum entre as recordações da origem distante e o Juazeiro. O que levava aquele crente mais fervoroso a mergulhar nas águas prosaicas do rio Salgadinho e sair dizendo que se banhara no rio Jordão. Houve disso. Um erudito do Juazeiro, o professor Manuel Dinis, observou em livro de memórias haver uma explicação também de ordem física para a transposição cristianizante de cenários bíblicos para a terra do padre Cícero, por parte de beatos, penitentes, romeiros e, sobretudo das chamadas "cortes celestes". Para ele, "em face de uma fotografia de Jerusalém e do monte Calvário, litografada nos diplomas da Irmandade do Santo Sepulcro, há certa semelhança entre a posição topográfica do Juazeiro, rio Salgadinho e serra do Horto, com Jerusalém, o rio Jordão e o monte Calvário".

Não paravam por aí os traços a inculcar a identificação do Juazeiro com a Terra Santa. Comunidades, ambas, fundadas na fé e na exploração econômica desta, ao estímulo de boas ou más intenções, como sempre. Aqui, como lá, multiplicavam-se as possibilidades para a produção artesanal, e mesmo semi-industrial, de objetos de inspiração sacra, a alimentar o culto ou a se destinar a simples *souvenir*. Não é tarefa leve enumerar os itens da produção frenética que costuma brotar em comunidades cevadas no ardor religioso. A mão de obra da localidade e dos arredores, no caso do Juazeiro, sentia-lhe os efeitos econômicos vivificantes, especializando vocações nas artes e nos ofícios, para usar os termos correntes à época. E que dizer da hospedagem, da alimentação, da orientação aos visitantes em atropelo acerca dos melhores locais, dos horários mais promissores, tudo sem conforto, mas tarifado pela hora da morte. Alguma diferença da Terra Santa no particular?

Chapéu de palha à cabeça, em meio a centenas de romeiros, Benjamin chega ao destino que elegera. Quase uma volta aos pagos do Oriente Médio, com a diferença de estar bem viva a divindade por aqui. Inteira-se da bênção pública dada pelo Padrinho a cada dia, ocasião em que, surgindo da porta entreaberta da morada urbana, sob a proteção de auxiliares de confiança, outras vezes preferindo coar o fio de voz por entre as grades de uma janela lateral, dirigia aos fiéis a mensagem costumeira: "Meus amiguinhos, quem matou, não mate mais! Quem roubou, não roube mais! Quem pecou, não peque mais! Os amancebados se casem!".

Não era fácil chegar a ouvir essas palavras, ninguém dali iludia o visitante. Hora incerta, rua estreita, profusão de romeiros e vendedores de todo tipo, estilhas de sol em vertical, calor de fornalha, poeira se erguendo em nuvem, cheiro de corpos suados ao longo de dias e dias de viagem, foguetes e bombas subindo e estourando sem cessar em área muito próxima, o quadro se agravava com a presença de crianças seminuas, de doentes em redes, e por conta da precedência que todos deviam acatar em benefício dos beatos do lugar. Aqui, um capítulo à parte. Descarnados, barba nazarena em regra, olhar "boiado" como o dos santos, metidos em batinas escuras, longas, arrochadas à cinta por cordão de São Francisco, enfeitadas de cadarços, galões, rendas, gorro não menos enfeitado à cabeça, os beatos iam chegando, confiados no abre-alas do costume. Um destes, dos mais antigos no ofício, o pajeuzeiro José da Cruz, vergado ao peso da cruz de madeira cravejada de bentinhos, rosários, imagens, escapulários, flores de papel, fitas de todas as cores e tamanhos, puxando um carneirinho branco pela corda, o "cordeiro de Deus". Quase duas arrobas de devoção material arrastava por toda parte o beato da Cruz. Esses intercessores da fé necessitavam de passagem livre para chegar à porta do superior máximo e ali arriar a cruz, ou simplesmente dobrar os joelhos em reverência, em meio a proclamações em voz alta. Uma tradição. Anteato de realce a mais uma aparição pública de quem os poetas populares tinham canonizado em vida como "uma pessoa da Santíssima Trindade".[6]

Lá um dia, vencendo o empurra-empurra de sempre, Benjamin consegue a ventura de ser avistado por um padre Cícero de 73 anos e princípio de catarata, que estranha a tez clara de estrangeiro, a estatura, o sotaque carregado, em meio ao castanho da caboclada, e se aproxima: "Você, meu amiguinho, de onde vem?". Conhecendo um pouco da história do padre, o interesse que estadeava pela história sacra desde o seminário, Benjamin arrisca: "Sou natural de Belém, da terra de Jesus". E pede para arranchar-se por ali, sob a proteção proverbial do chefe religioso. Seria mais um dos "náufragos da vida", expressão com que o Padrinho nivelava leões e ovelhas que lhe pediam valimento no Juazeiro. Mão no queixo, o padre coça a cabeça, e depois de fitá-lo de alto a baixo, bate o martelo: "Fique, meu filho. Seja bom e pode sentir-se aqui como se fosse a sua própria casa". Voltando-se para os romeiros, alteia a voz para saciar a curiosidade dos mil olhos que flechavam o estranho àquela altura, e proclama, sem esconder a satisfação diante da novidade: "Ele é conterrâneo de Nosso Senhor Jesus Cristo!".[7]

De volta à casa, chama a beata Mocinha, auxiliar de maior confiança, e lhe passa instruções sobre o visitante. Em questão de dias, uma outra pessoa da inteira confiança do padre, o tecnólogo Pelúsio Correia de Macedo, figura interessantíssima de faz-tudo do lugar, que viria a granjear fama como fabricante de quase todos os relógios públicos da região, inclusive o da igreja gigantesca da cidade de Petrolina, nos longes da confluência sertaneja entre Pernambuco, Piauí e Bahia, além de músico, compositor, mestre da banda e futuro telegrafista do Juazeiro, irá encarregar-se de receber Benjamin em sua residência como hóspede sem prazo. Vontade do Padrinho. Convívio de ouro, ao olhar dos mil caminhos de aprendizado potencial. Deixar a latada quente e baixa de dona Maria da Cruz, primeiro destino dos romeiros arribados, já era desafogo, há de ter pensado.

Reproduzindo os passos dos Elihimas, o padre manda matricular Benjamin no Colégio São Miguel, do já mencionado professor

Manuel Dinis, que se esforça para interessá-lo nos estudos. Nada feito. Em vez da sala de aula, a curiosidade do adolescente se volta para uma pequena máquina fotográfica que o Padrinho recebera de presente, sem encontrar quem se dispusesse a decifrar a química de seu uso, ainda minimamente complexa naquele tempo.

Não são muitas as notícias dos passos do mais novo juazeirense ao longo de 1917. Uma dessas tem de ver com a máquina fotográfica. Na vinda do primeiro governador a visitar a vila, João Tomé de Sabóia e Silva, caberá a Benjamin apanhar alguns registros dos passos da comitiva, como que a antecipar o futuro profissional que o aguardava. Há sinais ainda de ter-se aplicado na extensão até ali do roteiro de comércio dos Elihimas. Belo gesto de gratidão com os primeiros benfeitores. Com os primos do Recife. De modo particular, Francisco e Rafael, incansáveis na serventia ao parente. De par com isso, assegurava uma renda de que não podia abrir mão àquela altura. Sabe-se dessa fase, por fim, ter retomado o ofício de ourives, procurando aprimorar os rudimentos que trouxera da casa paterna. Despachado como era, encosta em um dos mestres conhecidos do lugar, Olímpio Bacurau, auxiliando-o na oficina. Quer mais. Procura o Crato, centro de maior tradição na especialidade. Ali, a excelência do mestre Teofisto Abath lhe assegurará voos mais altos na arte velhíssima.

Começam as viagens como ourives, profissão rentável no tempo em que os bancos ainda não drenavam para as suas burras o amealhado de cada um. Cajazeiras, na Paraíba, um desses destinos, depois de explorar as praças vizinhas, em particular o Crato, o Jardim e a Barbalha.

Fechava-se a década quando lhe chega a notícia do falecimento da mãe distante. Com meses, os primos lhe enviam do Recife o apurado recebido da Terra Santa a título de herança. Nem muito nem pouco. O suficiente para abrir um armazém de artigos religiosos e inaugurar a vida de negociante sedentário, cercado dos muitos amigos de que já dispunha na região. Os primos Elihimas dão conta ainda do fechamento de seu endereço de domicílio no Recife, o primeiro que tomara depois da chegada ao Brasil, o ano de 1920 marcando definitivamente para Benjamin a condição de residente do Juazeiro.[8]

Os fatos recentes tinham sua importância para além dos negócios. Permitiam-lhe reaproximar-se de seu benfeitor. Frequentar a casa paroquial, elogiando o universo de luxos exíguos do Padrinho, a coleção de aves silvestres empalhadas – algumas vindas de longe, da Amazônia – os crótons do patiozinho interno perfilados em renque, as gaiolas na parede, os viveiros de pássaros variados, trazidos dos quatro cantos do sertão pelos afilhados. Quem quisesse ver o dono da casa feliz que lhe trouxesse um xexéu-de-bananeira, manta preta sobre colete amarelo vivo, bico em ponta, olhos azuis, danado por frutas. De canto capaz de chamar chuva, na voz do povo, e não apenas de maravilhar pelas clarinadas com que inaugura as manhãs. Um xodó. Como dom Sebastião Leme, arcebispo de Olinda à época, nas horas quentes, Cícero gostava de afundar-se na rede ouvindo os passarinhos. Seres de Deus por excelência.

Nos planos de Benjamin, mais que tudo, abria-se o desafio de retomar a sedução exercida sobre um padre cada vez mais poderoso, que passara dos 75 anos como uma divindade acatada por todos, empalmando, no secular, a condição política indiscutível de coronel dos coronéis do Nordeste. Sim, não era outra a posição a que Cícero chegara em 1911, na crista de dois fatos marcantes de que estivera por trás quase sem se expor à luz: a promoção do povoado à vila, no final de julho, o distrito velho do Crato, base territorial da conquista, passando, em decorrência, a município – a despeito da fisiografia indigente nos pouco mais de duzentos quilômetros quadrados de que se compunha – tudo desdobrado nos ecos de uma campanha cívica que beirara a violência a cada passo; e a assinatura, no início de outubro, na já então denominada oficialmente Vila do Juazeiro do Padre Cícero, pelos dezessete coronéis que exerciam o poder político absoluto sobre os municípios do sul do Ceará, do conhecido "pacto de harmonia política". Encomenda do governador do Estado, o oligarca Antônio Pinto Nogueira Acióli, a quem lhe pareceu, apesar da fragilidade de clérigo de roça, a única fonte de poder político capaz de trazer para a mesa, em torno de compromissos comuns, a dezena e meia de individualidades as mais intransigentes e poderosas do cenário regional: o padre Cícero Romão Batista. O arquicoronel dos sertões. A tratar doravante com o governador do Estado de igual para igual, ainda que não dispusesse de nenhum título, na esfera pública, senão o de prefeito recém-empossado de um município anão estralando de novo. Município que trazia o nome, em vida, de seu instituidor e residente mais ilustre, não esquecer.[9]

Notas e referências

1. Bóris Fausto, *Negócios e ócios*, p. 35.

2. As declarações de Farid Aoun estão em seu livro de memórias *Do cedro ao mandacaru*, p. 39 a 42, passim.

3. A baixa idade da emigração de sírios no período está flagrada em André Gattaz, *Do Líbano ao Brasil: história oral de imigrantes*, p. 27. Benjamin Abrahão passa a vida a documentar os outros, sem a preocupação de fazê-lo quanto a si mesmo. Não restou escrito que esclareça de vez a sua origem e os primeiros anos de Brasil. O filho, Atallah, a quem ouvimos no Rio de Janeiro, a 5 de novembro de 2000, não dispõe de elementos que lhe permitam sequer matar a dúvida sobre a cidade de nascimento do pai: se a Belém serrana, da Palestina, que este invocava orgulhoso, atraindo prestígio sobre sua pessoa na qualidade de conterrâneo de Jesus, se a cidade de Zahlé, mais à sombra nas referências, também da Síria do período, hoje em terras do Líbano, nome que ouviu de dona Josefa Araújo Alves, sua mãe, que há de ter ouvido do companheiro, não sendo mulher ilustrada, menos ainda em questões estrangeiras. Autores como Firmino Holanda, *Benjamin Abrahão*, p. 14, e José Umberto Dias, Benjamin Abrahão: o homem que filmou Lampião, *Cadernos de Pesquisa*, do Centro de Pesquisadores do Cinema Brasileiro – Embrafilme, Rio de Janeiro, nº 1, 1984, p. 25, fixam-se na indicação de Zahlé, dando as variações gráficas Zahlah e Zahelh, respectivamente, mas não vão além do que vimos acima quanto aos argumentos de convicção. Em favor da condição de libanês, milita o fato de terem sido flagradas na caderneta de campo recolhida pela polícia na ocasião de sua morte, cobrindo o período 1935-1937, com lançamentos alternados em português e em árabe – de conteúdo a ser visto neste livro pela primeira vez – algumas palavras, não muitas, em dialeto libanês. Registros de oralidade na maioria dos casos, em meio ao árabe clássico predominante. Largamente predominante nas páginas amarelecidas pelo tempo. Nada que a circulação intensa de viajantes entre as diferentes partes da Síria de outrora não explicasse como efeito de contaminação natural. Na linha oposta, a que exclui a condição de libanês de Benjamin, e reforça a de palestino de Belém, depõe com força o arrolamento das famílias libanesas radicadas no Nordeste brasileiro, como também em São Paulo, no Rio de Janeiro e em Juiz de Fora, Minas Gerais, na primeira metade do século passado, efetuado meticulosamente pelo autor do livro de memórias citado na nota anterior, Farid El-Khoury Aoun, ele próprio um libanês orgulhoso, no qual não se acham nem os Elihimas nem os Calil Botto, p. 90 a 95. Importando dizer que Farid conheceu pessoalmente Benjamin, de quem fala em seu livro, p. 164. De maneira que segue em aberto a questão da naturalidade de nosso biografado. A recomposição dos passos iniciais deste somente foi possibilitada pela montagem de um mosaico de revelações feitas por ele mesmo, em períodos os mais variados da existência, a parentes e amigos dos quais não receasse nada de negativo, homem desconfiado que sempre foi. Aziz Francisco Elihimas, filho do "primo" Francisco Antônio Elihimas, encabeça a relação das fontes assim exíguas e confiáveis. Benjamin o tomava na conta de um sobrinho, além de pajem nas andanças pelo Recife do meado dos anos 30, quando Aziz, nascido em 1920, alcançava a adolescência. Por ter vindo a ser advogado criminalista no Recife, e historiador das coisas do Nordeste, com trabalhos publicados em jornais, revistas e separatas, Aziz pôde organizar as informações recebidas do "tio", de quem se declarava admirador. A ele coube a iniciativa de recolher

o espólio deixado por este, jazente no Cartório de Águas Belas, Pernambuco, de 1938, ano do assassinato, até 1941, quando o juiz da comarca, José da Silva Porto, toma a iniciativa de publicar no *Diário Oficial do Estado de Pernambuco* de 1° de maio, convocação a possíveis parentes do morto para que se habilitassem nos despojos recolhidos com o cadáver, no local do crime e no quarto de pensão em que residira. O edital, com o arrolamento desses bens, entre os quais as máquinas de filmar e fotografar de que a vítima fazia uso profissional, vai publicado no apêndice deste livro. Aziz é a nossa fonte de maior consistência quando se trata de mergulhar no universo íntimo de Benjamin Abrahão, espaço sempre fugidio em homens que têm por norma não fazer confissões. De seus apontamentos, de suas recordações vivas, de sua admiração pelo primo misterioso de seu pai, em tudo uma pessoa extravagante em face dos padrões com que estava familiarizado, de sua paciência em nos recompor essas impressões em conversas intermináveis, verificadas em seu apartamento da Rua do Cupim, n° 227, bairro das Graças, no Recife, pode-se dizer ter resultado essa biografia. Por se conter aí o cimento que empina em perfil humano a pobre justaposição de dados. De maneira que o principal dos primeiros tempos de Benjamin devemos a Aziz, como parte de depoimentos que recolhemos entre os anos de 1990 e 1992. No geral, as informações fornecidas por este coincidem com as recordações de um outro membro ilustre da colônia de ascendência árabe do Recife, a quem igualmente ouvimos, a matrona Orminda Asfora, mais conhecida como Neném, viúva do alto comerciante e joalheiro Elias Asfora. Nas vezes em que Benjamin se hospedou com os Asfora, dona Neném pôde ouvir deste, no tocante à origem e às razões de vinda para o Brasil, praticamente as mesmas informações que colhemos com Aziz. E nos revelou pacientemente em entrevista verificada no início de 1983, também no Recife. Sobre a confissão religiosa do biografado, baseamo-nos ainda na informação prestada por Marcelo Antônio Elihimas ao *Diário de Pernambuco*, edição de 13 de novembro de 1983, como resultado do que colheu junto aos parentes mais velhos. O "gordo socado" ouvimos de Aziz Elihimas, confirmado por Joaquim Rodrigues de Souza, em entrevista que nos deu em Fortaleza, em junho de 1979. Nas palavras do assistente de revelação de Benjamin, na Aba-Film, este era "alto, forte, gordo socado, vermelho, falava com sotaque, baixo e devagar", sempre envergando "um dólmã de mescla azul".

4. Aziz Francisco Elihimas, entrevista ao Autor, Recife, 1990 a 1992; Raimundo Gomes de Figueiredo, entrevista a Napoleão Tavares Neves, Juazeiro, Ceará, 1985 a 1988. Raimundo, nascido no Crato em 1914, fixou-se no Juazeiro muito cedo em sua vida, dedicando-se ao comércio. Além de colega de ramo de atividade de Benjamin, foi seu amigo por muitos anos, como amigo do padre Cícero, frequentando a ambos na casa paroquial, acesso inteiramente liberado a qualquer hora. Preocupado com a preservação da memória visual da cidade e de seus arredores, e também com a memória pessoal de ambos os amigos mencionados, Raimundo criou o Arquivo Histórico e Fotográfico Benjamin Abrahão, aberto ao público na Rua da Conceição, n° 849, mantendo-o em funcionamento até quando veio a falecer em 1995. Prometia ao público um "completo documentário fotográfico sobre Juazeiro e o padre Cícero". E anotava tudo quanto considerasse importante na cidade a cada dia. Napoleão Tavares Neves, médico e historiador na Barbalha, Ceará, com vários livros publicados, ao tempo em que clinicou no Juazeiro, no exercício de funções públicas, teve a iniciativa de recolher parte das recordações do pesquisador incansável, especialmente nos anos mencionados, estreitando ainda mais a amizade que o unia a Raimundo. Ciente do nosso interesse pela figura de Benjamin, Napoleão encaminhou-nos longa correspondência, de maneira inteiramente desinteressada, contendo os dados inéditos colhidos junto ao confidente do sírio, datada de 17 de junho de 1988, complementando-a, logo no dia seguinte, também por carta, com informações recebidas de outras fontes seguras,

à frente dona Maria Liesse Callou Duarte, nascida no sítio Riacho Seco, nos arredores do Juazeiro, de propriedade de seu pai, Gonçalo Parente de Sá Barreto, e viúva de antigo prefeito da Barbalha, Joaquim Duarte Granjeiro. Dona Liesse, nascida em 1910, foi amiga de Benjamin por muitos anos. Sobre a pujança econômica do Recife no momento em que Benjamin se engaja como agenciador volante do comércio dos Elihimas, consultar *Tragédia dos blindados: a revolução de 30 no Recife*, Frederico Pernambucano de Mello, p. 113 a 115, passim.

5. As informações prestadas pelo fazendeiro José Ferreira de Morais foram recolhidas por sua neta, a pesquisadora Ivete de Morais Cintra, e passadas ao também pesquisador Napoleão Barroso Braga, que as fez publicar no *Diário de Pernambuco* de 16 de outubro de 1983. Em livro que publicou nesse mesmo ano sobre São Bento do Una, Ivete Cintra recuperou a história, acrescentando que sua mãe, Amélia, nascida em 1900, chegou a entreter um namoro fugaz com o sírio, em quem muitos viam uma espécie de representante de Jesus perdido nos sertões.

6. Manuel Dinis, *Mistérios do Juazeiro*, p. 148. Aziz Elihimas, entrevista ao Autor, loc. cit. Uma das descrições mais plásticas da bênção aos romeiros é dada, com possível exagero nas marcações do patético, pelo paulista Lourenço Filho, no seu *Juazeiro do padre Cícero*, de 1926, p. 47 a 54. De todo modo, é preciso registrar que Lourenço falou sobre o que viu com os próprios olhos de observador adestrado, educador de méritos que era, em visita feita ao Juazeiro no meado dos anos 20, e não por ouvir dizer. Nessa última condição quem se inscreve é Edmar Morel, a quem devemos um outro retrato digno de exame, lançado em seu livro *Padre Cícero: o santo do Juazeiro*, p. 44 a 47, sem divergir de Lourenço senão quanto a detalhes. Sobre a figura do beato, a palavra seja dada ao padre Azarias Sobreira, *O patriarca de Juazeiro*, p. 439, que os conheceu bem de perto no Juazeiro primitivo, destes se valendo como coadjuvantes na ação pastoral. Em seu entendimento de religioso erudito, tratava-se de "um cristão piedoso que, profundamente sugestionado com a leitura do Evangelho ou com a pregação de algum missionário de grande atuação, faz voto de castidade e pobreza, enverga um hábito talar de cor escura e passa o resto da vida procurando ajudar os vigários, ensinando a doutrina cristã, visitando os moribundos e assistindo-os na agonia". Mas o papel do beato no sertão desassistido de outrora, em regra, não se bastava na esfera religiosa. Assinalamos no livro *A guerra total de Canudos*, p. 88, olhos postos no maior destes, Antônio Conselheiro, ter havido nesses religiosos informais um lado profano intenso, um obreirismo "francamente positivo, creditando-se às massas por eles organizadas em mutirões sacros a edificação de açudes e barreiros, para a contenção de uma água sempre difícil, de estradas, de latadas, de cemitérios, de capelas e de igrejas". Obras que sobrevivem ao tempo, em boa parte. O que não os tornava imunes a desvios de comportamento, a exemplo da sodomia e da pedofilia, flagradas no beato Francelino e em outros do Juazeiro, e do emprego disseminado da maconha, mais conhecida ali como "liamba", na exacerbação dos êxtases místicos, segundo pôde documentar Manuel Dinis, em livro contemporâneo dos fatos, o *Mistérios do Juazeiro*, p. 196 a 199 e 206. A Dinis não faltava a autoridade de educador veterano para asseverar: "Não é, pois, sem motivos que nos referimos ao tão pernicioso uso da liamba, por conta do qual, cremos que devem correr muitos casos de fanatismo religioso verificados nesta cidade, especialmente na formação das *cortes celestes* a que já nos referimos...". Findava propondo uma plataforma radical e extravagante: "Arrancar todos os pés de liamba que existem no Juazeiro e no Brasil". Leonardo Mota, em *Cantadores*, de 1921, dá a estrofe completa com que João Mendes de Oliveira alça o padre Cícero ao patamar mais elevado da crença católica, p. 151 da quarta edição, de 1976:

Nada mais tenho a dizer
Sou João Mendes de Oliveira,
Nesta língua brasileira
Eu nada pude aprender,
Porém, posso conhecer
De tudo quanto é verdade!
Não tenho capacidade,
Mas sei que não digo à toa:
Padre Ciço é uma pessoa
Da Santíssima Trindade...

7. Azarias Sobreira, *op. cit*, p. 156. Raimundo Gomes de Figueiredo, loc. cit.

8. Raimundo Gomes de Figueiredo, loc. cit; Maria Liesse Callou Duarte a Napoleão Tavares Neves, carta de 18 de junho de 1988, v. nota 2. Fausto da Costa Guimarães anotou a fixação de Benjamin no Juazeiro no princípio de 1920, cf. *Memórias de um romeiro*, p. 207.

9. Os confortos do Padrinho estão em Lourenço Filho, op. cit, p. 53-4; em Azarias Sobreira, op. cit, p. 108; e em Otacílio Alecrim, *Diário de Pernambuco*, 12 de fevereiro de 1933, algumas confirmações vindas da entrevista de Raimundo Gomes de Figueiredo, loc. cit, nota 2. A emancipação política do Juazeiro, em 1911, e o Pacto dos Coronéis, como ficaria conhecido o "pacto de harmonia política" celebrado nesse mesmo ano, são temas recorrentes em todos os estudos sobre o padre Cícero. Otacílio Anselmo nos dá uma das visões mais bem documentadas de ambos os episódios, no seu *Padre Cícero: mito e realidade*, p. 305 a 349, quanto ao primeiro, e p. 353 a 358, sobre o pacto. Na biografia *Padre Cícero: poder, fé e guerra no sertão*, Lira Neto enfrenta ambos os assuntos nas p. 315 a 327, e 331 a 340, com detalhes que ajudam a recompor o clima humano em que se desdobraram, dando ainda uma resenha abrangente do muito que já se escreveu a respeito. Boas revelações podem ser encontradas ainda em Amália Xavier de Oliveira, *O padre Cícero que eu conheci*, p. 144 a 211, e em Edmar Morel, op. cit, p. 54 a 79 . Luitgarde Cavalcanti Barros dedica longo capítulo à sedição, interpretando-lhe as razões políticas e sociais, no livro *A terra da Mãe de Deus*, p. 189 a 290. É a recuperação da linha esboçada em 1926 por Lourenço Filho, op. cit, p. 109 a 163, desenvolvida modernamente por Ralph Della Cava no *Milagre em Juazeiro*, de 1976, especialmente nas p. 117 a 215, de rigor historiográfico assinalável. Com destaque sobre a ascensão pública do chamado *alter ego* político do padre Cícero, em meio aos acontecimentos salientados aqui, aproveita a leitura do *Floro Bartolomeu: caudilho dos beatos e cangaceiros*, de Nertan Macedo, 1970. Como aproveita, no campo da poesia popular sertaneja, copiosa e minudente de hábito, a consulta a Leonardo Mota, op. cit. nota 4, p. 81 a 91, com a transcrição de verdadeira rapsódia composta pelo Cego Aderaldo sobre os dois temas, sem ceder ao entusiasmo. Por fim, especificamente sobre o movimento revolucionário de fins de 1913, há dois livros considerados clássicos: *A sedição do Juazeiro*, de Rodolfo Teófilo, de 1922, e *O Juazeiro do padre Cícero e a revolução de 1914*, de Irineu Pinheiro, de 1938.

O ROSÁRIO E A ESPORA

Sobre minh'alma agora aberta em cruz
penetram sombras altas como a noite,
trazendo aos sonhos só águas barrentas,
onde fixos estão alvos secretos,
do firmamento os seus mais altos tetos,
rubros cristais no azul do mar só luz.

A *Oriental Safira*, 2ª sextilha

Ao tempo em que os negócios do armazém declinam, a ponto de o proprietário ter de enfrentar ameaças de execução por parte de credores, a complexidade da vida pública do padre começa a impor a modernidade da delegação de tarefas, no mar de interesses que prosperavam à sombra da batina. A organização da correspondência, o ajuste escrito das audiências, a administração dos óbolos recebidos dos fiéis a todo instante, ora em terras, ora em gado, ora em joias, também em dinheiro, principalmente em dinheiro, conspirando em favor de uma nova divisão de trabalho que resultasse em alívio para o dia a dia das beatas que enxameavam no reduto do patriarca. Esse o quadro naquele início da década de 20.

Para enfrentar a azáfama crescente, especialmente para cuidar dos itens sensíveis, os que implicavam o manuseio de bens de valor elevado, Benjamin parece a todos a pessoa talhada. Jornalista, comerciante, ourives, ainda que formado na vida, ostentava um bom perfil, a se dar crédito ao que jurava de pés juntos. Além de tudo, caíra nas graças da beata de maior prestígio, Joana Tertulina de Jesus, a Mocinha, governanta e tesoureira do padre, poderes nada desprezíveis, que conseguia acumular com as funções de zeladora local, havia muitos anos, de certa Obra da Terra Santa, empenhada na coleta de recursos para os frades que cuidavam do Santo Sepulcro, em Jerusalém.

O convite não tarda: Benjamin seria o secretário particular do Padrinho. Um raio do sol purificador da Terra Santa, a lancetar a penumbra de praxes ultrapassadas da casa paroquial, agitam-se as beatas em cochichos, Mocinha, Martinha, Custódia, Preta, Pequena, Generosa, Zita, alvoroçadas no afã de preparar os aposentos para o moço estrangeiro, que não se faz de rogado, para estes se transferindo em questão de horas.

As chaves da casa lhe chegam às mãos depois de magros dois ou três meses de estada. Privilégio de poucos. Surpresa para muitos. Inclusive para clérigos que frequentam a casa baixa da Rua São José, de oito janelas frontais e número igual de quartos, modesta na arquitetura, mas imantada de poder. Um destes, Azarias Sobreira, capelão de povoado distante, amigo e confidente do proprietário, de quem se fizera confessor em algumas ocasiões. Nunca entrou na cabeça do jovem oficiante de Cascavel a liberalidade de Cícero, tanto mais que derramada sobre quem não apresentara um título sequer de identidade capaz de afastar a suspeita de que se tratasse de um clandestino em nosso país.[1]

No posto absolutamente invejável de assistente pessoal do orago do Nordeste, investido de poderes difíceis de descrever, tamanha a franja de atribuições públicas e privadas que encerram, especialmente, nesse último campo, por conta do acesso a segredos que abririam para qualquer vivente a possibilidade de exercer controle sobre a vida das pessoas e a intimidade das famílias, Benjamin vem a conhecer dezenas de visitantes ilustres do Juazeiro, personalidades de destaque nacional, políticos, educadores, militares, clérigos os mais altos, atraídos pela celebridade em vida de que desfruta o chefe, metido em aura de santidade por decisão inabalável das milhares de ovelhas desde a ocorrência prodigiosa de 6 de março de 1889. A da transformação da hóstia em sangue na boca da beata Maria de Araújo, recorrente por ocasião das comunhões durante semanas. Para muitos, inclusive membros da elite da terra e mesmo da hierarquia da Igreja, um milagre.[2]

Benjamin não guarda muitos meses antes de entregar-se a todo tipo de negócio rentável à sombra do patriarca. Começa pelas joias recolhidas a título de donativo, pelas quais se interessa e passa a administrar, depois de bater o pé quanto à condição de ourives perante a beata Mocinha. Não são poucas nem desprovidas de valor as peças recolhidas a cada dia. Dão bem o testemunho dos excessos de generosidade a que pode ser conduzida a alma fanatizada. A uma cliente antiga da Barbalha, dos tempos de mascate, vinda em visita ao Juazeiro com a família, e a quem concede o privilégio de receber em sala reservada da casa paroquial, Benjamin causa espanto ao mostrar parte do tesouro sob sua guarda, inteiramente livre de controle. "Tinha muita coisa bonita e rara", registrará a testemunha, queixo caído.[3]

Não fica na manipulação rentável das joias o alcance dos negócios a que se entrega no período, ao que se comenta nas ruas. A prosperidade, cedo percebida pelas pessoas à volta, resulta sobretudo da venda organizada aos romeiros de tudo quanto dissesse respeito à aura em expansão do patriarca, por conter-lhe a imagem ou por ter recebido deste suposta bênção, de medalhas a broches, de lenços a chapéus de palha, a terços, a canecos, revelando pouco escrúpulo nessa mercancia a todo transe.

Vai além. Envolve-se com exploradores contumazes de tômbolas, de bingos, de loterias, visíveis em cada esquina do Juazeiro, onde prosperavam à luz do dia embustes bem-conhecidos, alvo da ação da polícia em quase todos os lugares do sertão, a exemplo dos jogos da *correia*, do *dedal*, do *jaburu*, das *três cartas*, das *caipiras*, não estando longe na memória dos habitantes do Cariri as chamadas sociedades solidarísticas – as *engolideiras*, da voz popular – plano de capitalização especializado em depenar romeiros. Tira da exploração das massas fanatizadas tudo o de que necessita para manter padrão de vida invejável, guarda-roupa caro, sucesso com as mulheres, boas bebidas, farras com a elite jovem da terra, arrostando a censura crescente das beatas mais próximas do Padrinho.[4]

Dizia-se jornalista, desde a candidatura a secretário, brandindo sobre os descrentes uma suposta identidade funcional escrita em francês, sem permitir exame detido. Chega a emprestar seu nome a campanhas empinadas por folha da terra, *O Ideal*, até que desagrada – ao se envolver em denúncia sobre presos retirados da cadeia pública e fuzilados sumariamente – a um rival dotado de poderes bem maiores que os seus. Um outro adventício, chegado muito antes ao Juazeiro, ainda em dias de 1908, tão aventureiro quanto ele: o médico baiano Floro Bartolomeu da Costa, a quem o padre fizera prosperar na vida política, elevando-o à cadeira de prefeito do município, depois a deputado estadual, situação em que chega à presidência da Assembleia do Estado e, por fim, à deputação federal. Nessa última qualidade, tão esperto quanto o sírio, o baiano insinua-se na amizade pessoal do futuro presidente da República, o mineiro Arthur Bernardes, de quem faz a campanha no Cariri, coroada com o foguetório da vitória de 1° de março de 1922.[5]

O padre Cícero reconhecia o papel ponderável desempenhado por Floro em prol da emancipação de 1911, agindo ao lado de um outro padre, Joaquim Alencar Peixoto, um panfletário que não se detinha diante de nada, e que montara trincheira na redação do jornalzinho *O Rebate*, habituada à mansuetude do finado professor José Marrocos, seu fundador. Que o padre Peixoto ampliara de muito a tiragem da folha com os artigos incendiários que escrevia dia e noite, chamando a si os maiores riscos da empreitada, poucos deixavam de proclamar. Os nomes de José de Borba Vasconcelos, do major João Bezerra de Menezes e dos coronéis José André de Figueiredo e Cincinato Silva, cidadãos de destaque na terra, perfilavam-se igualmente na primeira linha da causa. E dos riscos. Afinal, nenhum destes ignorava achar-se em desafio aberto à autoridade do chefe político do Crato, e maior autoridade pública regional, o coronel Antônio Luís Alves Pequeno, dotado de poderes na contramão do sobrenome. Que fora capaz de arrebatar à bala o poder municipal das mãos do coronel José Belém de Figueiredo, em 1904, depois de três dias de combate, empurrando o chefe decaído para um ostracismo sem volta. Mas enquanto os demais protagonistas da campanha tinham sumido da memória de Cícero no momento das recompensas pelo esforço comum, Floro se isolara como objeto dessa gratidão, capitalizando tudo em favor de uma carreira política meteórica. E não se quedará de braços cruzados, justiça lhe seja feita, gozando as delícias do prestígio que o padre lhe transfere sem reservas.[6]

Afinal, a quem coubera a tarefa cheia de riscos de conduzir a sedição de 1913, partida do Juazeiro, pisando a brasa ainda vermelha do movimento autonomista? Quem capitaneara, no desfecho da ação, a derrubada à bala do governador do Ceará, coronel Marcos Franco Rabelo, depois de espatifar nos quatro cantos do Estado o salvacionismo político do Bloco do Norte, do general Dantas Barreto? Quem depositara, por fim, o resultado do esforço sangrento no colo do condestável máximo da República, o caudilho gaúcho Pinheiro Machado, presidente do Senado Federal no quadriênio Hermes da Fonseca, e chefe do Partido Republicano Conservador, entre louros e fanfarras? Floro. Sempre Floro. Que se pôs à frente dos maiores cangaceiros da região, ao menos no começo da marcha até Fortaleza, e de chapéu de couro, cartucheira e punhal, do alto de sua famosa burra castanha, comandara pessoalmente os famigerados Zé Pinheiro, Mané Chiquinha, Antão Godê, Cícero Veado, Zé Pedro, Zé Ferreira do Bigodão, Quintino Feitosa, Mané Calixto, em combates sucessivos no rumo da capital. E tudo porque Rabelo, oficial do Exército nada afeito à política, exonerara o padre Cícero do cargo de prefeito do Juazeiro, sem considerar que o apeado empalmava também a terceira vice-presidência do Estado.

Sim, o padre devia muito a Floro. Na ordem particular, o desagravo pela humilhação sofrida. O desabafo do ego imenso. De homem e de sacerdote virtuoso. Como não costumavam ser os de uma Igreja Católica que avançou a passos rápidos no Brasil desde a Colônia, um tanto à sombra de práticas distorcidas pela aplicação tolerante das disposições do Padroado Real. União celebrada de interesses entre Altar e Coroa que remontava, no caso de Portugal, ao ano de 1492, com a bula *Dum diversas*, de Nicolau V, confirmada pela *Praecelsae devotionis*, de Leão X, já em dias pré-brasileiros de 1514.

Não estranha que o padre Cícero erguesse Floro à condição de *alter ego* político no coice do movimento revolucionário de 1914, por tudo quanto vimos, arrostando a ciumeira do costume. No plano público, pode-se imaginar sem risco que a soma elevada das ocorrências recentes tivesse o condão de derramar sobre a mesa larga da rua São José, razões palpáveis para que o padre vislumbrasse na ação desencadeante do médico baiano um vetor de poder para o Juazeiro e para todo o sul do Ceará.

É esse Floro todo-poderoso, alçado finalmente a deputado federal nas eleições gerais de janeiro de 1921, pelo Partido Conservador, depois de duas deputações estaduais pelos unionistas, além de gestor *de facto* do Juazeiro com mão de ferro, que se vê interpelado pelo farmacêutico José Geraldo da Cruz, com o auxílio literário de Manuel Dinis, em artigo de 15 de agosto de 1924, aparecido n'O *Ideal*, sobre as tais execuções sumárias de prisioneiros retirados da cadeia.

Letrado de aldeia, Geraldo agremiava a inteligência da terra em tertúlias que se estendiam noite adentro em sua Farmácia dos Pobres, para onde acorria a mocidade ilustrada. A opinião pública do Juazeiro cabia toda naquele ponto solitário de crítica, a cargo da dúzia e meia de cotovelos que espetava a mesa enfumaçada dos fundos da casa, em que se bordava sobre as notícias dos jornais de fora, repassando em comentários a cena teatral distante, os filmes em cartaz nos centros maiores e no cineminha local, criado em março de 1922, dando lugar a uma vida boêmia um tanto água de flor de laranjeira. Afinal, Geraldo era também o presidente do Conselho das Conferências Vicentinas, não apenas o filisteu fabricante de bebidas que presidia a Associação dos Merceeiros havia anos.[7]

Logo, logo, outro desmando antigo de Floro saía à luz: a conivência com a jogatina desenfreada que tinha lugar em cada esquina da cidade. Por trás de cada batoteiro, de cada crupiê, de cada explorador do pano verde, sobretudo do jogo do bicho, era impossível não identificar o bigode espesso, a tez cabocla, os cabelos à escovinha do representante da terra no Congresso Nacional. Dessa vez, a denúncia ia além do campo político, tangendo a corda sensível da moral religiosa. A pena por trás dos artigos eruditos, escritos em português impecável, não era senão a de um jovem religioso de prestígio junto a Cícero, o padre Manuel Correia de Macedo, filho de Pelúsio de Macedo, amigo de toda vida do velho cura, como já ficou dito.

No livro *Juazeiro em foco*, mais propriamente um opúsculo, que faz publicar na capital do Estado em 1925, com o selo de prestígio da Editora de Autores Católicos, o padre Macedo, olhos postos em outro Cícero, o da Roma Antiga, apostrofa o algoz: "Até quando, doutor Floro, abusarás da nossa paciência? Por quanto tempo ainda este teu furor nos há de iludir?". Deixando a paráfrase, golpeia: "Doloroso, mas real: o Juazeiro caiu miseravelmente em mãos de um tirano".[8]

Déspota, corrupto, subjugador do padre Cícero, está aí o mínimo que o padre Macedo atira às faces de Floro, em artigos publicados na imprensa do interior e da capital – nesta, sobretudo através do jornal O *Nordeste* – enfeixados finalmente no livrinho-bomba. O curioso é que o jovem pároco, transpirando erudição de base tomista, apenas repetisse, com retórica trabalhada, o que alguns romeiros mais afoitos diziam pelas esquinas, mão sobre a boca: "O doutor Fuloro já botou foi maguinitismo no meu Padrinho".

A reação imediata não ultrapassa a estatura do caudilho: ameaças de morte distribuídas em todas as direções. Começam a deixar os sítios os cangaceiros de costume, entrevistos nas pontas de rua ao cair da noite. Haveria uma lista secreta com os nomes dos condenados principais, a voz das esquinas joga lenha na fogueira. Bobagem. Floro não era homem de temer a ação às claras. Essa justiça todos lhe fazem. A nominata aparece logo, encabeçada pelo farmacêutico Geraldo, como seria de se esperar, a que se seguiam os nomes de Sebastião Marques, José Pontes, conhecido por Chofer, José Terto, Sebastiana, mulher deste, Joca Cigano e Benjamin Abrahão. O padre Macedo se encarrega de divulgar o rabisco fatal. Até para salvar vidas.[9]

Na linguagem corrente entre os amigos incontáveis de Floro, bafejados direta ou indiretamente pelos três níveis de poder político com desempenho no município, ficava no passado a expressão "distinto moço", da referência costumeira a Benjamin: agora era "o Turco", maior ofensa que um sírio pode receber. Também nada mais do carinhoso "padre Macedinho", e sim, "padre Bexiga Preta". A conspiração para demolir a imagem do inimigo comum envolvia desde o juiz de Direito, Juvêncio Joaquim de Santana, e seu suplente, Pedro Coutinho, até o delegado de Polícia, Manuel Timóteo do Nascimento, passando pelo promotor de Justiça, Juarez Bezerra de Menezes; o chefe do Posto de Profilaxia Sanitária, Belém de Figueiredo; o coletor do Estado, Ananias de Figueiredo; o escrivão da Coletoria, José Furtado Landim; o fiscal da Fazenda do Estado, Alfeu Aboim; o tabelião público, Luís Teófilo Machado, o chefe da Inspetoria Agrícola Federal, Pedro de Albuquerque Uchoa, e mais o coronel Francisco Alencar, o advogado Audálio Costa e toda uma lista de aspirantes a cargos futuros. De Fortaleza, o advogado Raimundo Gomes de Matos, um celebrado professor de Direito Penal, orquestrava o que se pode caracterizar como um autêntico grupo de poder, no papel do grande consultor de todos para as questões públicas.[10]

Benjamin, agora o Turco, se torna invisível da noite para o dia. Nada mais das visitas aos cabarés, distância dos quixós das raparigas, de que era vezeiro. Nem pensar no convívio com a patota intelectual que assinava ponto na Farmácia dos Pobres, tomada de uns ares de catacumba. Viajando acompanhado, fica pelos municípios vizinhos por semanas, em casa de pessoas de confiança. No Juazeiro, cola no Padrinho, para quem passa a ler passagens intermináveis da vida dos santos, ajudando o protetor a contornar os males da catarata avançada. Provava do que lia, vivendo, ele mesmo, o protegido, vida de santo.

Floro não era fácil. Temperamento moldado na forja do sertão primitivo, os atos, os gestos, as vozes fanhosas de mando, o rompante, as explosões, tudo no caudilho parecia confirmar a cada instante a tomada para si da sentença ancestral, com que plantava marco profundo na trajetória de vida que adotara: ódio velho não cansa... E nem havia tempo para cansar.

Em dias de junho, José Landim, que além de escrivão da Coletoria inscrevia-se na lista de ouro dos compadres de Floro, agride Benjamin durante os festejos de recepção ao padre Macedo na cidade, na ocasião em que este, vindo de Fortaleza, passava para o Crato, onde fixaria residência depois de renunciar à paróquia do Juazeiro. O bote definitivo estava em preparo. E porque entendesse necessária a cobertura de um pretexto público para esse gesto final, o caudilho faz expedir telegrama para o advogado Raimundo Gomes de Matos, em Fortaleza, propalando ter sido alvejado à bala "pelo turco Benjamin Abrahão", no momento em que participava, à noite, "de uma reunião decente em casa de Francisco Alencar", o disparo não chegando a se produzir "por conta da intervenção de alguns amigos que estavam no sereno" e teriam conseguido dominar o algoz, frustrando o "disparo do revólver". Não faltava mais nada: o tigre a fazer praça do temor que sentia ante a ação do camundongo...

Benjamin não se livra da prisão, de todo modo. Tão inconsistente se mostra a versão infamante, a despeito do potencial de alarme sobre um Padrinho a quem as informações já não chegavam com a clareza de sentido de anos anteriores, que os dias seguintes assistirão ao recuo da suposta vítima do atentado. Melhor do que o ridículo, deve ter pensado Floro. A acusação é minimizada sem explicações maiores, de novidade apenas a abertura de uma janela de escapatória para o sírio, autor, ao que se dizia, de uma retratação escrita no xadrez. O deslinde da questão vem na forma de novo telegrama de Floro para o mesmo destino do anterior: "Não podendo ser provado que o turco Benjamin Abrahão realmente quisesse cometer um atentado, por isso que não cheguei a lançar mão da arma, e mais ainda porque escreveu carta, para ser publicada, declarando querer morar aqui e outras coisas, foi solto completamente encabulado".[11]

Ufa! Estava ali a oportunidade de continuar com vida, ainda que sob restrições as mais pesadas. Por não ser conquista, apenas concessão, nenhum direito o caudilho reconhecia em benefício do inimigo mal-tolerado senão o de ficar vivo. O favor da existência. Calado, naturalmente. Caneta no bolso.

Benjamin não ignorava esses limites, sujeitos agora apenas a peias mais arrochadas. Impossível esquecer a desmoralização a que fora submetido na festa do descerramento solene da estátua de bronze do padre Cícero, no dia 11 de janeiro de 1925, em que o Juazeiro amanhecera ocupado por quarenta mil romeiros e simpatizantes, concentrados na praça da Liberdade, a receber, doravante, o nome do almirante gaúcho Alexandrino de Alencar. Dia grande, palanque ornamentado a capricho, foguetório muito além do ordinário, de doer na vista apenas o branco ao sol das fardas de gala do comando e dos oitenta alunos da Escola de Aprendizes-Marinheiros de Fortaleza, oratória a cargo de Raimundo Gomes de Matos e do próprio Floro, previsto o agradecimento do Padrinho. No intervalo dos discursos, Benjamin cai na besteira de tentar dizer alguma coisa, ensaiar alguma palavra de mimo ao seu protetor em dia tão significativo. Do ponto que ocupava no palanque, Floro leva a mão à cintura, abrindo o paletó, e troveja, indiferente ao constrangimento que toma conta da praça: "Desça daí!". Segue-se a fala do padre Cícero. Um fio de voz que não consegue reverter o anticlímax.[12]

É desse modo que a humilhação pública segue-se à rotulagem pejorativa, e prenuncia a ameaça da eliminação física, na escalada de agravos que Floro impõe a Benjamin ao longo de toda a primeira metade de 1925. A cartilha da perseguição política nos grotões não podia receber aplicação mais meticulosa. Evitado por todos, somente a ligação com o Padrinho ainda livrava o Turco de se enfiar definitivamente no figurino do morto-vivo.

O segundo semestre de 1925 dará a Floro muito com que se ocupar, aliviando o lombo de Benjamin da roseta aguda das esporas do caudilho. A Coluna Prestes aproxima-se dos sertões do Nordeste, subvertendo a vida da região à sua passagem, quer pela ação militar propriamente dita, quer pela boataria alarmista que expandia o alcance das ocorrências ao infinito, comprometendo todos os Estados. Um vendaval.

O presidente da República, depois de estender ao Ceará o estado de sítio decretado para o Piauí e Maranhão, vale-se de prepostos para conclamar os coronéis sertanejos a colocar a jagunçada a serviço do Governo Federal, no afã de picar, por meio de tocaias sucessivas, a agilidade dos destacamentos rebeldes – em essência uma grande tropa de cavalaria – a se deparar, se bem-sucedido o hibridismo extravagante de que se estava lançando mão, com a guerrilha móvel praticada intuitivamente na caatinga. Uma herança tapuia tornada proverbial. Ações semelhantes tinham ocorrido à guisa de proteção federal aos Estados do Piauí, Goiás e Bahia, partidas do Catete ainda em agosto de 1925, projetando os nomes de caudilhos locais. De um José Honório Granja, de um Abílio Wolney, de um Horácio de Matos, de um Franklin Lins de Albuquerque, de um Geraldo Rocha, de um Rotílio de Mendonça, respectivamente, os quatro últimos da Bahia. Mas a urgência naquele meado de dezembro estava em dar ao esforço de guerra um chefe no Ceará. Havia suspeitas de que o Nordeste contribuiria com adesões em massa à Coluna. Conspirava-se em Natal e no Recife. Rumores por toda parte.

Vem o chamado do Catete. No Rio de Janeiro, ultimando os restos da legislatura do ano anterior na Câmara dos Deputados, Floro apenas espeta a gravata *plastron* com o alfinete de brilhante, cofia os bigodes pela milésima vez e sobe em poucas horas a escadaria do Palácio das Águias, onde o esperam honra e espinho: seria o comandante da mobilização do chamado elemento civil, os irregulares ou provisórios do jargão militar, a serem arregimentados em um grande Batalhão Patriótico de cerca de mil homens – distribuídos em doze companhias de oitenta integrantes cada uma – para o que receberia, em comissão, a patente de general de brigada do Exército Brasileiro, armamento de infantaria de última geração, fuzis e mosquetões Mauser de modelo 1908, e mil contos de réis em dinheiro, desdobrados em duas parcelas iguais. Artur Bernardes deixa claro que não se deteria diante de nada. O novo general, por sua vez, não é de criar escrúpulos onde não os encontre, sendo mais de ignorá-los a uma boa razão política. Está aberta a porta para mais um vetor da repressão inteiramente alucinada aos rebeldes, que findaria por se caracterizar, em seu conjunto – e a despeito de tudo – como a de maior eficácia militar com que os homens de Miguel Costa e de Prestes se depararam pelos caminhos, parte da qual os acompanhando, e fustigando como mosquitos em voejo irritante, até o capítulo final da marcha, já em dias de 1927, com a internação na Bolívia.

A mais imoral das repressões engendradas no instante de agonia irá mostrar-se a mais eficiente sob prisma militar, os fatos não deixam dúvida. Não esquecer, no balanço da ação improvisada de Floro que se queira dar, que a Coluna Prestes não penetrou no Cariri, ponto de honra do compromisso do caudilho com o presidente da República e com o Padrinho. Pelo qual imolou a própria vida em questão de semanas, ante os olhos impotentes de amigos e de inimigos.

No plano estritamente militar, a região deve essa estátua de reconhecimento a Floro, sobre a peanha não devendo faltar sequer aquele ar de desafio que tão bem caracterizava o semblante do caudilho. Principalmente por não restar dúvida quanto a terem os homens de Prestes se empenhado por ganhar os domínios do padre Cícero, antes de infletir a contragosto no rumo do Piancó da Paraíba, por onde vieram finalmente a galgar os sertões pernambucanos do Pajeú. Quando nenhuma outra razão houvesse para dourar a cidadela do Padrinho como objetivo militar de primeira ordem, bastaria a constatação de que o "Juazeiro é o único lugar em que o governo tem confiança para ser o depósito da munição, que é abundante", segundo o tenente Waldemar de Paula Lima fazia ver ao general revolucionário Miguel Costa, por carta secreta de 24 de janeiro de 1926.[13]

No complemento do plano, o 2° Batalhão de Caçadores do Exército, com 360 praças e 45 graduados, é deslocado de Minas Gerais para o Ceará, destacando-se do 11° Regimento de Infantaria, com sede em São João del-Rei. Seu comandante, o major Polidoro Rodrigues Coelho, apresenta-se a Floro, a quem conhecia desde 1914, preocupado quanto ao modo de ajustar sua tropa ao figurino de componente regular a ser agregado ao Batalhão Patriótico do Juazeiro, conforme as instruções que recebera. As preocupações miravam também um outro alvo compreensível: a fama de milícia de jagunços que a unidade de "patriotas" não conseguia disfarçar, por mais que tentasse. Mas nada havia a fazer. E é assim que comandantes e comandados tomam o mesmo navio para Fortaleza, onde os aguarda boa parte do efetivo do Batalhão Patriótico, festejado na véspera em desfiles pela capital.

Sem demora, quepe e chapéu de couro, finalmente irmanados depois de vencer um rosário de desconfianças, seguem em mais de um trem especial para o Juazeiro, convertido em base de operações e depósito de armamentos para toda a região. Daí para o município de Campos Sales, a sudoeste do Estado, na fronteira com o Piauí, que se vê ocupado militarmente em poucas horas. Para espanto dos residentes humildes, possíveis figurantes à força no vasto teatro de operações em que se converterá a localidade perdida no mapa. Para general e coronel, não há paragem mais indicada taticamente para o grande combate destinado a desmantelar de vez as forças rebeldes.

Feita a soma, entre regulares e provisórios, a força cearense orçava pelos 1.500 homens. Nada menos que uma brigada de infantaria, na conceituação militar. Não fora mesmo um general de brigada que o presidente da República dera de presente ao Ceará?

Preparação de trincheiras, exercício de tiro, confecção de bombas a cargo de artífices trazidos do Juazeiro – os conhecidos mestres de foguete que enriqueciam na cidade às custas das celebrações diárias, à frente Zé Duda, metidos na farda a toque de caixa – cobrança interminável de verbas retidas no Banco do Brasil, a tudo Floro tem de acudir a tempo e a hora, em prejuízo de uma saúde debilitada por velhos problemas ligados a certa inflamação crônica dos ossos, uma "osteíte", agravada pela sífilis. Quadro que respondia por dores de cabeça persistentes, na palavra da vítima. Para combatê-la, ingeria bismuto sem a moderação que o canudo de médico lhe impunha, sobrecarregando os rins. Caixas e caixas de Bismuthol. Uma congestão pulmonar dera de aparecer nos últimos dias, levando-o a estado de irritação extrema. E a uma falta de ar que o torna ofegante, para a angústia dos interlocutores.[14]

Lá um dia, em meio a rompante, dirige palavras ofensivas ao major Polidoro, que não demora a se retirar da posição com seus soldados, recolhendo-se a Fortaleza, após consulta aos superiores. O ministro da Guerra, marechal Fernando Setembrino de Carvalho, conhecia de longa data o temperamento de Floro. Em 1914, no desfecho do movimento revolucionário que derrubara o governo do Ceará, fora designado, ainda com a patente de coronel, interventor federal no Estado. O problema está posto.

Que fazer para ocupar o vazio deixado pelo 2º Batalhão? Onde encontrar uma tropa pronta, treinada, equipada, inteiramente operacional, na margem de tempo nula de que dispõe? Somente o bando de Lampião preenche os requisitos militares da exigência suscitada em conselho de guerra no acampamento de Campos Sales. Opinião do coronel Pedro Silvino de Alencar, do tenente-coronel Mousinho Cardoso e do major Isaías Arruda. Do estado-maior do Batalhão Patriótico do Juazeiro. Da hierarquia completa dos auxiliares diretos de Floro portanto, que só precisa balançar a cabeça em concordância. O cangaceiro não é um estranho para qualquer dos quatro.[15]

Notas e referências

1. Raimundo Gomes de Figueiredo, carta de 17 de junho de 1988; Azarias Sobreira, *O patriarca de Juazeiro*, p. 156-7.

2. A polêmica em torno do suposto milagre está bem estudada em Ralph Della Cava, *Milagre em Juazeiro*, p. 23 a 40, passim; e em Otacílio Anselmo, *Padre Cícero: mito e realidade*, p. 73 a 200, passim, com farta cópia de documentos, como sempre. Dos antigos, em Lourenço Filho, *O Juazeiro do padre Cícero*, p. 87 a 95. Trata-se de fato central na biografia de Cícero, crente na veracidade das ocorrências prodigiosas de transformação da hóstia em sangue, como ressalta claro de matéria publicada no *Diário de Pernambuco* de 29 de agosto de 1889, meses depois de ter-se dado a primeira das transubstanciações. O padre Azarias Sobreira, apesar de subordinado à disciplina eclesiástica, trata da questão de maneira aberta e corajosa no seu *O patriarca de Juazeiro*, p. 301 a 328, legando-nos, de passagem, um retrato detalhado da beata Maria de Araújo, pivô do acontecimento.

3. Maria Liesse Callou Duarte, carta de 18 de junho de 1988.

4. Aziz Francisco Elihimas, entrevista ao Autor, Recife, 1990 a 1992. Tantas fez Benjamin na exploração da jogatina e no desvio de valores doados, notadamente joias, envolvendo-se, não satisfeito, em suspeitas de envenenamento e de falsificação, que findou por decepcionar a beata Mocinha, aliada de primeira hora na escolha de seu nome para secretário do Padrinho. O padre Azarias Sobreira, op. cit, p. 156-7, relata que a chefe da casa paroquial chegou ao extremo de pedir ao padre Cícero, banhada em lágrimas, que pusesse o sírio para fora da residência comum, ouvindo em resposta: "Não farei nunca uma tal coisa. Você pode estar mal-informada". A jogatina aberta do Juazeiro teve no capitão Optato Gueiros, da polícia de Pernambuco, uma testemunha horrorizada. Em seu livro *Lampião: memórias de um oficial ex-comandante de forças volantes*, p. 211, mostra o que foi a volúpia dos batoteiros e de seus fregueses em torno das bancas espalhadas por toda a cidade. Voltava no tempo para dar a origem do afrouxamento de costumes: o movimento sedicioso de 1913. Em que "o saque foi completo". E acrescentava: "Um dos comandantes das tropas assaltantes, José Pedro, chegou a conduzir às costas mais de quarenta quilos de ouro e cédulas, conforme testemunho do grande amigo do padre Cícero, o coronel Antônio Pereira, filho do barão do Pajeú. Ainda alcancei José Pedro vendendo ouro em Vila Bela". Gueiros não deixa de ter olhos de condenação também para o meretrício desenfreado e para as más-condições sanitárias, sobretudo nos "miserabilíssimos arrabaldes".

5. Aziz Elihimas, loc. cit. A colaboração a O *Ideal*, no círculo de José Geraldo da Cruz, está em Otacílio Anselmo, op. cit, p. 517. Um bom perfil de Floro é dado, com a autoridade de convivente de muitos anos, por Irineu Pinheiro, *O Juazeiro do padre Cícero e a revolução de 1914*, p. 58 a 60. A ascensão política do médico baiano está delineada objetivamente em *Floro Bartolomeu: caudilho dos beatos e cangaceiros*, de Nertan Macedo, p. 213 a 217. Importando não esquecer que sua vida partidária tem início em certo Partido Unionista, do qual chega a ser um dos diretores na segunda metade dos anos 10, ao lado de figuras de prestígio, como o jornalista João Brígido dos Santos, e de futuro, como o folclorista Leonardo Mota. Um perfil abrangente, contendo algumas revelações em primeira mão, pode ser encontrado em Amália Xavier de Oliveira, *O padre Cícero que eu conheci*, p. 233 a 247.

6. A campanha emancipacionista do Juazeiro recebeu indicações de leitura na nota 7 do capítulo anterior, a que fazemos remissão. Não custa tornar a recomendar a leitura de Otacílio Anselmo, op. cit, p. 316 a 358. A derrocada do coronel José Belém de Figueiredo está em Irineu Pinheiro, op. cit, p. 189 a 192. Cuidamos, em grande angular, das deposições à bala de chefes municipais do Cariri cearense da primeira metade do século XX, no livro *Guerreiros do sol: violência e banditismo no Nordeste do Brasil*, p. 173 a 178, passim.

7. Para uma visão universal do Padroado, ver Charles Boxer, *A Igreja militante e a expansão ibérica: 1440 - 1770*, p. 98 a 101. O relaxamento de costumes entre os padres no período imperial foi flagrado por George Gardner, *Viagens no Brasil*, p. 153-4. Sobre o estado moral do clero cearense, ver o *Álbum histórico do Seminário Episcopal do Ceará – 1914*. Também João Brígido dos Santos, *Apontamentos para a história do Cariri: crônica do sul do Ceará*, de 1888. Ocupamo-nos detidamente do assunto, e da reação purificadora consequente, no capítulo "O longo traço antecedente", do livro *A guerra total de Canudos*. Sem fugir dos tons anedóticos, Gilberto Freyre explorou os excessos do clero colonial em seu *Casa-grande & senzala*. Longe de ser questão lateral, temos que a conduta morigerada de Cícero, erguendo-se em contraponto à devassidão reinante à volta, esteja na base do prestígio incomparável que granjeou em vida. A intrepidez do prócer oposicionista José Geraldo da Cruz está em Otacílio Anselmo, op. cit, p. 516 a 521, passim. O "ar ateniense" da Farmácia dos Pobres nos foi passado por Lauro Cabral de Oliveira, entrevista ao Autor, Fortaleza, 1980. A inauguração do primeiro cinema do Juazeiro não escapou à cronologia utilíssima de Fausto da Costa Guimarães, *Memórias de um romeiro*, p. 217 e 222.

8. Padre Manuel Macedo, *Juazeiro em foco*, p. 9 a 18 e 31 a 39, passim. Lauro Cabral de Oliveira, loc. cit.

9. Padre Manuel Macedo, op. cit, p. 34 e 48, esta última, sobre as ameaças de morte. O Nordeste, Fortaleza, Ceará, 22 de setembro de 1925; Otacílio Anselmo, op. cit, p. 517-8, sobre as ameaças.

10. O grupo de poder engendrado por Floro Bartolomeu, à sombra da batina do padre Cícero, brota da leitura dos telegramas coligidos por Fátima Menezes e Generosa Alencar, enfeixados no livro *Dossiê confidencial: padre Cícero e Floro Bartolomeu*, notadamente os que se referem ao período 1924 – 1926, em que o grupo está particularmente ativo. A troca dos termos de referência pública nas polêmicas, com o azedamento dos vocativos empregados, pode ser aferida na mesma fonte. Há indicações claras de que o grupo de poder capitaneado pelo Juazeiro deitara raízes tímidas pelo início dos anos 10, ao tempo da urdidura emancipacionista, desenvolvendo-se ao ritmo da política e vindo a possuir projeções para além das fronteiras do Ceará. Nos planos político e bélico, desfrutava, ao sul, da simpatia militante do chamado "coronel dos coronéis", Delmiro Gouveia, desde os feudos de Água Branca, Alagoas, vezeiro no financiamento de disputas pelo Nordeste e arrolado em mais de um processo em Pernambuco como fornecedor de armas para amigos às voltas com questões (cf. Jorge Mattar Villela, *O povo em armas*, p. 64-5, 69 e 92). Também se mostra visível a ligação do grupo do Juazeiro com a aguerrida família Pereira, do Pajeú pernambucano, vinculada por igual a Gouveia, vez que tinham em comum a inimizade figadal ao "salvacionismo" de Hermes da Fonseca, nas pessoas do general Dantas Barreto, em Pernambuco, e coronel Marcos Franco Rabelo, no Ceará. Não esquecer de que Floro Bartolomeu figurava entre os frequentadores da casa-grande do Belém, do coronel Antônio Andrelino Pereira, em Serra Talhada, chefe do clã e filho do barão do Pajeú. Não esquecer ainda de que os Pereira se digladiavam à época, entre 1905 e 1922, com os Carvalho, da mesma região, que tinham em Antônio Clementino de Carvalho, o Quelé do Santo André – nome de

sua fazenda de morada em Belmonte – uma das vigas mestras na disputa sangrenta. Quelé possuía o maior plantel de jagunços ao norte do rio São Francisco, fornecendo braços armados para desempatar contendas em toda a região. E Quelé era aliado de longa data de um antigo rival do Juazeiro, o coronel Antônio Luís Alves Pequeno, *condottiere* do Crato, grimpado ao poder municipal pelos rifles do Santo André no meado de 1904. Primo, por sua vez, o coronel Antônio Luís, do combativo monsenhor Afonso Antero Pequeno, que empalmava as paróquias de Vila Bela, Belmonte e Floresta, no Pajeú de Pernambuco, desde o ano mencionado. Os homens de Floro desconfiavam da aliança Belmonte-Crato por motivos históricos, e também por fidelidade estratégica à aliança mais poderosa Juazeiro-Vila Bela-Água Branca, chegando à hostilidade aberta quando necessário. Na Paraíba, o grupo suturado pelo médico baiano contava com o prestígio político e com as armas dos coronéis José Pereira Lima, de Princesa, e Augusto de Santa Cruz Oliveira, de Alagoa do Monteiro, para nomear apenas os principais. E mesmo no sul do Ceará, com as muitas bocas de fogo e, sobretudo, com os planos diabólicos de um chefe político inteiramente sem escrúpulos: o major José Inácio de Souza, da localidade Barro, município de Milagres. Sobre a presença abundante nos sertões do Nordeste da arma de fogo longa e moderna, própria para o combate campal, à frente os rifles de repetição Winchester, modelos de 1873, o *papo-amarelo*, e de 1892, o *cruzeta*, o *Diário de Pernambuco* de 26 de setembro de 1910 registrava alarmado: "O Recife abastece de rifles, verdadeiras carabinas de guerra, os sertões da Paraíba, Ceará e Alagoas. Dizem pessoas autorizadas que no sul do Ceará, na zona do Cariri, onde as questões de política local são resolvidas à bala, existem cerca de dez mil rifles". Concluía com proposta que deve ter feito rir às grandes casas grossistas da capital pernambucana: "A regulamentação do comércio de armas é uma medida urgente, imposta pelos altos interesses da ordem pública e da segurança social". Ao resultado da ação recifense maciça há de se somar o retorno do seringueiro ao sertão de que emigrara, trazendo o seu "rifle de serviço". E não foram poucos...

11. Raimundo Gomes de Figueiredo, loc. cit; Lauro Cabral de Oliveira, loc. cit; Maria Liesse Callou Duarte, loc. cit. Os dois primeiros puderam flagrar a "vida santa" de Benjamin. A última o viu em permanências prolongadas na Barbalha, escapando ao bulício tornado perigoso do Juazeiro. A agressão de Landim a Benjamin consta de telegramas de junho de 1925, publicados no *Dossiê confidencial*, op. cit, p. 36 e 77. O suposto atentado de Benjamin a Floro, bem assim o desmentido rápido que se seguiu a este, estão na mesma fonte, p. 41, através de telegramas de agosto do mesmo ano.

12. Na primeira fila da solenidade, dando fé de tudo, estava um jovem do Crato, caixeiro da loja A Pernambucana, daquela cidade. Dia livre, fora ver a festa do Padrinho. E provou do constrangimento que atingiu a todos. Esse jovem, Antônio Martins Filho, chegaria a reitor da Universidade Federal do Ceará. O relato foi feito a seu amigo Napoleão Tavares Neves, que o reproduziu em escrito especial que nos enviou a 13 de julho de 2007. E consta do livro de memórias escrito pela própria testemunha, no volume de título *Memórias: menoridade*, p. 264.

13. Otacílio Anselmo, op. cit, p. 527-8; Edmar Morel, *Padre Cícero: o santo do Juazeiro*, p. 99 a 106, passim; Ralph Della Cava, *Milagre em Juazeiro*, p. 216 a 218; Nertan Macedo, op. cit, p. 183 a 205, abre um vasto painel sobre os fatos, com a utilidade adicional de reproduzir boa parte da crônica dos jornais do Ceará sobre o episódio. Fátima Menezes e Generosa Alencar, op. cit, p. 48, nos dão o orgulho com que o padre Cícero recebe a designação de Floro para a alta missão militar, expressa em telegrama de dezembro de 1925, dirigido ao presidente da República, Artur Bernardes: "Chegada hoje Fortaleza deputado Floro Bartolomeu, distinguido confiança vossência organizar resistência contra revoltosos, tenho

honra enviar eminente chefe Nação cordiais saudações, testemunho minha solidariedade dedicados patrióticos esforços vossência restabelecimento ordem nosso querido Brasil. Atenciosas saudações, Padre Cícero Romão Batista – Prefeito". Manifestação que põe por terra a crença de muitos, de hoje e de ontem, inclusive de integrantes da Coluna Prestes, como seu secretário, Lourenço Moreira Lima, *A Coluna Prestes: marchas e combates*, p. 375, de que a simpatia pessoal do clérigo pelo idealismo dos jovens revolucionários pudesse ir além da contemplação platônica. A carta de Waldemar de Paula Lima está transcrita em Lourenço Moreira Lima, op. cit, p. 588 a 590. Os demais batalhões patrióticos que mencionamos são indicados por Neill Macaulay, *A Coluna Prestes*, p. 184-5 e 220-1, passim.

14. Nertan Macedo, op. cit, p. 183 a 201, resenhando, além de tudo, a copiosa matéria de imprensa cearense do período; Otacílio Anselmo, op. cit, p. 527 a 532, passim. O relato mais direto das dificuldades enfrentadas por Floro, no esforço por vertebrar o Batalhão Patriótico, está em telegrama que expede para o ministro da Guerra nos primeiros dias de janeiro de 1926, *Dossiê confidencial*, p. 51-2, que transcrevemos aqui pela importância: "Cheguei Fortaleza 25 dezembro, dali partindo para aqui [Juazeiro] noite 31, um dia após ter recebido quinhentos contos Banco do Brasil ordem vossência, e aqui chegando tarde 2. Com maior esforço, devido mal estado caminhos pelo rigoroso inverno, somente ontem consegui transportar todo material bélico e víveres major Polidoro, da estação Missão Velha, ponto terminal estrada de ferro, para topo Serra Araripe, onde terreno é bom. Este transporte foi realizado em caminhões, carros de bois e costas de burros, isto repetidas vezes, o mesmo estou fazendo com o que pertence aos patriotas. Para facilitar trânsito caminhões, antes mandei, por minha conta, por numerosas turmas, fazer preparo nas estradas e abrir outras, pequenas distâncias. Encontrei alistados mil homens, segundo ordem minha Rio. Estou fardando todos, fornecendo-lhes a farda, mochila, chapéus mesma fazenda, alpercatas, até cinturões para colocação sabres e sacos para condução pentes. José Lins cita fato Ministério não ter fornecido nem os cinturões nem as cartucheiras. Desses mil homens, amanhã seguirão quinhentos Campos Sales prontos, tendo todos recebido inferiores 11° Regimento instruções sobre manejo fuzil. Do dia 11 em diante, enviarei contingentes diariamente, contingentes com homens em caminhões para regularizar transporte, e seguirei para Campos Sales no último contingente. Só depois de ali chegar poderemos agir com eficiência. Resta-me pouco dinheiro do recebido para manter e fardar a tropa até mais alguns dias, em vista das indispensáveis despesas feitas. Por isso, peço vossência providenciar com a maior urgência mais quinhentos contos pois, nesses sertões, sem dinheiro nada se encontra. Acresce a circunstância que vamos ficar mais de cem léguas distantes da capital, com a responsabilidade de pagamento e manutenção de uma tropa de mil homens em campanha. Além disso, serei obrigado a abrir uma estrada carroçável de seis léguas de Campos Sales ao ponto terminal de uma outra estrada de rodagem que vai à cidade de Tauá, tornando dessa maneira mais fácil o transporte em caminhão das tropas para Tauá, Arneiroz e até mesmo Crateús. Estas minhas explicações, por serem muito verdadeiras, servirão para vossência ficar bem orientado. Pode confiar ação patriótica sob minha direção. Saudações – Floro Bartolomeu". Em outro telegrama, p. 53, Floro dá conta de estar mobilizando acima de vinte carros de bois e ter sentido a necessidade de juntar ao enxoval dos patriotas "cobertores, pratos de flandres e colheres, tudo adquirido aqui". Para um testemunho veraz sobre o esquema de transporte urdido em benefício do Batalhão Patriótico do Juazeiro, do qual faziam parte até ônibus, além dos caminhões mencionados, tudo debaixo de "requisição" de Floro, consultar Luitgarde Cavalcanti Barros, *A derradeira gesta*, p. 279, passim. As doenças de Floro estão examinadas em Otacílio Anselmo, op. cit, p. 529 e 532, e em Nertan Macedo, op. cit, p. 149. Conhecemos muito de perto um patriota, Miguel Feitosa Lima, alistado por indicação de

seu padrinho, o major Teófanes Ferraz Torres, da polícia de Pernambuco, depois de resignar carreira no bando de Lampião, onde deteve o vulgo de Medalha até janeiro de 1925. Comandante-geral das forças volantes de repressão ao banditismo em Pernambuco, com sede em Serra Talhada, Teófanes recomendou as "credenciais" de Miguel ao coronel Pedro Silvino de Alencar, comandante dos patriotas, que não vacilou em admiti-lo em sua guarda próxima. No Sítio Bela Vista, em Araripina, Pernambuco, em 1970 e anos seguintes, ouvimos do ex-cangaceiro, que morreria tenente da Polícia Militar de Pernambuco, histórias deliciosas sobre seu período como patriota. É a nossa melhor fonte sobre os fatos ocorridos em Campos Sales. No seu livro *Mistérios do Juazeiro*, de 1935, p. 110, Manuel Dinis preservou para a história os nomes dos principais comandantes de companhia do Batalhão Patriótico do Juazeiro. Ei-los: Manuel Timóteo, Júlio Gomes, Modesto Rolim, Antônio Soares, Manuel Calixto de Lira, Tobias Medeiros, José Almeida, Francisco das Chagas, Mário Rosal, Oscar Pimentel, Agaús de Oliveira, João Marcolino, Vicente Pereira, cognominado Velho de Ouro, José Medeiros, João Evangelista Bezerra, João Arruda e outros, além do secretário Inácio Loiola de Alencar. Por fim, uma palavra sobre o bismuto, ingerido à época costumeiramente sob a espécie de subnitrato, a que por vezes eram associados iodetos. O Bismuthol resultava da mistura primária do fosfato de bismuto com o salicilato de sódio.

15. Miguel Feitosa Lima, loc. cit.

O capanga da lei

Qual braseiro coberto pelas cinzas
ao sopro matinal mostra o rubor
que no sono das brasas se ocultava,
o sono assim ferido pela voz
desperta esse braseiro oculto em nós
e lança no ar da tarde suas cinzas.

A *Oriental Safira*, 14ª sextilha

É na esteira de circunstâncias mergulhadas no patético que se dá o fato marcante da ida pacífica de Lampião ao Juazeiro com todo o bando, em atendimento a convite desesperado que lhe chegará da parte de um Floro dilacerado entre poderes e dúvidas. Mais ainda pela consciência do quanto esperavam dele na missão delicada, não é difícil supor. Do presidente da República ao cego rabequeiro das feiras da região, os olhos de todos estão voltados para o braço político do padre Cícero, à espera dos comandos incisivos que partiam daquela voz de taquara rachada que tantos conheciam, e a que os da terra estavam habituados a obedecer sem vacilar.

Em Campos Sales, a folhinha apontava para o meado de janeiro de 1926 quando a convocação ao chefe cangaceiro de maior celebridade em todos os tempos vem a ser assinada pelo comandante da praça de guerra, e levada ao Juazeiro por burocrata de confiança, José Ferreira de Menezes, para que recebesse o visto do padre Cícero e chegasse às mãos do tropeiro João Ferreira dos Santos, irmão caçula de Lampião que residia na cidade com as irmãs, sob a proteção do Padrinho. A João caberia ser portador do escrito.[1]

Não havia tempo a perder. Logo o cartão – sim, estamos falando de um "cartão com o timbre do Batalhão Patriótico e cuidadosamente datilografado em tinta carmim" – é entregue a Francisco das Chagas Azevedo, comandante de uma das companhias do Batalhão Patriótico, que se destina ao Pajeú à procura do cangaceiro. A guiá-lo na empreitada, um primo do chefe cangaceiro, Francisco Paulo Lopes, chamado às pressas em Porteiras, onde residia, ante o receio confesso do caçula dos Ferreira quanto a ser reconhecido e trucidado caso entrasse em Pernambuco. Tudo no curto e no quente, como se costuma dizer ali.

Passam-se semanas antes de que a busca dê resultado, e quando o contato é feito, esbarra na desconfiança proverbial do convidado. Somente quando o coronel Manuel Pereira Lins, o Né da Carnaúba, reconhece a firma do padre Cícero, Lampião se convence de que o convite tinha lastro. Lá mesmo na fazenda Carnaúba, em Belmonte, Pernambuco, o cangaceiro começa a preparar o enxoval de todo o bando para a apresentação no Juazeiro. Homem vaidoso, na etapa final da viagem, já no município de Porteiras, escolherá a dedo até mesmo os burros de sela com que pensa transitar pelas ruas da cidade santa à frente do estado-maior, requisitando-os ao coronel Né Rosendo, no sítio Saco.[2]

O cotidiano sertanejo ganhava contornos ainda mais trepidantes por conta do avanço, agora efetivo, da Coluna Prestes pelos sertões do Nordeste, depois de submeter Teresina a cerco vexatório, atravessar o norte do Ceará, enlutar o Piancó paraibano, e rasgar a fronteira de Pernambuco, onde desmantela a Força Pública do Estado no combate de Umburanas, entre Custódia e Sítio dos Nunes, apossando-se de vinte caminhões com armamento. Pudera. Quase dois mil homens compõem a Coluna, desdobrada em quatro destacamentos volantes a adejar em volta de um comando central e de seu estado-maior, em que tomava assento – melhor dizer sela – a flor do Exército Brasileiro.

Há comprovação histórica suficiente para que se possa falar da existência do convite dirigido ao chefe cangaceiro, e evidências igualmente sólidas de que o escrito teve por propósito a conversão do bando em milícia a serviço do Governo Federal, cumprindo-lhe desenvolver ação em harmonia com os esforços do Batalhão Patriótico do Juazeiro. Um agregado especial, dispondo de autonomia e comando próprio. Unidos, todos, no esforço de levar combate móvel de guerrilha aos revoltosos do Exército. Toda uma mobilização de guerra efetuada sob a direção máxima de Floro, no âmbito do Ceará, contando com a supervisão do general legalista João Gomes Ribeiro Filho, do alto de seu posto de comando fixado na distância cautelar da capital do Maranhão.[3]

Ao se apresentar tardiamente no Juazeiro a 4 de março, à frente de meia centena de cabras, Lampião causa o maior reboliço. Tardiamente, sim, porque o grosso da Coluna, deixando para trás o Ceará a 4 de fevereiro; o Rio Grande do Norte, a 8; a Paraíba, a 12, e Pernambuco, a 25, achava-se em pleno sertão baiano naquele 4 de março, precisamente no arraial da Várzea da Ema, o estado-maior se permitindo assistir a uma comédia encenada pela mocidade do lugar, simpática ao penacho dos homens de Prestes. Celebravam, de todo modo, a travessia difícil, mas brilhante, do rio São Francisco, por quatro localidades do município pernambucano de Jatobá de Tacaratu, hoje Petrolândia, manobra que a imprensa legalista vinha apontando como impraticável.

E que se ressentiu tão somente da impossibilidade de travessia da cavalhada. Perda de pouca expressão. As montarias que riscam no beiço do rio estão nos ossos. Esgotadas ao limite. No melhor estilo militar, a rapaziada de Prestes empilha os arreios de couro, mantas, caronas, alforjes rotos e toca fogo. Para não dar gosto ao inimigo. Não deixou de ser uma despedida luminosa do Leão do Norte.

Lampião impressiona a todos no Juazeiro. Pela cor, pela calma, pela juventude, pelos modos educados, pela cautela obsessiva. Sentado invariavelmente de costas para a parede e de frente para a porta. Olhar bailarino. Girando em todas as direções. Mosquetão entre as pernas. Ou seguro pela correia-bandoleira com aplicações de ouro, quando menos. À mão.

Um médico do Crato, Otacílio Macedo, arvorado em repórter a serviço do jornal O *Ceará*, de Fortaleza, aproxima-se dele com o propósito de conseguir uma entrevista. E vai fazendo anotações clínicas, dignas de um profissional da medicina, acerca do cangaceiro e de seus rapazes, que a folha publica a 17 e 18 do mês. Sobre a cor e a vaidade do visitante famoso:

> *Contrastando com os homens do seu grupo, Lampião é de todos eles o de cor mais "carregada", aproximando-se mais do negro do que do tipo comum do caboclo do Norte. Descendente legítimo do tapuio, misturando-se-lhe na pele a pigmentação do negro e o bronzeado do índio autóctone, demonstrando nos gestos e nas atitudes uma desconfiança nativa, a astúcia do selvagem e a impulsão do cossaco; alternando a vida com atos de barbaria extrema e surtos de extrema generosidade, o bandido parece gozar sobremaneira a curiosidade popular que o rodeia.*

Sobre a ostentação das joias caras, o traje com que se apresenta e o ar grave, Macedo vai a detalhes de miniaturista:

> *Dedos munidos de anéis de preço, engastados de pedras preciosas, verifica-se, facilmente, no indicador e no anular, um topázio, um rubi, três brilhantes de regular tamanho e uma esmeralda, símbolos irônicos das chamadas profissões liberais do Brasil... Trajava calça*

de zuarte e paletó de brim escuro, listrado, chapéu de feltro ordinário, alpercata de rabicho e meia; ao pescoço, um lenço verde, enxadrezado de preto, seguro por um anel de brilhante, à moda de alfinete de gravata. Lampião usa óculos com vidros enfumaçados, engastados em tartaruga e ouro, com o fim de encobrir um extenso leucoma da córnea do olho direito. Durante todo o tempo em que conversou conosco – e foi por espaço de mais de uma hora – não riu uma vez e manteve-se em grave circunspecção, compenetrado das suas responsabilidades e da fama de seu nome...

Floro, idealizador do convite ao chefe de cangaço e anfitrião natural, estava ausente do Juazeiro desde 2 de fevereiro, quando se detivera por dois dias – os derradeiros em que avistaria a terra que lhe proporcionara as maiores grandezas – vindo de Campos Sales em automóvel, marcha lenta, para aqui, para acolá, assistido por médico especial, José Paracampos, que descera de Fortaleza para acudir o velho amigo.

Saúde por um fio, pega o trem para Fortaleza. Repouso difícil. Todos querem falar com o delegado militar do presidente da República. Refugia-se no casarão da Escola de Aprendizes-Marinheiro, de onde determina o deslocamento de parte do efetivo do Batalhão Patriótico para a Paraíba e Pernambuco, em auxílio às polícias locais, como ordem derradeira. E rompe publicamente com o braço direito que escolhera para a campanha, o coronel Pedro Silvino de Alencar, camarada de armas desde o movimento de 1914. Por fim, consegue apanhar o navio para o Rio de Janeiro a 18 do mês, instaurando a acefalia entre as forças irregulares. Um quadro de nefrite aguda sobrevém na chegada. Falece a 8 de março, na capital da República, caixão coberto com a bandeira nacional. Enterro lá mesmo, no Cemitério de São João Batista, antecedido das honras militares correspondentes à patente elevada em que fora comissionado. Salvas à beira da cova por tropa metida em galas. Comissão a que o presidente da República conferirá caráter permanente, por meio de Ato publicado no Boletim do Exército Brasileiro de 20 de março de 1926, com base no Decreto nº 13.750, de 10 de setembro de 1919. É dessa forma que o general do cangaço assegura, ainda que na etapa final da existência, todas "as vantagens e regalias do seu posto". Outra coisa não rezava o art. 5º, letra c, do Regulamento de Continências do Exército.

No Cariri, a pisada é outra. A Diocese do Crato, de que fazia parte a paróquia do Juazeiro, atendendo a que o morto não se reconciliara com a Igreja, não se conhecendo dele qualquer "disposição de espírito" manifestada nesse sentido, nega a celebração das exéquias de Sétimo Dia.[4]

O padre, que aprovara contrafeito o convite ao cangaceiro, por temer a exposição pública vinculando-o a projeto no mínimo extravagante – e que aplaudira telegrama urgente de Floro, dos últimos dias da permanência em Campos Sales, dirigido a José Ferreira de Menezes, no Juazeiro, cancelando a convocação temerária – tem de tomar a frente na recepção ao bando, auxiliado pelo homem-chave de toda a movimentação, o mesmo José Ferreira, e pelo secretário, Benjamin Abrahão. Para muitos, e pelo que se depreende de documentos produzidos na quadra difícil, parte da contrariedade do padre não vinha apenas da surpresa ante a ineficácia do cancelamento do convite, mas da simpatia platônica que votava à insurreição militar, sensível ao idealismo dos jovens oficiais do Exército Brasileiro rebelados. Em um desses documentos, um impresso artesanal datado de 20 de fevereiro, espalhado pelo sertão por meio de uns poucos exemplares autografados a nanquim um a um, o padre concita ingenuamente os rebeldes "à rendição", sem lhes negar a condição de "moços educados" e de "valentes soldados do Brasil."[5]

Lampião dispunha de fama nacional em 1926. Por trás do vulgo celebrado pela poesia de gesta e pela imprensa das capitais, inclusive a do Rio de Janeiro, a pessoa física cedia lugar à entidade em que se convertera, à frente da mais poderosa força de deslocamento rápido do interior do Nordeste, criação de seu talento inegável. Cinco anos de alianças estratégicas, de suborno e de rapina, nessa ordem, aliados à disciplina e gestão logística desconhecidas na crônica do cangaço até então, tinham bastado para que o bando ascendesse, nesse ano mesmo de 1926, aos 120 integrantes, todos montados, equipados a capricho, bem trajados, dotados de armamento militar moderno, na maioria, e de rifles civis de última geração, deslocando-se ao som de clarim.

Benjamin não desdenha disso, farejando negócios futuros com quem movimentava grossos cabedais na rapina a mais gulosa por toda a região. E vira o leva e traz incansável dos poucos dias da visita, montado no Ford de serviço do padre.

Não podiam escapar-lhe os perigos dessa aproximação. E certamente não faltou amigo para alertá-lo. É que já não era mais só. Juntara-se a Josefa Araújo Alves, pessoa simples, que cedo lhe daria dois filhos, Atallah e Abdallah. O primeiro destes, criado como filho pelo amigo Gonçalo Mundó, lá mesmo na terra de adoção. Fora da rua. Para os lados do sítio Brejo Seco. Mais do que nunca, precisava estar atento às oportunidades. Criá-las, na medida do possível. Ficara para trás o tempo despreocupado do boêmio das ruas de Juazeiro, de Fortaleza e do Recife. Dos anos iniciais da década, enredado com os itens de compra de um dandismo que as fotos do período mostram de maneira clara. A desfrutar da amizade de jovens de prestígio social e poder econômico indiscutíveis, tanto na colônia árabe quanto fora desta, em Fortaleza como no Recife, casos de Abrahão Alliz, de Elias Asfora, de Farid Aoun, de Joseph Noujaim Nakad El-Khoury, para não falar dos primos Elihimas, já apresentados aqui, Francisco e Rafael, e dos irmãos Lamas, Amador e Carlos. Os riscos só fariam crescer em sua vida. É possível que as manobras de Floro o tivessem afeiçoado a essa forma especial de viver.[6]

Ao final da jornada, o cangaceiro se retira com a patente de capitão honorário das Forças Legais de Combate aos Revoltosos, manuscrita em papel almaço pelo ajudante de inspetor agrícola federal Pedro de Albuquerque Uchoa, armamento militar de infantaria de último modelo, regulamentar no Exército brasileiro à época, munição abundante e todo um enxoval de guerra, o bando inteiramente fardado com a mescla azul distintiva do Batalhão Patriótico, depois de dar entrevista para jornal de Fortaleza e de posar para dezenas de fotografias colhidas por Lauro Cabral de Oliveira Leite e por Pedro Maia. Que as vendem às grosas, sobretudo o primeiro, sob a forma de postais, enviando outro tanto para os melhores jornais e revistas do país à época. Uma festa só, a permanência dos cangaceiros de 4 a 7 de março na terra do Padrinho. O capitão Virgulino participando de conferências com autoridades públicas e circulando em saraus dançantes organizados em sua homenagem. Duas visitas, em especial, conferem dimensão extraordinária à estada do bandoleiro na cidade: a do padre Cícero, prefeito do município, e a do coronel Pedro Silvino, comandante do Batalhão Patriótico. Recebidos, ambos, de forma calorosa e amena pelo chapéu de couro mais famoso do Nordeste, peça agora convenientemente oculta na bruaca de patriota.

Compreende-se que tendo sido alcançado pelo cancelamento da convocação quando estacionava um tanto pomposamente no Café Centenário, em pleno centro da Barbalha, três léguas apenas para o Juazeiro, Lampião resolvesse fechar os olhos à carta maquinada pelo padre Cícero – adaptação bordada com ênfases sobre o telegrama de recuo enviado por Floro a José Ferreira – depois de conferenciar com os subchefes do bando, Antônio Ferreira, o Esperança, Sabino Gomes e Luís Pedro, o Salamanta. O fascínio desatado pela perspectiva de recebimento da patente de capitão – de que não deixaria de fazer uso até a morte, conservando as platinas respectivas – a vaidade, o zelo pelo nome guerreiro, tudo isso explica a tomada do freio nos dentes por parte do cangaceiro. Só voltaria ao Pajeú ungido capitão. E assim aconteceu.[7]

Duas notas curiosas dos dias animados da visita nos foram passadas por Lauro Cabral de Oliveira em pessoa, figura interessante de matemático, agrimensor e fotógrafo profissional, além de químico amador, migrado, ainda nos cueiros, de Milagres para Barbalha, no mesmo Cariri cearense, que nos confessou ter assistido a tudo "de queixo caído". A recusa de Sabino em posar para as fotos, recusa grosseira, em voz alta, censurando Lampião por estar "agindo como menino", e se retirando de cena com seus dezesseis homens, é a primeira dessas revelações. Flagrante precioso do nível de tolerância hierárquica de que desfrutavam os grupos autônomos confederados espontaneamente em torno do grupo principal, como era o caso do chefiado pelo cangaceiro das Abóboras.

A segunda dá conta de reunião envolvendo o maior dos cangaceiros e os maiores espertalhões que havia no Juazeiro, os ourives da terra, levados à presença do visitante pelas mãos de Benjamin, é claro, com o propósito de trocar a "prata" de meia dúzia de joias belíssimas, que vão saindo do bornal para a mesa de jantar do sobrado de João Mendes de Oliveira, na Boa Vista – onde o cangaceiro se hospeda a partir do segundo dia da estada – pelo ouro vermelho, de quilates baixos, com que costumavam trabalhar. As joias passam pelas mãos de todos, arrancando palavras de admiração pelo feitio e pelo material. Mas havia o senão da presença da "prata" em alguns dos engastes... Chega a vez de Lauro, que percebe logo que estava diante de platina, não de prata, como se estava dizendo ao dono, ao ter nas mãos um "anel de brilhante com a gema do tamanho de um caroço de milho".

De momento, ganha a mesa uma dessas perguntas sem rosto acerca da procedência do tesouro. Gafe sem perdão. A procedência era obviamente inconfessável. Lauro gela. O cangaceiro, não. Responde com uma sem-cerimônia de pasmar, sem escolher palavras: "Ah, isso é ainda do tempo do roubo da baronesa". Devolvia à lembrança de todos o episódio bem-conhecido de 26 de junho de 1922, em Água Branca, Alagoas, em que roubara dois gavetões de joias da baronesa Joana Vieira Sandes de Siqueira Torres, indiferente na caduquice que a prostrava diante do oratório durante horas a cada dia.[8]

Morre na garganta a advertência de Lauro de que a platina vale muito mais do que o próprio ouro, mesmo que este se apresente em quilates elevados, como não costumava acontecer no Juazeiro, diga-se ainda uma vez. O olhar de Benjamin, e as testas enrugadas de dois ou três integrantes daquele outro bando, não o dos cangaceiros, que perambulavam alegremente pelos arredores, mas o dos ourives em expectativa, não deixava dúvidas de que pagaria com a vida o comentário de erudito na matéria. E o silêncio, arranhado pelo pigarro dos fumantes, em meio a engolidas em seco e troca de olhares, preside a cena que ninguém seria capaz de imaginar: o maior dos rapinadores da região sendo ludibriado à luz do dia pelos artífices do Juazeiro. Um mundo à parte aquele do padre Cícero.

Notas e referências

1. Miguel Feitosa Lima, entrevista ao Autor, Araripina, Pernambuco, 1970 e anos seguintes; Afonso Deodato Pereira Nunes, entrevista ao Autor, Águas Belas, Pernambuco, 1968. Otacílio Anselmo circunstancia o convite de Floro a Lampião no seu *Padre Cícero: mito e realidade*, p. 529. Da fonte livresca, copiosa sobre o episódio, nada é mais seguro. Não discrepa, salvo em detalhes, do que colhemos dos entrevistados.

2. Afonso Deodato Pereira Nunes, loc. cit; Otacílio Anselmo, op. cit, p. 529 a 530; Napoleão Tavares Neves, *Cariri: cangaço, coiteiros e adjacências*, p. 31. O receio de João, irmão do bandoleiro, e a entrada em cena do primo Chico Paulo na missão de conduzir ocultamente o cartão até o Pajeú, foram revelados por Antônio Teixeira Leite, o Antônio da Piçarra, em cujo feudo desse nome Chico estava residindo (cf. Luitgarde Cavalcanti Barros, *A derradeira gesta*, p. 275).

3. Sobre a Coluna Prestes, consultar, dentre autores contemporâneos favoráveis ao movimento, Lourenço Moreira Lima, *Coluna Prestes: marchas e combates*. Foi o secretário da Coluna, já se disse. Para uma visão militar contemporânea contrária aos revoltosos, ver o livro do tenente do Exército Adauto Castelo Branco, *Prestes e Lampião*. Dos estudos recentes, uma resenha ampla dos fatos está em Neill Macaulay, *A Coluna Prestes: revolução no Brasil*. Ver ainda Otacílio Anselmo, op. cit, p. 527-8. Servimo-nos também das fontes arroladas na nota 1. Os vinte caminhões estão no livro de quem comandou a fração da Coluna "na violentíssima peleja de duas horas" que foi Umburanas: João Alberto Lins de Barros, *Memórias de um revolucionário*, p. 139.

4. Lourenço Moreira Lima, op. cit., p. 281-2, sobre o paradeiro da Coluna a 4 de março, e p. 273-4, sobre a travessia do São Francisco. A estada de Lampião no Juazeiro, presente em toda a bibliografia sobre o bandoleiro, e que gerou uma profusão de títulos de cordel, nos foi relatada minuciosamente por Lauro Cabral de Oliveira, à base de observações agudas, em conversa verificada em Fortaleza, em 1980. A despedida de Floro do Cariri está em Otacílio Anselmo, op. cit, p. 530-1; em Edmar Morel, *Padre Cícero: o santo do Juazeiro*, p. 104; e em Nertan Macedo, *Floro Bartolomeu: caudilho dos beatos e cangaceiros*, p. 189 a 193. A morte de Floro está em Anselmo, p. 532; e em Macedo, p. 203 a 205. Macedo transcreve a entrevista derradeira de Floro, dada ao *Jornal do Comércio*, do Recife, nas p. 199 a 201. As prerrogativas militares e honras fúnebres estão detalhadas por essa fonte nas p. 203 a 205. Ver ainda Lourenço Moreira Lima, op. cit, p. 625, sobre a base legal dos Batalhões Patrióticos, notadamente os do Ceará e Bahia. A hostilidade da Diocese do Crato a Floro, e as reações candentes, aparecem, de forma direta, nas p. 59 a 61 do *Dossiê Confidencial: padre Cícero e Floro Bartolomeu*, de Fátima Menezes e Generosa Alencar, através dos telegramas trocados na oportunidade.

5. Otacílio Anselmo minudencia a entrada de Lampião no Ceará, a recepção no Juazeiro e a saída, quatro dias depois, todo o bando quebrando na farda azul-horizonte de patriota, op. cit, p. 532 a 537, passim. Não exagerou o cronista do padre Cícero ao considerar que, "embora curta, a estada de Lampião no Juazeiro foi repleta de acontecimentos que dariam um livro". Um desses livros, que Anselmo parece vaticinar o aparecimento, seria o *Lampião e o padre Cícero*, de Fátima Menezes, natural do Juazeiro, sobrinha-neta de uma fonte preciosa: José Ferreira de Menezes, envolvido nos passos antecedentes e consequentes do episódio até o pescoço. Fátima aponta dois contatos entre as celebridades que dão título

ao seu escrito, nas p. 27 a 32 e 73 a 76. O primeiro, no dia mesmo da chegada do chefe cangaceiro ao município, verificado "na fazenda do doutor Floro, que ficava nas cercanias da cidade", pelas dez horas da noite, o padre acompanhado do amigo João Figueiredo e do sargento José Gonçalves, da guarda do Juazeiro e chefe de segurança da casa paroquial, todos de sua mais estreita confiança, metidos os três no carro de um outro amigo discreto, Luís Chofer, motorista profissional. Na segunda visita, na véspera da partida do bando, o padre presenteia os cangaceiros com rosários que mandara buscar no comércio, que abençoa e coloca na cabeça de cada um destes. Está em companhia de José Ferreira de Menezes, artífice do convite ao bandoleiro, de Severino Alves da Costa, também amigo, e de Benjamin Abrahão. O palco agora é o sobradinho de João Mendes de Oliveira. Um relato muito completo dos fatos, baseado inclusive em informações do irmão de Lampião que residia no Juazeiro à época, João Ferreira dos Santos, pode ser encontrado em Billy Jaynes Chandler, *Lampião: o rei dos cangaceiros*, p. 76 a 86. Dos contemporâneos do episódio, Lourenço Filho registra o fato sucintamente no seu *Juazeiro do padre Cícero*, p. 162, transcrevendo a crônica desfiada no jornal O *Ceará*. O padre Azarias Sobreira dá uma visão compreensiva do atordoamento em que se viu envolvido involuntariamente um Cícero de 82 anos de desgastes, nas p. 261 a 265, do seu O *patriarca de Juazeiro*. Uma outra autora da terra, Amália Xavier de Oliveira, O *padre Cícero que eu conheci*, passa ao largo do episódio. Mesma atitude de Ralph Della Cava, *Milagre no Juazeiro*. Na linha oposta à de Azarias, mas trazendo considerações interessantes, ver Edmar Morel, op. cit, p. 108 a 111. José Ferreira de Menezes depôs a Morel no Juazeiro, confirmando ter sido o executor do plano de Floro de atrair Lampião, gestado nos dias finais da permanência do general em Campos Sales. Não fazia segredo disso. À revista nacional *Panfleto*, do Rio de Janeiro, nº 7, 3ª fase, edição de outubro de 1953, José Ferreira declararia solenemente ao repórter: "O portador da carta, de Campos Sales para Juazeiro, foi este seu criado". Confuso com o abandono de Polidoro, Floro reúne o estado-maior e brada: "Preciso de Lampião", o informante abre os antecedentes da manobra, recuperando o *insight* do general do cangaço. Chamado logo em seguida, ele trata de redigir a correspondência em papel do Batalhão Patriótico, e de colher a assinatura do comandante supremo. Isto feito, leva o escrito para o Juazeiro e o entrega em mão de João Ferreira dos Santos. Difícil, segundo ele, teria sido obter a concordância do Padrinho: "O padre Cícero não queria chamar o bandido, pois tinha simpatia pelos revolucionários". Ferreira confirma ainda que a patente foi redigida por Pedro de Albuquerque Uchoa, "com o conhecimento e autorização do sacerdote, para não molestar o facínora". E que foi lavrada "numa folha de papel almaço, sem timbre de nenhuma repartição". Acreditava que o bandido teria se convertido mesmo em capitão, caso Floro não tivesse morrido prematuramente, tamanho o poder de que o general do cangaço se achava investido. É copiosa e documentalmente rica a produção de literatura de cordel sobre o assunto, especialmente da parte de João Martins de Ataíde, de José Cordeiro e de João Mendes de Oliveira. O leitor deve procurar no apêndice deste livro a transcrição completa do convite à rendição distribuído pelo padre Cícero, a partir de original encontrado no arquivo da beata Mocinha.

6. As informações sobre a constituição de família por parte de Benjamin, ainda que de modo precário e nada estável, são de seu filho, Atallah, na entrevista que nos deu no Rio de Janeiro a 5 de novembro de 2000. Também a Raimundo Gomes de Figueiredo, em entrevista a Napoleão Tavares Neves, no Juazeiro, carta de 17 de junho de 1988, ficamos a dever os dados sobre Gonçalo Mundó. As amizades fidalgas de Benjamin constam de fotografias identificadas no arquivo pessoal deste, que nos foi doado, juntamente com o acervo, por seu legatário regular, Aziz Francisco Elihimas, no Recife, a 26 de março de 1992, sem prejuízo de informações complementares que nos passou.

7. Lauro Cabral de Oliveira, entrevista ao Autor, Fortaleza, Ceará, 1980. O recuo no convite a Lampião, o nome de quem o redigiu por encomenda de Cícero, o modo como foi endereçado e em que ponto alcançou o bandoleiro, está bem claro em Otacílio Anselmo, op. cit, p. 533-4. A comprovação definitiva, tanto do convite quanto da dispensa deste, contém-se em telegrama seco de Floro Bartolomeu, frase única, vindo de Campos Sales, provavelmente dos primeiros dias de fevereiro de 1926, últimos de sua estada ali, dirigido a José Ferreira de Menezes, no Juazeiro, em linguagem disfarçada, mas compreensível, conforme transcrição feita no livro de Fátima Menezes e Generosa Alencar, op. cit, p. 103: "Campos Sales – Oficial – José Ferreira – Comunique vosso amigo que não é preciso mais Lampião. Povo já seguiu em perseguição revoltosos. Abraços – Floro". Cremos que o "vosso amigo" não seja senão o padre Cícero, dado o respeitoso do emprego da segunda pessoa do plural, descabido de todo quanto a Francisco das Chagas Azevedo ou a João Ferreira dos Santos. O padre teria sido um aderente de má-vontade ao plano de convocar o bandido, como tudo está a indicar, e teria exultado em saber da desnecessidade superveniente da manobra temerária. Só então se sentiria liberado para acionar Pedro de Albuquerque Uchoa, com vistas à redação da carta de cancelamento da convocação. Jamais o faria sem a concordância expressa de Floro. E é esta que acreditamos esteja contida precisamente nesse telegramazinho de aparência despretensiosa. Que Manuel Dinis confirma em seu livro *Mistérios do Juazeiro*, p. 111, suprimindo, por motivo que bem compreendemos – embora indesculpável – a expressão "vosso amigo", e conferindo ao despacho a data de 28 de janeiro, sem precisar a fonte.

8. Lauro Cabral de Oliveira, ibidem.

Prestes x Lampião

Cego leopardo! Garra de leão,
exasperante loba no poente,
cascavel ébria que me habita os sonhos,
é o sono quem nos governa o futuro,
eu sei que tudo é pó, é pedra, é muro,
nem sombra ficará, tudo é carvão.

A *Oriental Safira*, 22ª sextilha

Reina controvérsia sem-fim quanto ao que possa ter havido de efetivo na ação militar de Lampião em favor da legalidade. Até mesmo se esta teria ocorrido. Como interminável tem sido o esforço de escritores animados de ardor mais religioso que científico, de modo particular os da terra, no sentido de passar a borracha sobre a presença ativa do padre Cícero nas tratativas com o bandoleiro. Como se não militasse em favor do clérigo a justificativa larguíssima de ter apenas acudido aos compromissos que desabam de súbito sobre a mesa da Rua São José, como resultado do espólio de encrencas que se avolumara antes mesmo de Floro Bartolomeu fechar os olhos. No vazio, o padre se faz protagonista a pulso. Um octogenário arrastado pelas circunstâncias. Atordoado, em certos momentos. Confuso, por vezes. Não há dúvida histórica razoável quanto ao ponto, mais digno de aplauso que de censura. O que dispensa a fumaça soprada por alguns sobre a ação que Cícero desenvolve na quadra de riscos.

Alojado no sobradinho de João Mendes, no correr das audiências Lampião não esconde das vistas de quantos mostram curiosidade sobre a ação que pudesse ter desenvolvido contra os revoltosos, uma espada antiga, de qualidade muito boa. Depois de muito exibida, a fiança material de que interviera em algum dos vários combates sucessivos travados contra os revoltosos, da metade da manhã ao cair da tarde de 22 de fevereiro, na ribeira do Cipó, município da Vila Bela, hoje Serra Talhada, Pernambuco, resvalava para as mãos de ferrageiros, para que o aço de primeira qualidade se transformasse em punhal, segundo o costume. Do combate do Cipó, o memorialista da Coluna Prestes não deixará de reconhecer ter sido "um dos mais violentos que tivemos", porque "perdemos muitos companheiros, e tivemos grande número de feridos", ainda que embalasse o ego dos camaradas de armas logo à frente: "Em compensação, infligimos elevadas perdas aos adversários, entre mortos e feridos".

O combate pouco estudado da fazenda Cipó, feudo antigo da família Nogueira, capitaneada à época pelo patriarca João Cassiano, o Cassiano do Cipó, contrapôs aos destacamentos comandados pelos tenentes Osvaldo Cordeiro de Farias e Antônio de Siqueira Campos – comissionados na patente de coronel para a investidura nas chefias revolucionárias – uma junção de forças da ordem composta por unidades do Exército, por frações de polícia de procedência variada e por contingente de "romeiros do padre Cícero", como registrou a mesma fonte, acrescentando, não sem surpresa, que a salada de legalistas teria sido capaz de combater "com grande ardor". Os rumores davam conta de terem intervindo aí duas companhias de patriotas do Juazeiro, somando 76 homens, ao comando dos tenentes Salomão e Francisco das Chagas. Sim, o Chagas amigo de Lampião. Acuada em um desdobramento do combate, entre o São Miguel e o Alto da Areia, a unidade de Chagas teria recebido o auxílio providencial do cangaceiro. E a espada?

À tarde, silenciado o campo de batalha por instantes, a pequena força do major revolucionário Ary Salgado Freire, subcomandante do Quarto Destacamento da Coluna, ainda molhada das águas do Pajeú, atravessa a ribeira do Cipó a galope, em busca da fazenda Buenos Aires, quando a retaguarda se vê atacada com sério risco. A cavalhada que andava no coice batia os cascos de exaustão. Para retardar o grupo atacante, um "preto velho conhecido por Tio Balduíno", peão da família do antigo senador Pinheiro Machado, do Rio Grande do Sul, e veterano da revolução gaúcha de 1893, resolve dar a vida pelos companheiros, especialmente pelo patrão, o jovem Zezé Pinheiro. Salta do cavalo, toma um flanco, e depois de esgotar a carga do fuzil Mauser, bate mão da velha espada habituada a abater *chimangos* naquela revolução sangrenta. Peleja até a morte. A espada diferente, vinda talvez da Maragataria uruguaia, finda em poder de Lampião. A espada de um bravo. Conquistada, para uns. Comprada, para os mais céticos. O que não tem importância maior. A coragem de Lampião jamais foi posta em dúvida, antes ou depois de sua morte.[1]

Divulgada a versão romântica aos quatro ventos – trabalho de produção de imagem de que o chefe cangaceiro soube ocupar-se com habilidade indiscutível ao longo de toda a carreira – o ícone da façanha começa a cegar a matutada em folia com o brilho do aço superior, a poesia de gesta não ficando de fora, linha auxiliar das mais preciosas da documentação de tudo quanto se passasse de relevante na caatinga, como soube ser invariavelmente. Sem o folheto de cordel, como chegar ao rancho do tropeiro, à lona do cigano, ao oratório da beata, ao quartinho da mulher-dama de ponta de rua, à solta e ao curral do vaqueiro, nas rodas de leitura à beira do fogo?

Os poetas populares não se fizeram de rogados, quase todos glosando o episódio cheio de apelos ao sentimento do sertanejo. E não foram somente os que se achavam por perto, metidos no furdunço do Juazeiro, como João Mendes de Oliveira ou José Cordeiro, que se ocuparam da jornada emocionante. Também os maiores do tempo, seguramente Francisco das Chagas Batista e João Martins de Ataíde. Ouçamos o primeiro, em passagens do seu *Conselhos do Padre Cícero a Lampião*, de 1926:

Quando o exército revoltoso
Pelo Nordeste passou,
Três batalhões patrióticos
Padre Cícero organizou
E a um desses batalhões,
Que defendiam os sertões,
Lampião se incorporou

Lutando com os rebeldes
Achava-se um batalhão
Patriótico do Juazeiro,
Quando chegou Lampião
Com seu grupo terrorista,
E ali, se fez legalista,
Entrando logo em ação!

Os soldados patrióticos
Já estavam quase perdidos
Porque, pelos revoltosos,
Estavam sendo envolvidos
Porém, Lampião chegou,
De retaguarda, atacou...
Foram os rebeldes vencidos

Os revoltosos fugiram
Em debandada geral!
Lampião matou uns dez
E tomou de um oficial
Um rifle e uma espada
Que, consigo, foi guardada,
Como um troféu sem rival

Comandava o batalhão
Um tenente, seu amigo
O Chagas, que então lhe disse:
– Lampião, irás comigo
À cidade do Juazeiro
Eu serei teu companheiro
Te darei seguro abrigo

Lampião mui satisfeito
Esse convite aceitou
Pois, lá, tinha ele parentes
E, a todos visitou
Chegando ali Lampião,
Do padre Cícero Romão,
Uma bênção implorou

Disse-lhe o padre: – Meu filho,
Não persista no pecado,
Deixe a carreira dos crimes
Se torne um regenerado.
Se me promete deixar,
Lhe prometo trabalhar
Pra você ser perdoado.

João Martins de Ataíde dá fé de tudo na longa reportagem *Entrada de Lampião, acompanhado de cinquenta cangaceiros, na cidade do padre Cícero*, da mesma data, transcrita aqui parcialmente, no que interessa ao tópico:

Em Cipó, de Pernambuco
Estava um combate travado,
Por contingentes legais
Com um grupo revoltado
Se Lampião não chegasse,
Que aos legais ajudasse,
Tudo estava derrotado

De um batalhão patriota,
Da primeira companhia
Do senhor tenente Chagas
Por certo, se acabaria
Se não fosse Lampião
Que se meteu na questão,
Até o chefe morria...

O combate foi renhido,
Foi uma luta de glória,
Uma espada da briosa
É o facho da vitória,
Que Lampião apresenta,
Dizendo: – Esta ferramenta
Leva meu nome à História!

Este o fato passado. Com a versão realçada pela mídia de chapéu de couro. Fato anterior à outorga da patente. Puxado do bornal como invocação de fé de ofício feita por um guerreiro. E o que se passou depois da investidura militar?

Despedindo-se do Juazeiro a 7 de março, Lampião cruza o sertão central de Pernambuco no rumo do sul, recolhendo notícias preciosas em cima do rastro ainda fresco dos homens de Prestes. Não restavam senão feridos ou estropiados da Coluna do lado esquerdo do São Francisco, escondidos para não serem fuzilados. Ou sangrados a punhal, nos estilos. Desde 4, como vimos, o grosso dos revoltosos encontrava-se na Bahia.

Todo o bando montado, Lampião está às portas da vila de Belém, do município de Cabrobó, na margem do São Francisco, em apenas quatro dias de viagem. Recebido pacificamente, vale-se de franquia postal reservada às autoridades da campanha, a chamada franquia *nil*, para expedir telegrama administrativo a quem identifica claramente como seu superior na empresa militar: "De Belém – nil/11 – Padre Cícero, Juazeiro, Ceará. Rebeldes internando-se Bahia direção Juazeiro [da Bahia]. Devo atravessar? Providencie dinheiro urgente. (a) Virgulino Ferreira".

O telegrama motiva a abertura de sindicância na Repartição Geral dos Telégrafos. A perspicácia de um servidor juntara o nome do signatário ao vulgo conhecido, e caía sobre todos o despacho alarmante: "Trata-se do célebre Lampião, criminoso nos Estados de Pernambuco, Alagoas e Paraíba". A franquia é cassada para a estação de Belém de Cabrobó. Decisão do encarregado do Expediente, Odilon Amintas. Que manda, apesar de tudo, "dar curso ao telegrama acima, no interesse de colher respostas para êxito das providências do Governo do Estado". O governador de Pernambuco, Sérgio Loreto, é inteirado. A 24 do mês, o supervisor Guimarães, no Rio de Janeiro, prevenido. Um *affaire*. Que deve ter causado embaraços à comunicação do capitão Virgulino, ao menos daí para a frente.[2]

Sem resposta, franquia cassada e aflito pelo dinheiro, como não deixa margem a dúvida o conteúdo do telegrama, Lampião abandona Belém e sobe de torna-viagem ao Pajeú, cobrindo o rastro deixado nos últimos dias. Da fazenda Juá, em Belmonte, onde se queda de passagem, envia positivo ao tenente Alfredo Miranda, o Caçula, da volante pernambucana, que ensaiava uma aproximação de combate, advertindo-o de que não via sentido em que entrassem em luta. Para todos os efeitos – deixava claro – o bando inteiro acha-se "comissionado para combater os rebeldes no Estado da Bahia". Homens da lei estacionavam ali, portanto. Respeito!

No dia 25 de março, sem deixar Pernambuco, arma as toldas para uma permanência prolongada na Serrinha, hoje Serrita, então vila do município de Salgueiro, *vis-à-vis* com Jardim, no Ceará, tudo muito próximo da terra do Padrinho. Para quem envia, no dia seguinte, dois pobres-diabos da Coluna feitos prisioneiros, como parte da pressão pela verba.

O padre, obrigado a assumir o comando das chamadas forças legais aos 82 anos, com a morte de Floro, recebe cobranças de todos os lados. Dos oficiais superiores, Silvino, Cardoso e Arruda, na hierarquia natural. Mas também, e aí de forma desusada, de comandantes de companhia que desfrutavam de acesso por conta de amizade pessoal antiga, a exemplo de Manuel Calixto. De fornecedores, de prestadores de serviços, de artífices, de costureiras, diretamente ou por intermédio da beata Mocinha.

Desde o dia 11, coincidentemente a mesma data da cobrança telegráfica efetuada por Lampião a partir de Belém de Cabrobó, o padre perdera a cerimônia e se dirigira, também por telegrama, ao presidente da República. Silêncio. Não tarda a reiteração em termos patéticos, ares de ultimato:

> *Of. Urgente. 127-99-14-13. Exmo Dr Artur Bernardes, MD Presidente da República – Rio.*
>
> *Conforme expliquei V. Ex[a] telegrama dia 11, nossas forças patrióticas aqui se encontram sem numerário para socorrer-lhes as despesas, atrasadas nos pagamentos, em situação difícil, portanto. Assim, urge que V. Ex[a] dê pronta solução ao caso, ordenando remessa dinheiro caso deseje que elas continuem perseguição rebeldes, ou ordens dissolução e pagamento dos compromissos já realizados. Reitero os meus protestos inteira solidariedade benemérito governo V. Ex[a], continuando seu inteiro dispor meus modestos porém leais serviços. Atenciosas e cordiais saudações – Padre Cícero Romão Batista.*

Os telegramas cruzam-se por todo o resto de março, enveredam pelo mês de abril, e nada de pagamento. Entram em cena o ministro da Guerra, marechal Setembrino, e o comandante da Região Militar, coronel Toscano de Brito. No final desse mês, o Tribunal de Contas da União é chamado ao feito, em mais uma manobra protelatória. A 26 de agosto, o padre Cícero pensa em mandar emissário ao Ministério da Guerra. É que também as famosas "requisições à conta do Tesouro" não tinham sido pagas até então. Finalmente, o Governo constitui, no final de agosto, uma tal Comissão Especial de Arrolamento das Requisições do Nordeste. Mas o que é certo é que o passivo em aberto do Batalhão Patriótico, a despeito da brevidade de sua existência legal – restrita ao período de 2 de janeiro a 27 de março de 1926 – invadirá o exercício de 1927 sem solução. Em abril, o pobre do padre Cícero ainda cobrava os mais de vinte contos de réis de medicamentos fornecidos por certo João Evangelista Bezerra ao Batalhão, e recebia como resposta que a solicitação deveria vir "assinada pelo requisitante, com testemunhas conhecidas e firmas reconhecidas"...[3].

Quanto a Lampião, somente a 5 de abril é que perde a paciência de esperar, e pondo fim a doze dias de festejos e de audiências com autoridades na Serrinha, despede-se do chefe político, coronel Francisco Romão Sampaio, o Chico Romão, e parte para o Ceará, em busca de entendimento final com o padre Cícero. Em Jardim, o prefeito do município, médico Anchieta Gondim, ainda recebe o bando como autoridade militar a serviço da ordem. Um adeus à legalidade por parte dos cangaceiros. Dali, comandando uma fração discreta de apenas oito cabras, Lampião cavalga para a Barbalha. O quadro agora é outro. Paisanos em arma esperam pelo bando nas pontas de rua da cidade, que passa ao largo do burgo, fora do alcance das armas, a 8 do mês. Nada de combater no Ceará. Ao menos por enquanto.

Por mais que se tenha procurado no Juazeiro envolver em cortina de fumaça a segunda visita de Lampião ao padre Cícero, o que se compreende em razão das críticas pesadas com que a imprensa de todo o Brasil fulminara o primeiro encontro, e também – talvez se deva dizer principalmente – ante a sensação do momento: a candidatura do padre à sucessão de Floro Bartolomeu, na Câmara dos Deputados, deixando de nariz para cima a enfiada de aspirantes que se formara, tudo aponta para a ocorrência de um novo despacho administrativo entre o religioso e o guerreiro no dia 9 de abril, tenha este se dado de forma pessoal ou por meio de terceiros. No sentido de que tenha ocorrido do primeiro modo, inclinamo-nos menos por tê-lo ouvido de fonte segura que pelo fato de ter o cangaceiro transitado com um efetivo temerário de apenas oito homens, durante vários dias, cruzando um Cariri armado até os dentes. Verdadeiro campo minado. Por que o faria?

Somente prescrição que partisse de autoridade inefável arrastaria a tanto um guerreiro obsessivamente cauteloso como o capitão Virgulino, parecerá claro ao conhecedor mais bisonho da arte da guerra. Mais. Premido desde 11 de março pela necessidade de cobrar pelos serviços prestados, por que armar barracas por doze dias na Serrinha, a se aconselhar com pessoas prudentes? Convenhamos, não era fácil cobrar do padre Cícero. Botar a faca no peito de um ancião venerado por todos. Tinha de ser uma cobrança muito especial. Envolta em pomadas. Mas se não fosse dirigida ao padre, a quem mais poderia sê-lo, se este não delegou a tesouraria do Batalhão Patriótico a ninguém? Já vimos quem assinou os telegramas de cobrança dos recursos destinados a fazer face às folhas de pessoal, e às requisições do Batalhão, até abril de 1927, pelo menos. Depois, como não receber cobrador que traz no bornal fatura de serviços prestados com legitimidade, inteiramente de acordo com os ajustes levados a efeito de boa-fé?[4]

Em carta de 27 de abril ao *Jornal do Comércio*, de Fortaleza, estampada na edição de 6 de maio de 1926, o padre sustenta sobre o pormenor em exame que "não devia e não podia" receber o cangaceiro uma segunda vez, e que, por isso, "mandei intimá-lo a voltar imediatamente, dizendo que não queria vê-lo". Palavras hábeis a deixar em aberto até mesmo a negação do que parecem asseverar, não sendo mentirosas, portanto. Linguagem diplomática. Que não se abre ao alcance de todos. Os religiosos a conhecem bem.

Como quer que seja, fica claro que a gangorra da sorte invertia de golpe a posição adotada na primeira visita, quanto à atitude do padre. Do lado do cangaceiro, desilusão. E mágoa, certamente. A circunstância e a ocasião em que esses sentimentos se alongam em gesto de ruptura com a tênue conduta de homem da lei que o envolvera nos últimos meses, estão contidas em telegrama do prefeito de Salgueiro ao governador Sérgio Loreto, datado de 16 de abril, e dispensam qualquer retoque:

> *Exm° Dr. Governador Estado – Recife*
>
> *Comunico vossência grupo bandido Lampião volta Juazeiro Ceará, inesperadamente passou ontem povoado Bezerros, deste município, saqueando, assassinando inspetor policial, conduzindo presos reféns, nosso amigo coronel Davi Jacinto e outro inspetor, sob condição somente dar liberdade mediante dez contos, contrário seriam assassinados, rumando Pajeú. Ontem, seguiu encalço mesmo grupo tenente Solon com cinquenta praças. Cordiais saudações – Veremundo Soares, prefeito.*[5]

Por todo o mês de junho, Lampião parece empenhado em desfazer o engano de quem ainda o pudesse supor a serviço da ordem. A incursão de rapina que empreende pelo Estado de Alagoas, das mais desapiedadas da história de sua existência como um todo, confirma que a mescla azul dos patriotas encardira-se em negro e, pior, recebera as tíbias cruzadas e a caveira dos rapinadores de todos os lugares do mundo. Começando pela ruazinha das Caraíbas, em Mata Grande, a 6, e daí para Água Branca, Inhapi, Santana do Ipanema, Olho d'Água das Flores, Caboclo, até abaixo de Palmeira dos Índios, o que se vê são assassinatos, sequestros, estupros, mutilações, e o incêndio sistemático de casas, armazéns, currais, cercados, bolandeiras, locomóveis, além do abate de boiadas inteiras. Em Olho d'Água das Flores, um automóvel da Standard Oil Company arde até o torrão, alarmando as empresas estrangeiras de modo geral.[6]

Pelo lado do padre Cícero, o desenlace de 9 de abril parece ter produzido mágoas em nada inferiores àquelas que o cangaceiro acusa no furor destrutivo recente. Em telegrama de meses depois, com que dá conta ao governador do Ceará do massacre do fazendeiro Chico Chicote, irmão do prefeito de Brejo Santo, atacado pela polícia do Estado em seu sítio Guaribas, próximo à vila de Porteiras, a 1° de fevereiro de 1927, o padre emprega, a respeito de Lampião, entregue a diversões com o bando nas proximidades de Porteiras no momento do episódio, palavras de uma dureza surpreendente. Deixava a nu que os eufemismos de outrora, com que sempre pareceu condescender com a circunstância sociológica do bandoleiro, ficavam para trás. "Enquanto tudo isso se dava [o massacre de Guaribas], Lampião, na serra do Mato, se divertia ostensivamente com seu grupo, sambando e pilheriando das forças policiais que o perseguem", denuncia o clérigo, juntando à assinatura o peso da investidura formal à época já efetiva: "Padre Cícero – Deputado Federal.".[7]

O agora deputado denunciava – crime punido com a morte na lei do cangaço – a quem o padre passara a mão sobre a cabeça até dias atrás, depois de fazê-lo por anos.

Não parece coincidência que a data assinale os dois primeiros sequestros a resgate levados a efeito por Virgulino na terra do Padrinho, o de Pedro Vieira Cavalcanti e o de Vicente Venâncio, presos na Baixa das Cacimbas, município de Jardim. Cinco contos de réis teriam de pagar os comerciantes daquela cidade para a soltura da dupla. O segundo conseguiria fugir em momento de descuido da cabroeira. Cavalcanti tomaria um tiro no ouvido, morrendo em Pernambuco, no dia 3. O episódio confirma, além de tudo, a excelência proverbial do serviço de informações de que dispunha o cangaceiro, de cuja cadeia, ativa e discreta, faziam parte de roceiros a coronéis. E alguns telegrafistas.[8]

Ao pintar a quadra de ruptura entre rosário e punhal, não devemos deixar à sombra a prisão do caçula dos irmãos Ferreira, o João, que já vimos ter fixado residência no Juazeiro, com as irmãs, desde 1922, tropeiro ativo ali, sem ser molestado por ninguém, graças à proteção do Padrinho. No começo de 1925, damos como ilustração, Floro Bartolomeu nega por telegrama ao vice-governador de Alagoas a prisão de João, processado ali, frustrando as autoridades interessadas em dar andamento à formalidade judicial. Pois bem. A proteção se dissipa no começo de 1927, o caçula dos Ferreira sendo preso lá mesmo no Juazeiro, juntamente com um agregado da família, José Dandão, auxiliar no negócio modesto, levados ambos para Salgueiro, depois para Vila Bela. Cães sem dono. E o que é certo é que João descerá de trem até o Recife, sob escolta, sendo recolhido à Casa de Detenção a 22 de julho, à disposição do chefe de Polícia de Pernambuco, o duro Eurico de Souza Leão. Os sertanejos de cabeça branca costumam dizer que ressentimento de padre não é brincadeira.[9]

Retomemos o jornadear de 1926.

Em outro cenário, deixando para trás Pernambuco, e incursionando por Bahia e Minas Gerais durante os meses de março, abril, maio e junho, a Coluna Prestes, como um fantasma corredor, está de volta ao primeiro desses estados no começo de julho, dando um susto daqueles nas forças da ordem. Que a julgavam em Goiás ou além, com base em estimativa de progressão linear.

Novamente na margem do São Francisco, despedindo-se da povoação baiana de Rodelas, a vanguarda da Coluna se apresta para a segunda entrada em Pernambuco a 2 de julho. A 3, ocupam a vila ribeirinha de Belém de Cabrobó, que dominam sem alteração, salvo pelo desmantelamento compreensível do telégrafo. Cabrobó, Riacho Pequeno, Parnamirim, Bodocó, Barra de São Pedro, são localidades pernambucanas de maior ou menor importância que os revolucionários atravessam dessa vez, antes de penetrar novamente no Piauí, a 11 do mês.

Misturado aos cabras semisselvagens da Serra d'Umã, a oeste de Floresta, com os quais passara o São Pedro em festas, Lampião não dá um passo quando esses partem para acossar à bala uma fração retardatária da Coluna, em atendimento a convocação do coronel Pedro da Luz Alves, senhor da fazenda Barrinha, na mesma extrema de Floresta, a partir de tocaia montada nas proximidades da fazenda Pau d'Arco, no riacho da Brígida, por volta do dia 8. Dali seriam disparados os tiros derradeiros tendo por alvo os homens de Prestes em Pernambuco, enquanto Lampião bocejava nas redes das caboclas do alto da serra.[10]

A não mais que ilusão de uma existência legal – miragem que agora se diluía de todo – passara a página virada na vida de Virgulino Ferreira da Silva. Seguiria capitão por vontade própria. Não mais de patriotas: de cangaceiros.

Ao morrer, em 1938, a polícia de Alagoas encontra uma das platinas de oficial entre os bens arrecadados. Galões amarelos sobre mescla azul. Muito bem conservada. E nada que dissesse respeito ao padre Cícero. Nem mesmo entre as oito orações escritas que o cangaceiro conduzia em um saquinho atado ao pescoço, no estilo mais tradicional dos caborjes do catolicismo popular sertanejo.

Também não se reportam testemunhos de reparos que pudessem ter saído da boca do cangaceiro sobre a conduta do Padrinho, nos doze anos de sobrevida ao episódio da patente gorada. Ao contrário. Para consumo dos rapazes do bando, de inimigos e de paisanos em geral, a astúcia de Virgulino tratou de disseminar pelo tempo afora a versão de que este dispunha, por outorga pessoal, da proteção seráfica mais entranhadamente cara aos sertanejos do Nordeste: a de afilhado do padre Cícero. Meia-verdade fértil em dividendos para a imagem pública do cangaceiro.[11]

Notas e referências

1. Em conversa gravada com Luiz Carlos Prestes no Recife, em 1983, na presença de Roberto Arrais, que nos conseguiu gentilmente o encontro, matamos velha dúvida quanto a ter ou não ocorrido choque entre revoltosos e cangaceiros. Houve – confirmou sonoramente o Cavaleiro da Esperança – aparentando ter o assunto bem presente em sua memória. E particularizou: "Foi em apenas um dia, o contato dos homens de Lampião se fazendo com algumas das nossas avançadas revolucionárias que atravessavam a fazenda Cipó". Que o velho chefe do estado-maior da Coluna, em imprecisão compreensível, colocava "no riacho de Navio". Segundo ele, o combate foi se dissipando quando os revoltosos, chamados repetidamente de "macacos", declararam a própria condição, ao devolver os insultos. "O interesse de combater parece ter morrido aí, pela parte dos cangaceiros", julgava Prestes. O fogo do Cipó – na verdade, vários combates em locais próximos, verificados com diferença de horas – mereceu a atenção detida do secretário da Coluna, Lourenço Moreira Lima, no seu escrito contemporâneo *Coluna Prestes: marchas e combates*, p. 265-6. Pelo lado da ordem, uma visão do episódio, confusa e com os exageros naturais do tempo de guerra, contém-se em dois telegramas do início de março de 1926, dirigidos a Floro Bartolomeu, no Rio de Janeiro, assinados por Mousinho Cardoso e pelo burocrata Jordão, transcritos no livro *Dossiê confidencial: padre Cícero e Floro Bartolomeu*, de Fátima Menezes e Generosa Alencar, p. 57-8. Mousinho deporá ainda, sobre os passos do Batalhão, de maneira circunstanciada, para o jornal *Diário do Ceará*, de 13 e 14 de março de 1926, destacando o combate do Cipó, apud Nertan Macedo, p. 193 a 198 do seu *Floro Bartolomeu: caudilho dos beatos e cangaceiros*. Moreira Lima, op. cit, p. 267-8, relata como o velho Balduíno perdeu a espada em choque suicida. A menção à arma branca é feita pelo próprio cangaceiro – que assevera "tê-la conquistado aos revoltosos" – na segunda entrevista que concedeu a Otacílio Anselmo, transcrita por Nertan, op. cit. p. 170 a 181. Fátima Menezes, no livro *Lampião e o padre Cícero*, detalha o assunto nas p. 24-5. Lauro Cabral de Oliveira empunhou a espada famosa, segundo nos disse na entrevista dada em Fortaleza, 1980. Pelo lado dos Nogueira, proprietários até hoje da fazenda palco dos combates, ouvimos o patriarca Luiz Andrelino Nogueira, segundo quem, "há cinco cruzes de revoltosos plantadas nas terras do Cipó". Ao que cumpre acrescentar, bem próximo dali, na fazenda Tabuleiro Comprido, do major Cantidiano Valgueiro de Barros, à margem esquerda do Pajeú, município de Floresta, uma sexta marca cristã, que deveria ser de ouro atendendo à bravura de quem a motivou: o célebre Capitão Preto, braço direito do comandante do Segundo Destacamento da Coluna, João Alberto Lins de Barros. Ferido nas Umburanas, a 14 de fevereiro, Heraclides Pinto, cerca de 25 anos, alvo – preto era o apelido de sua família no Rio Grande do Sul – "estatura mediana e franzino", segundo Moreira Lima, op. cit, p. 262, vinha sendo conduzido pelos companheiros em padiola, até que se esgotam as últimas energias e se vê recolhido ao quarto dos arreios da sede da fazenda, onde os companheiros o acomodam para algum repouso e para a medicação possível. Que se revelou inútil, extinguido-se, a 20, aquele de quem Moreira disse ter sido o "tipo clássico do gaúcho destemeroso". As paredes da dependência acanhada guardaram por décadas as marcas sangrentas das mãos do bravo. Da tentativa de se erguer no estertor da morte para enfrentá-la de pé. A cruz continua lá.

2. Arquivo privado pessoal do coronel Sidrack de Oliveira Correia, Recife, 1989, em cuja residência tivemos acesso à cópia caligráfica benfeita da sindicância dos Telégrafos, para exame e reprodução. Ao tempo de tenente da Força Pública de Pernambuco, no ano de 1926, Sidrack esteve comissionado como ajudante de ordens do comandante-geral da corporação, o polêmico coronel João Nunes de Araújo, a quem acompanhou nas ações de comando da reação pernambucana à Coluna Prestes, inicialmente no Piauí, chegando a Valença e

Jaicós, e depois no próprio território do Estado, com passagens rápidas pela Paraíba. Homem reconhecidamente correto, não escondia a admiração pela cortesia militar irrepreensível do inimigo. Dos homens de Miguel Costa e de Prestes. Chegando a Umburanas minutos depois do desastre da tropa comandada por Nunes, e da saída dos revoltosos do local, encontrou os feridos, seus companheiros de farda, dispostos da melhor maneira possível, água e alimento ao lado; e os mortos, respeitosamente deitados e identificados por fitas vermelhas ou azuis passadas na lapela, de acordo com a parcialidade de cada um, é dizer, revolucionários ou legalistas, respectivamente. Jamais esqueceu a emoção de que se viu tomado.

3. Do roteiro de saída de Lampião do Juazeiro, com descida vertiginosa para Belém de Cabrobó e subida para a Serrinha de Salgueiro, ocupou-se o jornal O *Ceará*, de 24 de abril de 1926. A reprimenda entusiasmada de Lampião a Caçula ouvimos de Miguel Feitosa Lima, em entrevista, Araripina, Pernambuco, 1970 e anos seguintes, que a ouviu, por sua vez, de Antônio Severino da Silva, o cangaceiro Nevoeiro, amigo e colega de bando por vários anos. E consta de telegrama do arquivo especializado do coronel Veremundo Soares, de 16 de março de 1926, cap 1, doc 20, doado à Fundação Joaquim Nabuco, do Recife, Centro de História Brasileira. Importa ver que o bandido chegou a se considerar verdadeiramente um homem da lei. No mesmo arquivo, cap 2, doc 21, acha-se telegrama de 29 de março dando conta da chegada a Serrinha. E de 7 de abril, cap 2, doc 23, reportando a saída da Serrinha. Os dois revoltosos presos e enviados para o Juazeiro estão referidos pelo O *Ceará*, ibidem. O vaivém de telegramas de cobrança do Padrinho ao presidente da República e a outras autoridades, com as justificativas esfarrapadas destes, acham-se em Fátima Menezes e Generosa Alencar, op. cit, p. 60, 120, 122, 130 e 183. Este último, já de abril de 1927.

4. Os passos de Lampião deixando Salgueiro, enveredando por Jardim, passando ao largo da Barbalha, até chegar de novo ao Juazeiro, estão em Nertan Macedo, op. cit, p. 160-1, que se baseia no relato do jornal O *Ceará*, já indicado. Os oito homens da missão de cobrança devem ter sido previsivelmente os de maior patente no bando na ocasião, consoante nominata fornecida pelo próprio Lampião a Otacílio Macedo, *Floro Bartolomeu*, p. 171: Antônio Ferreira, Sabino, Luís Pedro, Juriti, Chumbinho, Nevoeiro, Meia-Noite e Jurema. A nossa fonte sobre a ocorrência de um novo contato entre o padre e o cangaceiro, em torno do dia 9 de abril, foi Miguel Feitosa Lima, loc. cit, que ouviu o relato de Nevoeiro, um dos oito da jornada. De maneira discreta, mas perfeitamente amistosa, ter-se-ia desenrolado à noite, na residência de José Ferreira de Menezes. Lampião não saiu satisfeito com as desculpas do padre quanto à inexistência de dinheiro, amarrando a cara por vários dias. Por se tratar de relato sem paixão, o de Nevoeiro, colhido e repassado por fonte segura e de memória invulgar, Miguel Feitosa Lima, além de revestido de circunstâncias que parecem abonar-lhe a procedência, como procuramos evidenciar no texto, consideramo-lo digno de fé.

5. Veremundo Soares, loc. cit, cap. 2, doc 24.

6. A incursão a Alagoas está bem documentada em Billy Jaynes Chandler, *Lampião: o rei dos cangaceiros*, p. 88 a 91.

7. O melhor relato sobre a tragédia do Sítio Guaribas, que sumaria toda a violência do sertão primitivo, devemos a Otacílio Anselmo, em artigo intitulado A tragédia de Guaribas, para a revista cultural *Itaytera*, do Instituto Cultural do Cariri, Crato, Ceará, nº 16, de 1972. O telegrama-denúncia do padre Cícero contra Lampião, dirigido ao governador do Estado, está em Fátima Menezes e Generosa Alencar, op. cit, p. 240. Abelardo Montenegro se ocupa do fato no seu *Fanáticos e cangaceiros*, p. 300 a 302.

8. O sequestro a resgate de Pedro Vieira Cavalcanti e Vicente Venâncio foi tratado por Napoleão Tavares Neves no livro *Cariri: cangaço, coiteiros e adjacências*, p. 46-7 e 57 a 60, passim. A teia de informações de Lampião receberia, quando da morte deste, em 1938, elogio surpreendente, vindo de um inimigo jurado: o coronel José Lucena de Albuquerque

Maranhão, da polícia de Alagoas, para quem: "Os bandidos mantinham uma grande organização, orientada pelo comandante supremo, que era Lampião. Nenhum passo se dava sem sua ordem. Então, na questão das ligações, a coisa era admirável. Por mais distantes que estivessem os grupos uns dos outros, entendiam-se e comunicavam-se quase misteriosamente, sabendo de tudo, da localização das forças, dos seus movimentos" (cf. *Diário da Manhã*, Recife, 5 de setembro de 1938).

9. Geraldo Ferraz, *Pernambuco no tempo do cangaço*, v. 2, p. 224; No *Jornal Pequeno*, do Recife, edição de 23 de julho de 1927, lê-se: "João Ferreira da Silva [sic] é criminoso em Alagoas e foi capturado em Juazeiro, no Ceará. Ao descer do trem em que viajava, foi observado que João Ferreira é pardo, de estatura mediana, viúvo, trajando chapéu de massa de abas largas e calçava alpercatas. O criminoso foi recolhido à Casa de Detenção, devendo ser oportunamente ouvido pelo doutor chefe de Polícia". Ia longe o tempo do acobertamento espesso à família de Lampião, de que serve de exemplo telegrama de Floro Bartolomeu, de maio de 1925, negando-se, como deputado federal, a acolher pedido de captura de João Ferreira, feito, em caráter oficial, pelo vice-governador do Estado de Alagoas, Lins Torres, conforme se vê em Fátima Menezes e Generosa Alencar, op. cit, p. 72-3.

10. O regresso da Coluna a Pernambuco, bem assim o roteiro seguido por esta até a entrada no Piauí, acham-se detalhados em Moreira Lima, op. cit, p. 370 a 373. A estada de Lampião na Serra d'Umã, para as festas de São Pedro, é objeto de longo e interessantíssimo telegrama de Veremundo Soares ao governador de Pernambuco, Sérgio Loreto, de 30 de junho de 1926, loc. cit, cap 2, doc 27. Alarmado, o chefe de Salgueiro leva ao conhecimento da autoridade que "Lampião declarou a uma pessoa de suas relações que pretendia formar um grupo de mais de duzentos homens, contando para isso com grande número de ex-patriotas do padre Cícero, os quais ficaram com as armas e munições como pagamento aos seus serviços na perseguição aos rebeldes, bem como com outros elementos maiores, de que lançaria mão em diversos lugares, que então, realizado esse projeto, assaltariam os povoados e cidades, não só deste Estado como os dos circunvizinhos, e que muito havia aprendido com os rebeldes". Sobre a visita à serra, que nada teve de discreta, enredava Veremundo: "Lampião esteve ali na noite e dia de São Pedro, havendo grande festança, em que cerca de quinze bandidos do referido grupo formaram uma mesa de jogo, havendo parada de um conto de réis". Acrescentava: "Grande número de serranos, que se achavam na festa, ficaram embasbacados de ver tanto dinheiro, e enorme quantidade de joias, que eram exibidas pelos bandidos". E concluía: "Não resta dúvida de que tais paradas são um engodo para despertar a cobiça daquela gente, um estímulo para abraçar o grupo". A emboscada derradeira, na fazenda Pau d'Arco, é dada por Moreira Lima, ibidem, p. 372. Onde o arquivista de Prestes averba também a nova atitude de desinteresse dos cangaceiros pela Coluna: "Soubemos que Lampião vagava por aquela zona, praticando pilhagens e assassínios".

11. Estácio de Lima, com base no folclorista, também alagoano, Theo Brandão, deu conta da constatação surpreendente em seu livro *O mundo estranho dos cangaceiros*, p. 114. Otacílio Anselmo, op. cit, p. 546, cita Estácio e compartilha da estranheza deste. Em agosto de 2009, com o apoio de Jayme de Altavila e de Luiz Nogueira de Barros, presidente e secretário do Instituto Histórico e Geográfico de Alagoas, em Maceió, passamos dia inteiro na admirável entidade de cultura, examinando e fotografando as oito orações de Lampião, na companhia da folclorista Sônia Lucena e do fotógrafo de arte Fred Jordão. Confirmamos a constatação, mas não com surpresa. O relativismo da crença de Lampião no padre Cícero já nos tinha sido revelado por Miguel Feitosa Lima, o ex-cangaceiro Medalha, em 1970. No livro *Quem foi Lampião*, de 1993, p. 94, reproduzimos episódio que nos contou, em que o chefe cangaceiro ironiza o Padrinho perante a cabroeira boquiaberta. Concluíamos então, e repisamos aqui: Lampião, supersticioso? Sim. *Ma non troppo*...

A morte do Padrinho

Do Tempo das palavras me retiro
para deixar no mundo essa linguagem
que, se diz muito, pouco ainda diria!
No céu, eis o luzeiro constelado
E todo o alvorecer vejo banhado
Na doce cor *d'oriental zaffiro*.

A *Oriental Safira*, 25ª sextilha

Livre definitivamente de Floro, os dias de parasitismo rentável de Benjamin voltam a escorrer na mansuetude do convívio com um padre levado a delegar mais e mais poderes aos auxiliares, por conta da idade avançada. Para o padre Azarias Sobreira, com a autoridade de comensal do patriarca, como vimos, menos a idade que a cavação do sírio responderia pelo aumento das atribuições deste, ampliadas "de mansinho, mas com premeditada astúcia", como sustentou em livro, a despeito da cautela de padre velho com que Sobreira cercou cada palavra de suas memórias.[1]

Não havia exagero. Benjamin era mesmo um danado. Em 1929, pensando em tirar a escrita do armazém do vermelho, que faz o sírio? Despacha para os quatro cantos do sertão emissários com a notícia – inteiramente falsa, já se vê – de que o Padrinho se preparava para dar a bênção de despedida aos romeiros. A derradeira. E cuida de reforçar o estoque da loja. Tiro e queda. Sem que as autoridades compreendessem, a cidade assiste boquiaberta à invasão de romeiros em prantos, a quantidade extraordinária respondendo por problemas de ordem pública fáceis de avaliar. O prefeito reclama, o delegado sindica, a verdade aparece.

Inteirado da maroteira, o padre cruza os braços. Cobrado pela beata Mocinha, dá de ombros. Indiferença completa. E como que a averbar publicamente que Benjamin continuasse prestigiado, posa para fotografia tipicamente comercial urdida por este, a partir de encomenda do jornal *O Globo*, do Rio de Janeiro, poucos dias passados do golpe da bênção derradeira. Sentado em marquesão de palhinha, o padre aparenta alheamento na imagem colhida. Benjamin, em pé, terno escuro completo muito bem cortado, tem a mão direita pousada aparentemente sobre a nuca de seu protetor, afetando intimidade. Ascendência. Domínio. Na verdade, a mão se acha sobre o espaldar do móvel. Um artifício visual executado com maestria. Mas a esperteza maior está mesmo é no exemplar da folha carioca que o sírio sustém ostensivamente com a mão esquerda, e que lhe valeria a confirmação como colaborador especial do jornal do finado Irineu Marinho, no Cariri.[2]

Já em abril de 1927, por telegrama enviado da Bahia ao padre Cícero, todos no Juazeiro tinham ficado sabendo que Benjamin estava prestando "serviços a jornais do Rio de Janeiro e de São Paulo", nos sertões de fronteira entre a Bahia e o Piauí, documentando os estragos deixados pela Coluna Prestes na passagem recente, ao que nos ocorre.

Os jornais do Sudeste deviam apreciar aquela disposição permanente de se expor a riscos, aprofundada em traço de caráter no sírio irrequieto, a compensar, com folga, o domínio limitado da escrita em nossa língua. O homem ideal para cobrir as asperezas do Brasil profundo parece estar ali, cismam os chefes de redação. Que passam a bater-lhe à porta com encomendas. E não somente de serviços a jornais de terceiros se desenvolverá a atividade de jornalista de Benjamin no período. A maroteira impune de 1929, levada a efeito contra os romeiros, faz inchar o cofre da empresa Benjamin Abrahão & Cia, criada no início da década para fins de comércio, levando-a a enveredar pelo jornalismo.

A 4 de janeiro de 1930, um sábado que assinalaria a periodicidade semanal do escrito, aparece no Juazeiro o jornalzinho O *Cariri*, quatro páginas habituais de notícias, crônicas e efemérides dispostas em 34 x 50 cm, dirigido por Antônio Alencar Araripe, advogado do padre Cícero e futuro político de sucesso, e editado pelos professores Manuel Dinis e J. Rocha. Até março do ano seguinte, o jornal se conservará nas ruas do Juazeiro, tirando ao menos doze edições comprovadas no período, e chegando às dez páginas em algumas destas, para depois ter o título arrematado por editores da vizinha cidade do Crato. Que o manterão circulando ali por toda a década e lustro inicial da seguinte. Senso de oportunidade ou oportunismo aberto da parte de um Benjamin dado a espertezas, o que resta claro na criação da folha é a ligação da iniciativa com a campanha política nacional que se travava, desde fins de 1929, entre os perrepistas do presidente Washington Luís – e de seu candidato tirado do bolso, Júlio Prestes – e os aliancistas de Getúlio Vargas e de João Pessoa, duelo marcado para se resolver nas eleições de 1° de março de 1930. Em que um Cícero mais conservador a cada novo cabelo branco que lhe pinta à cabeça, despontará vitorioso com a chapa situacionista, em meio a desfiles e foguetório, para ficar pendurado no pincel, passados apenas seis meses, quando a canoa perrepista resulta virada de pernas para o ar pelo movimento revolucionário de outubro, surpresa de que jamais se recuperará de todo.[3]

Otacílio Alecrim, enviado especial do *Diário de Pernambuco* para um *tour* pela área sertaneja da região no ano de 1933, de retorno da cidade do Juazeiro, estrala um artigo intitulado *O desencanto de Macunaíma*, em que estranha duas cenas da visita que fizera à casa paroquial e a seu dono quase nonagenário, com quem pudera conversar por algum tempo, flagrando-o no ambiente doméstico com os pés metidos em chinelos, ou *en pantoufles*, para repetir o francesismo de que lançou mão ao estilo do tempo: uma vitrola de corda, moderníssima, corneta dourada enorme, roubando a atenção na sala de visitas, e a onipresença de um secretário turco!

Um secretário turco – valha o parêntese – sempre disposto surpreender a todos com alguma novidade, a última desse ano se reservando para a conclusão, ao lado de dezessete rapazes da cidade e dos sítios derredor, da primeira turma do Tiro de Guerra 48, implantado no Juazeiro em 1931, mas que tivera a instrução suspensa por conta do movimento constitucionalista de São Paulo, irrompido no ano seguinte. Sem deixar de lado os vínculos cada vez mais remotos com a terra de origem, Benjamin dá um passo marcante no rumo do país de adoção ao se fazer reservista do Exército. Voltemos a Alecrim.

Não havia muito, a imprensa mundial torcera o pescoço a certa máquina de escrever que andava dedilhando com desenvoltura outro místico de renome, Rabindranah Tagore, o profeta lírico do Ganges, de regresso de viagem aos Estados Unidos. Progressos físicos batendo à porta da metafísica. No fecho do artigo, Alecrim, ingrato, permitia-se a provocação: "Francamente, com um turco e uma vitrola, não há messias que possa ser levado a sério...".[4]

Porque tudo tem fim um dia, o padre fecha os olhos no ano seguinte, aos 90 anos de vida. A data inscreveu-se para sempre no calendário dos acontecimentos históricos dolorosos da região: 20 de junho de 1934, faltando pouco para as sete horas da manhã. Fazia cerca de mês que se operara da catarata de um dos olhos, sem sucesso qualquer. Desde então, nada de melhora na saúde. Ao contrário. Um desfalecimento orgânico irreversível instalou-se a partir da função digestiva, chegando ao ponto de obstruir-lhe por inteiro os intestinos nos últimos dias de vida. A despeito dos boletins informais que iam sendo passados aos romeiros à guisa de preparação para o pior, o acontecimento do dia 20 não foi menos que uma hecatombe na cidade e arredores. Que teve o seu John Reed, como lembrou Edmar Morel:

o caixeiro-viajante Lourival Marques, a quem não se pode deixar de dar a palavra, pedindo a sonoridade da invocação à deusa Fortuna, da *Carmina Burana*, de Orff, como pano de fundo:

> *Acordei pelo tropel de gente que corria pela rua. Fiquei sem saber a que atribuir aquelas carreiras insólitas. Quando cheguei à janela, tive a impressão de que alguma coisa de monstruoso sucedia na cidade. Que espetáculo horroroso, esse de milhares de pessoas alucinadas, correndo pelas ruas afora, chorando, gritando, arrepelando-se. Foi então que soube: o padre Cícero falecera... Eu, sem ser fanático, senti uma vontade louca de chorar, de sair aos gritos, como toda aquela gente, em direção à casa desse homem que não teve igual em bondade e nem teve igual em ser caluniado. Um caudal de mais de quarenta mil pessoas atropelava-se, esmagava--se na ânsia de chegar à casa do reverendo. O telégrafo transbordava de pessoas com telegramas para expedição, destinados a todas as cidades do Brasil. Para fazer ideia, é bastante dizer que, só em telegramas, calcula-se ter-se gasto alguns contos de réis. Logo que os telegramas mais próximos chegaram ao destino, uma verdadeira romaria de dezenas de caminhões superlotados, milhares e milhares de pessoas a pé, marcharam para aqui. Juazeiro viveu e está vivendo horas que nem Londres, nem Nova York viverão jamais. O povo, uma onda enorme, invadiu tudo, derrubando quem se interpôs de permeio, quebrando portas, passando por cima de tudo. Pediu-se reforço à polícia, mas o delegado recusou, alegando que o padre era do povo e continuava a ser do povo. Arranjaram no entanto um meio de colocar o cadáver reposto na janela, a uma altura que ninguém pudesse alcançar e, durante todo o dia, várias pessoas encarregam-se de tocar com galhos de mato, rosários, medalhas e outros objetos religiosos, no corpo, a fim de serem guardados como relíquias. Milhares de pessoas continuam a chegar de todos os pontos, a pé, a cavalo, de automóvel, caminhão, de todas as formas possíveis. Quatro horas da tarde, surge no céu o primeiro avião do Exército. Depois, outro. Lançam-se de ponta para baixo, em voos arriscadíssimos, passando a dois metros do telhado da casa do padre velho. Duram muito tempo os voos. É a homenagem sentida que os aviadores prestam ao grande*

vulto brasileiro que cai. Desceram depois no nosso campo, vindo pessoalmente trazer uma riquíssima coroa, em nome da aviação militar. A cidade é uma colmeia imensa; colmeia de sessenta mil almas, aumentada por mais de vinte mil, que chegaram de fora. Nenhuma casa de comércio, de gênero algum, barbearias, cafés, bares, nada abriu. A Prefeitura decretou luto oficial por três dias. O mesmo imitaram as cidades do Crato, Barbalha e outras. Todas as sociedades e sindicatos têm o pavilhão nacional hasteado a meio-pau, envolto numa faixa negra, em funeral.[5]

Parece incrível que se tenha conseguido impor alguma ordem, em algum tempo, ao desvario generalizado que baixara sobre a cidade, apossando-se de tudo e de todos. Mas o certo é que o dia seguinte, depois de velório de noite inteira gritado, chorado, lastimado, puxado ao som fanhoso de ladainhas sem-fim, com força para abater até mesmo as energias de beatos e de romeiros desesperados, dará margem a que os filhos da terra, e os muitos adventícios presentes, possam finalmente acompanhar o enterro do padre na Capela de Nossa Senhora do Perpétuo Socorro, onde dividirá espaço com dona Joaquina Vicência Romana, a dona Quinô, sua mãe, fonte de toda doçura, e com a beata Maria de Araújo, pivô de toda a polêmica do milagre sim, milagre não, ainda hoje em aberto. Em aberto e a roubar luzes de sobre outro milagre menos discutível, produzido pela ação pública de Cícero: o de ter mitigado a tendência emigratória em que se esvaía perigosamente o Ceará depois da seca de 1877-79, considerada a mais catastrófica de todos os tempos. Responsável pela fuga para a Amazônia de 120.000 pessoas no ano de 1878, de uma população de 800.000 habitantes. Em 1900, seca menos braba levará para os brejais do Norte mais 40.000 caboclos, outro tanto em 1915, fechando-se em 300.000 braços cearenses emigrados o balanço de cinco lustros. Meio milhão ou mais, segundo outras fontes. Não fora senão sobre um Estado adoecido socialmente, sobretudo nas porções rurais, que se derramara o apostolado de Cícero a partir de 1872, a muitos há de ter ocorrido a reflexão naquele instante de desfecho.

A produção dos folhetos de cordel, que vimos fogosa no período em diferentes centros da região, tanto no interior quanto em capitais como o Recife, Fortaleza e na então Paraíba, não deixará passar o momento sem consolar o matuto com alguns dos versos mais plangentes de elogio fúnebre que já se compuseram na modalidade. Batamos de novo à porta do mestre João Martins de Ataíde, para transcrever esparsos do seu *A morte do padre Cícero Romão*, rodado às grosas na impressorazinha da Rua do Nogueira, nº 167, bairro de São José, Recife:

O povo do Juazeiro
Chora sem consolação
Repercutindo a notícia
Da praia ao alto sertão,
Faz horror tanto lamento
Com o desaparecimento
Do padre Cícero Romão

Acha-se o mundo banhado
Em prantos torrenciais,
Chorando desenganado
Como quem perdeu seus pais,
Pelo Redentor do Norte
Que a garra negra da morte
Levou e não trouxe mais

Foi a tristeza profunda
Até para os animais
Porque viviam contentes
Por dentro dos matagais
Hoje, até mesmo no campo,
Apagou-se o pirilampo
E o sapo não cantou mais

Porém, Deus sabe o que faz
A profecia não erra
Entre os maiores perigos,
A sua voz não aterra
Não tinha o Onipotente
Um lugar suficiente
Para guardá-lo na terra

Perdeu a Igreja agora
Sua coluna mais forte
O pastor mais conhecido
Por toda zona do Norte
O seu nome ainda impera
E pra deixar de ser quem era
Só mesmo a foice da morte

Tuas divinas palavras
Eram doces como mel
A Deus, prometeste um dia
Ser casto, puro e fiel
Dorme o teu último sono
Depois, viverás no trono
Do grande Deus de Israel

Quem teve a felicidade
De tê-lo como padrinho
Perpetuou na lembrança
Seu desvelado carinho,
Eu, em sonho sempre o via
Ele só me aparecia
Quando eu errava o caminho

Quem conheceu o padre Cícero
Recebeu sua benção,
Sabia que estava livre
De toda perseguição,
Quem adorava o seu nome
Em casa, não tinha fome
Nem saía do sertão

Vai, mensageiro do Céu,
Cumpriste a tua missão,
Teu nome é sempre lembrado
Pra todo fiel cristão
Aruspicino profundo
Feliz de quem neste mundo
Recebeu tua benção!

Nem fome nem fuga do sertão – e, por consequência, do Ceará – eis quanto o poeta proclama no final da penúltima estrofe, como proteção recebida por "quem adorava o nome" do Padrinho. É o milagre demográfico a que aludimos, de contornos ainda por serem dimensionados com a precisão possível nessa altura do tempo.

No meio do enxame de repórteres das folhas de maior crédito da região, e de fotógrafos que procuram colher imagens pungentes ou bizarras para o leitor do litoral, "um deles chama a atenção de todos, tanto pela mobilidade como pelo modo de manejar sua máquina, provida de pequena manivela", registra Otacílio Anselmo. Para esclarecer em seguida que o "tal cinegrafista era o sírio Benjamin Abrahão, antigo leão de chácara do sacerdote, aproveitando o acontecimento para concluir um filme sobre a vida do famoso líder sertanejo". Chocante, por conta da frieza profissional absoluta de que se cerca o operador na circunstância de sua tomada, a cena parece feita de encomenda para confirmar uma das cismas azedas de Napoleão Bonaparte: ninguém é grande aos olhos de seu criado de quarto... [6]

Para salvar do desmoronamento alguma coisa a mais, além do filme, Benjamin fotografa o morto de várias maneiras e lhe surrupia uma mecha de cabelo, passando a viver da venda do que apanhara providencialmente. A boa-vida não lhe permitira represar um pé-de-meia nos anos de fartura. De todo modo, os dias se conservam sem sobressaltos na fase incerta que se inicia, até que ocorre a alguém que o padre não tinha tanto cabelo quanto o espertalhão já vendera para devotos de todo o Nordeste... Instala-se a crise.[7]

Um ano antes da morte do padre, o financista Ademar Bezerra de Albuquerque, funcionário do Bank of London & South America Limited em Fortaleza, abrira ali uma empresa de material fotográfico e de produção de imagens, inclusive cinematográficas, olhos postos no encarreiramento dos filhos, Antônio e Francisco. Cedo, consegue a representação exclusiva no Ceará dos produtos da Zeiss alemã, das mais poderosas indústrias óticas do mundo à época e ainda hoje. É lá que Benjamin se apresenta no começo de 1935, com o plano maluco que engendrara no aperto a que a vida o tinha arrastado: filmar e fotografar o bando de Lampião, de cujas façanhas estavam se ocupando não mais apenas a melhor imprensa brasileira do Sudeste senão jornais estrangeiros de peso, à frente *The New York Times*. Por pouco não sai corrido da loja...

Paciente, persuasivo, sem se despir da pele de secretário do padre finado, invocando favorecimentos à equipe de Ademar quando de filmagens rentáveis feitas no Juazeiro para a Inspetoria Federal de Obras Contra as Secas não fazia muitos anos, finda por conseguir insinuar-se na confiança sobretudo dos jovens Albuquerque.[8]

O mundo entregava-se a uma espécie de lua de mel com o cinema documental de fundo etnográfico, conduzido por aventureiros ousados. Na mente de todos estava bem viva a façanha recente dos norte-americanos Osa e Martin Johnson, do Kansas, filmando canibais da África e das Ilhas Salomão, com o requinte de retornar aos lugares da coleta e exibir a película para os aborígines, recolhendo-lhes as reações. Uma festa antropológica digna de louvores. E rentável, ao que se dizia. Coisa de americano, a não dar ponto sem nó.

Além disso, a indústria alemã, em luta de morte com a inglesa por mercados, acabava de brindar os aficionados do cinema espontâneo com um mimo da tecnologia especializada: a câmera portátil Ica, da Zeiss, em 35 mm, sistema de corda, alimentada por pequena caixa metálica fechada Zeiss-Ikon, a que davam o nome afrancesado de chassi, contendo 25 m de filme, tripé telescópico opcional, rico estojo de couro para condução a tiracolo.[9]

Todo esse conjunto de circunstâncias há de ter aberto para o empreendimento as portas do patrocínio financeiro da Bayer alemã, a partir da sucursal brasileira com sede no Rio de Janeiro desde 1896, prédio de sete andares na Rua Dom Gerardo, 42-A, vizinhanças da Praça Mauá. Patrocínio substancial, ainda que discreto de início, para passar a secreto depois da interdição da película pelas autoridades, com repercussão na imprensa de todo o país e implicações governamentais previsivelmente delicadas. Cautela de todo compreensível da parte de um complexo de indústrias químicas de liderança mundial à época e ainda hoje, não custa repetir, a que se impunha manter-se à margem de questões ligadas à política interna de qualquer dos países em que atuava. Não esquecer que as empresas gigantes alemãs viviam expansão acelerada naquele meado de década, notadamente a partir de 1933 – e assim seria ao menos até a eclosão da Segunda Guerra Mundial, em 1939 – a exemplo da Thyssen, da Krupp, da Mannesmann, da Telefunken, da Flick, da IG-Farben, do Deutsche Bank e do Dresdner Bank, para não irmos além, turbinadas pelo frenesi de rearmamento do Terceiro Reich. A apropriação de mercados novos deixados para trás por empresas judaicas objeto de perseguição sistemática, quando não mesmo do espólio inteiro de estabelecimentos semitas abandonados às pressas, não deixava de dar uma contribuição a mais para o aquecimento da economia do país ao rubro, engrossando o balanço das empresas que pudessem comprovar a suposta pureza ariana de seus detentores de capital. "Centenas de negócios judeus, inclusive bancos privados estabelecidos havia muito tempo, como o Warburg e o Bleichröder, tiveram sua venda forçada por uma fração de seu valor para compradores arianos, com frequência por meio de extorsões típicas de gangsterismo", escreveu um intérprete do período.

Ao longo da ascensão vertiginosa de Adolf Hitler, nos anos que mencionamos, a casa-orgulho da Baviera não foi exceção na dança de setas para cima nos gráficos de resultado das empresas alemãs, à sombra de lema que vinha de 1922 – mais uma das sacadas geniais do publicitário Bastos Tigre – em que o condicional exclui a concorrência, ao tempo em que a sentença afirmativa eleva o produto: "Se é Bayer, é bom".

Ao olhar de ontem, o interesse da Bayer não desperta estranheza. No meado dos anos 30, a propaganda da multinacional alemã para o mercado brasileiro mirava a figura do homem do campo de condição humilde, o capiau, o jeca-tatu, o matuto achacado por endemias recorrentes. Toda uma divulgação institucional assentada sobre viés caipira. Impaludismo? Tome Atebrina. Cura após cinco a sete dias de medicação. Gripe, resfriado e o mal-estar decorrente? Instantina. Coceiras? Mitigal. Cistite, prostatite e urinas turvas? Helmitol. Tremores de fundo nervoso? Adalina. O Tônico Bayer também não era de ser desprezado. E muito menos a joia da coroa: a Cafiaspirina, principalmente contra a dor de cabeça, mas também poderosa "no combate aos efeitos da gota, da intemperança, da exposição ao frio e à chuva", além do reumatismo, "por agir na eliminação do ácido úrico". O *Almanack Bayer* vinha de longe como presença calorosa no lar do brasileiro de todas as condições, ano a ano, desde o começo do século. De maneira que não andava longe da verdade a suposição levantada por um jornalista de atuação investigante intensa no Rio de Janeiro da época, Raimundo Magalhães Júnior, para quem o filme findaria por desfraldar a bandeira de "um belo reclame", tivesse o projeto chegado a termo. E arriscava a mensagem: "Quando Lampião e seus cangaceiros têm dores de cabeça, eles as aliviam com... aspirinas".[10]

Nos idos de 1970, pudemos ver uma pequena fotografia em que Maria Bonita figurava ao lado de um cartaz de Cafiaspirina espetado em uma quixabeira, riso aberto, apontando para o analgésico da moda com uma das mãos. Gentileza do coronel Audálio Tenório de Albuquerque, chefe político de Águas Belas, Pernambuco. Mais uma das espertezas da comunicação comercialmente interesseira que vimos ter encontrado em Benjamin um cultor habitual, além de avançado em relação ao meio em que atuava. Para nossa tristeza, a foto preciosa se extraviou em circunstância fortuita, nos confessou o proprietário dez anos depois.

Passadas quase três décadas dessa perda, nova comprovação do interesse da Bayer sobre a película veio a aparecer, consolando nossa angústia de pesquisador e eliminando toda dúvida quanto à elucidação do pormenor interessante. Falamos de documento eloquente, até mesmo exagerado em seu vigor de prova, surgido em meio à descoberta de um conjunto de fotogramas do filme original nos arquivos da Cinemateca Brasileira, de São Paulo, no ano de 2008. Disposto em cerca de 80 m de película, o conjunto se mostraria responsável por abrir para a história umas poucas cenas inéditas do espólio que nos legou o sírio, provavelmente as derradeiras a se conservarem assim castiçamente veladas em seu recato virginal, como detalharemos no capítulo seguinte.

A associação aparentemente inexplicável entre um ícone da indústria alemã e a figura mais evidenciada de herói popular do Brasil profundo no momento, que não era outro senão Virgulino Ferreira da Silva, sublimado em mito muito cedo em sua vida de cangaceiro pela poesia de gesta de melhor qualidade que se produzia no país, estaria longe de incomodar a um Führer que se esmerava por entrar no figurino de gênio guerreiro, colando sua imagem na de Frederico, o Grande, na de Bismarck e na de Hindenburg, em tantos e tantos discursos e cartazes orquestrados pela propaganda diabolicamente eficaz de Joseph Goebbels. Guerrear, Lampião guerreava, ora essa! Como poucos.

Na busca pela sintonia com a alma cabocla do Brasil, levada a efeito pela Bayer ao longo da década, a denotar renúncia ao postulado germânico de pureza racial ao menos no particular, quem sabe não seria chegado o momento de concentrar o foco sobre a imagem guerreira de Lampião naquele ano estratégico de 1936? Ano de ouro da propaganda nacional-socialista, a estuar nas Olimpíadas de Berlim, e ano da percepção dos primeiros ventos de guerra na Europa.

Atendendo à sutileza de pensamento do ministro da Propaganda do Reich, pode-se arriscar que a iniciativa, em sua melhor configuração, ambicionasse deitar uma ponte de diplomacia cultural de fundo épico entre Brasil e Alemanha, objetivo sabidamente perseguido pelos germânicos. É preciso não esquecer que o estado totalitário nacional-socialista passava por cima da distinção clássica entre os universos público e privado, nivelando todas as entidades sob o imperativo comum de "interpretar a vontade do Führer", e de dar ao resultado desse exercício, muito próximo da adivinhação, a mais vigorosa tradução concreta. Nessa linha política, a Bayer se confundia com o Reich, e o Reich queria as matérias-primas do Brasil a seu serviço na guerra que se desenhava no horizonte como realidade inevitável, lance derradeiro da luta de superação da democracia liberal pelo estado corporativo. Superação, não: atropelamento.

Esse canto de sereia não se perdeu no mar, importa dizer. Por alguns anos, encheu os ouvidos de poderosos do regime Vargas, casos do ministro da Fazenda, Souza Costa, do ministro da Justiça e Negócios Interiores, Francisco Campos, de sucessivos ministros da Guerra, como os generais Góes Monteiro e Eurico Gaspar Dutra, do ministro da Marinha, almirante Henrique Guilhem, do ministro do Trabalho Agamenon Magalhães, do chefe de Polícia do Distrito Federal, Filinto Müller, de outros generais em postos estratégicos, como Newton Cavalcanti, Pantaleão Pessoa e Castro Júnior. Do próprio presidente da República, juravam tantos.

Duas questões mais precisam ser lembradas aqui. A primeira é que a imagem do cangaceiro que chegava à Alemanha não era senão a do protagonista de uma tradição guerreira popular que se desdobrava secularmente como realidade ativa na região mais antiga do Brasil, de forma mais ou menos consentida. Porque não era outra a imagem mais frequente do cangaço que saía do país à época, graças, sobretudo, à visão social oferecida pelo romance regionalista em voga no período. Imagem de compreensão e de desculpa dos excessos de um homem esmagado pelas circunstâncias naturais e sociais, toda a culpa recaindo sobre a sociedade madrasta.

A segunda questão, que deveria inquietar a inteligência militar alemã, é que a mesma imagem do fenômeno cangaço, borrada pela distância e pela precariedade dos meios de comunicação, vinha beneficiando desde algum tempo o arqui-inimigo do Reich: as forças judaico-bolcheviques alongadas em poder na União Soviética, para usar o jargão do dia. No começo de 1935, um dos documentos preparatórios do VII Congresso da Internacional Comunista, na parte referente à América Meridional e ao Caribe, mencionava expressamente a condição pré-revolucionária positiva presente em nosso país por conta do "movimento insurrecional dos camponeses, principalmente no Nordeste, onde atuam os destacamentos guerrilheiros de Lampião e de outros". Graças à Bayer, ao menos no particular em exame, a Alemanha parece ter contra-atacado com sucesso na guerra de símbolos travada entre os estados totalitários mais agressivamente protagonistas nos anos 30, neutralizando para o inimigo a legenda cabocla do Rei do Cangaço. Quanto vale, afinal, um herói com dor de cabeça?[11]

Dinheiro no bolso, equipamento escanchado a tiracolo – "uma tranqueira enorme", como nos reportou a cangaceira Dadá – a viagem de Benjamin tem início. A caderneta de campo, salva em meio ao espólio trágico do cinegrafista, ainda que esteja longe de ser um primor de organização, dá conta de cada um dos passos desse início de jornada. Da cronologia respectiva fazendo parte, de modo particular, a data histórica da partida para a missão: 10 de maio de 1935.

Nas páginas encardidas, tamanho 8 x 14 cm, vamos encontrando, lançado a lápis: "Maio de 1935, saída de Fortaleza a 10". A 12, está em Missão Velha, vindo de trem. Brejo Santo, a 13; Macapá, atual Jati, ainda Ceará, a 14; Belmonte, Pernambuco, a 15; Fazenda Boqueirão, a dois quilômetros de Bom Nome, pouso em casa de Joaquim Vicente, a 15; Vila Bela, atual Serra Talhada, Pernambuco, a 16; saída de Vila Bela, a 21; de Custódia, a 22; chegada a Rio Branco, hoje Arcoverde, ainda a 22; saída de Rio Branco a 23; Pedra de Buíque, 24; de Negras a Jaburu, 25, deixando Pernambuco e ganhando Alagoas; de Caititu a Mata Grande, 26; Manuel Gomes ao Capiá, 27; Olho d'Água do Chicão, 28; Maravilha, por fim, a 3 de junho.

Negras não passava de um pequeno conjunto de casas sobre a fronteira sul de Pernambuco, de testa com a Forquilha, arruado similar já dentro do Estado de Alagoas. Fica no extremo sul do distrito do Pau Ferro, vila economicamente importante do município pernambucano de Águas Belas, à época – hoje município autônomo com o nome de Itaíba – por conta do criatório de gado, de criações e de animais – expressões bem sertanejas que nos falam do manejo de bovinos, caprinos e equinos – e do cultivo intensivo do feijão e do algodão, para o que oferecia as melhores terras do Estado. Nas variedades denominadas Rim de Porco e Fogo na Serra, principalmente, a safra do feijão naquele agreste meridional não falhava.

Será ali, no Pau Ferro, que Benjamin se radicará, tomando o lugar como base das operações em início, dada a pujança econômica com que se depara. Afinal, tratava-se "de povoado de cento e tantas casas, com três fábricas de beneficiar algodão e oito casas comerciais, sendo três de tecidos, por onde transitam, na safra, entre dez e vinte caminhões por dia".[12]

Para entrar na caatinga, e inaugurar a parte pedestre e verdadeiramente heroica de sua busca, descerá um pouco mais para o sul, para Maravilha, no Estado de Alagoas, dada a insistência de notícias de cangaceiros nos campos derredor da serra que domina o à época distrito de Santana do Ipanema.

Passo a passo, está aí o registro do começo da missão. Do desdobramento de um ideal que se nobilita até mesmo pelo trabalho extenuante, para além da motivação financeira que possa tê-lo presidido.

Notas e referências

1. Azarias Sobreira, *O patriarca de Juazeiro*, p. 156.

2. Abelardo Montenegro, *Fanáticos e cangaceiros*, p. 57; *O Ceará*, Fortaleza, edição de 5 de outubro de 1929; Lauro Cabral de Oliveira, entrevista ao Autor, Fortaleza, 1980.

3. Fátima Menezes e Generosa Alencar, *Dossiê confidencial: padre Cícero e Floro Bartolomeu*, p. 185. Os elementos sobre o jornal *O Cariri* devemos ao professor Renato Casimiro, de Fortaleza, 2011, que nos submeteu para exame a reprodução da folha de rosto de edição existente em seu arquivo, estampada neste livro. Também à memória privilegiada de Lauro Cabral de Oliveira. A informação acerca da sobrevida da folha no Crato até, pelo menos, fins de 1936, está no *Diário de Pernambuco* de 27 de dezembro desse ano, sendo dada pelo próprio Benjamin. O jornal atravessará ali toda a década dos 30 e entrará pela seguinte, até apassivar-se em voz de partido político, no caso o Partido Social Democrático, estuário das forças getulistas fundado em 1945.

4. *Diário de Pernambuco*, Recife, 12 de fevereiro de 1933. O Tiro de Guerra é informação que devemos a Renato Casimiro, Fortaleza, 2011, que possui o quadro oficial com nome e rosto dos formandos da ocasião.

5. Edmar Morel, *Padre Cícero: o santo do Juazeiro*, p. 209; Otacílio Anselmo, *Padre Cícero: mito e realidade*, p. 577 a 579. Ambos reportam a cirurgia de catarata, a cargo do famoso professor Isaac Salazar, do Recife, caríssima e de nenhum resultado, para cujo pagamento "o padre tivera que contrair um empréstimo junto ao comerciante Antônio Pita, sob hipoteca de um sítio e várias casas", como diz Morel. Os detalhes do final de vida do padre estão resenhados e dramatizados com agilidade por Lira Neto em *Padre Cícero: poder, fé e guerra no sertão*, p. 502 a 513. Lourival Marques, apud Edmar Morel, op. cit, p. 210 a 212.

6. Os dados da emigração cearense estão em João Brígido, *Ceará, homens e fatos*, p. 163-66, e em Rodolfo Teófilo, *História da seca do Ceará*. Otacílio Anselmo, op. cit, p. 582. Sobre o assunto, veja a nota 7 do capítulo onze.

7. Farid Aoun, *Do cedro ao mandacaru*, p. 164.

8. Antônio Afonso de Albuquerque [filho de Ademar Albuquerque], entrevista ao Autor, Fortaleza, 1979; Joaquim Rodrigues de Souza (primeiro empregado da Aba-Film), entrevista ao Autor, Fortaleza, 1979; Aziz Francisco Elihimas, entrevista ao Autor, Recife, 1990 a 1992. Cláudio e Ricardo Albuquerque, filhos de Antônio e Francisco, respectivamente, e atuais gestores liquidantes da Aba-Film, passaram-nos gentilmente informações complementares. A colaboração anterior entre Ademar e Benjamin está tratada no capítulo onze, com a indicação dos produtos que gerou.

9. O início do trabalho dos Johnson deu-se em 1929. A câmera cinematográfica Ica, da Zeiss, 35 mm, cedida pela Aba-Film a Benjamin Abrahão, foi assim arrolada pela Justiça Pública de Pernambuco, após seu assassinato a 7 de maio de 1938, na vila do Pau Ferro, distrito de Águas Belas: "Uma máquina de filmar, tipo Zeiss, número 731304, Tessar 1 : 2,7, D4 CM, com uma bolsa de couro, estando na mesma escritas as palavras Aba-Filme" [sic]. A câmera integra a coleção do Autor, Recife. Era precisamente o objeto de consumo de nove entre dez cinegrafistas do período. O rol completo do espólio de Benjamin, hoje sob a guarda do Autor, acha-se publicado no apêndice do livro.

10. Sobre o surto de desenvolvimento alemão e suas razões colaterais pouco nobres, ver Ian Kershaw, *Hitler*, p. 483-4. Raimundo Magalhães Júnior, revista nacional *Manchete*, Rio de Janeiro, ano 16, nº 879, 22 de fevereiro de 1969.

11. Os produtos da Bayer foram respigados de jornais e de revistas nacionais dos anos 30. No livro *Guerreiros do sol: violência e banditismo no Nordeste do Brasil*, de 1985, p. 216 (p. 319 da segunda edição, a de 2004, disponível no comércio) mencionamos a pequena fotografia de Maria Bonita ao lado do cartaz de Cafiaspirina. Tínhamos a promessa de que nos seria doada pelo coronel Audálio Tenório. Seria a prova documental da presença da Bayer no empreendimento, somando-se ao testemunho de Raimundo Magalhães Júnior, indicado no item anterior. Soubemos depois, com amargura, que o conjunto se extraviara irremediavelmente, em mãos de terceiros. Que não mais existia a fotografia-prova a que havíamos feito alusão, motivo de constrangimento para qualquer historiador sério. Muitos anos se passaram. Recentemente, os trabalhos para a feitura deste livro nos levaram à presença do conservador e perito cinematográfico da Fundação Joaquim Nabuco, do Recife, André Gil, a quem pedimos que levantasse, junto à Cinemateca Brasileira, de São Paulo, o que pudesse haver ali de Benjamin Abrahão, além das cenas originais – e bem conhecidas – aproveitadas nos filmes *Lampião: o rei do cangaço*, de Alcebíades Ghiu e Alexandre Wulfes, de 1959; *Memória do cangaço*, de Thomaz Farkas e Paulo Gil Soares, de 1965; *A musa do cangaço*, de José Umberto Dias, de 1981; e *Baile perfumado*, de Paulo Caldas e Lírio Ferreira, de 1996. Do contato feito com o conservador Francisco Matos, da Cinemateca Brasileira, veio a seguinte resposta, datada de 22 de março de 2010, em que se transcrevia circular interna de 25 de novembro de 2008, absolutamente animadora quanto ao particular em exame: "A descoberta mais interessante da pesquisa foram sobras de negativos, em 35 mm, que apresentam imagens de Benjamin Abrahão que não fazem parte do filme de Al Ghiu e Alexandre Wulfes". Entre essas imagens, que solicitamos e a Cinemateca nos enviou gentilmente, pudemos identificar com segurança: Lampião sozinho no mato fazendo uso da luneta que conduzia; cartaz de Cafiaspirina no acampamento dos cangaceiros; Benjamin Abrahão com sacola da Aba-Film; Lampião lavando seu cachorro Ligeiro, ao lado do guarda-costas Juriti; a imagem de Cristo em poste na caatinga, na cena domingueira da oração coletiva do bando, em ambiente composto que nada fica a dever ao de uma missa campal; a cangaceira Maria Bonita no ato da costura, debruçada sobre a máquina Singer; Benjamin entrevistando, em cenas distintas, Lampião e Corisco, além de outras. A prova da presença da Bayer reaparecia para a história. Notamos que algumas das imagens tinham sido aproveitadas por Nonnato Masson, em série de oito matérias ilustradas sobre o grupo de Lampião feitas para Bloch Editores, do Rio de Janeiro, e publicadas semanalmente na revista *Fatos & Fotos*, de 20 de outubro a 8 de dezembro de 1962. Um pouco das artimanhas de que se valia a propaganda política do Reich no Brasil, acompanhando com lupa cada passo do esforço de divulgação soviético em nosso país, tanto o exercido de modo direto pelo Partido Comunista quanto o que se escondia por trás da "frente ampla" costurada pela Aliança Nacional Libertadora, nos foi revelado informalmente em 1965 por Jessé Inojosa, antigo colaborador do jornal carioca *O Meio-Dia*, dirigido por seu irmão, o conhecido escritor Joaquim Inojosa, responsável pela introdução do modernismo no Nordeste em 1924. Favorecido a peso de ouro pela agência de notícias alemã Transocean, a exemplo dos congêneres *Gazeta de Notícias*, também do Rio de Janeiro, dirigido por Zenaide Andréa e Gerardo Melo Mourão, e *Diário de Notícias*, de Salvador, Bahia, que tinha à frente Antônio Balbino, a folha ativista dos Inojosa seria empastelada pelo povo em fúria quando do torpedeamento de navios brasileiros por submarinos italianos e alemães, sobretudo a partir de 22 de agosto de 1942, data em que o presidente Vargas proclama o estado de beligerância em relação aos países do Eixo. Uma

frase pinçada de editorial do *Diário de Notícias* de 29 de janeiro de 1935, nos permite sair do abstrato e ilustrar a intensidade da militância das folhas cooptadas pela agência nazista a partir de 1933: "O Nacional-Socialismo alemão está predestinado a fazer escola e servir de exemplo para o mundo". Não poucos discursos de Hitler e de Goebbels são publicados até o início de 1942, quando a canoa do Eixo começa a fazer água. O filme alemão não fica atrás, recebendo o bafejo de uma outra agência poderosa, a Universum Film AG, a conhecida Ufa, para abrir espaço às cotoveladas no mercado brasileiro, em meio ao domínio de Hollywood. Seu diretor, Ugo Sorrentino, recebido em Berlim no início de 1937 para uma rara "audiência especial" com Goebbels em pessoa, ao lado do conselheiro de Estado Hanke, ouve do poderoso ministro da Propaganda de Hitler que o Reich "tem um profundo interesse pelas coisas e fatos do Brasil e que tudo fará para que a produção alemã se oriente de forma a satisfazer cada vez mais o gosto do público brasileiro", cf. revista *Cinearte*, n. 460, 1° de abril de 1937, p. 7. O registro sobre o Congresso da Internacional Comunista está transcrito no livro *Novembro de 1935: meio século depois*, organizado por Dario Canale, Francisco Viana e José Nilo Tavares, p. 124. Não esquecer, por fim, o que disse Stanley Hilton, *Suástica sobre o Brasil*, p. 21, sobre a relevância do setentrião brasileiro aos olhos germânicos: "Havia, além disso, pontos militarmente estratégicos nas Américas – o Canal do Panamá e o Nordeste do Brasil eram os mais óbvios – que deveriam ser vigiados".

12. Sérgia Ribeiro da Silva, a Dadá, entrevista ao Autor, Salvador, Bahia, 1978. Caderneta de campo de Benjamin Abrahão, coleção do Autor, Recife. Os dados numéricos sobre a pujança econômica do Pau Ferro resultam de balanço dado pelo jornalista Manuel Diégues Júnior, que o visita no meado dos anos 30, cf. *Diário de Pernambuco*, 21 de dezembro de 1934.

O efeito mágico

E conversamos como antigamente,
nada direi do rosto requeimado,
que vejo em fogo – máscara de brasas –
aceito o que me diz, muito o admiro,
das lições que me dá conclusões tiro:
tem violinos na voz eternamente...

A *Oriental Safira*, 8ª sextilha

Alguém diria que o padre, lá de cima, começava a proteger a quem o auxiliara – sabe Deus como – por mais de quinze anos. Porque o certo é que o segundo semestre de 1935 irá se abrir com Benjamin perambulando pelos sertões de Alagoas e Pernambuco, a partir da vila do Pau Ferro, município de Águas Belas, no segundo desses Estados, bem próxima à linha de fronteira entre ambos, onde toma quarto inicialmente em casa de Antônio Paranhos, motorista do mencionado coronel Audálio Tenório de Albuquerque, chefe do lugar.

Autorretrata-se aí, no começo do ano seguinte, 20 de janeiro, contra uma cerca de faxina, em foto premonitoriamente histórica, vestimenta de campo quebrada na goma, equipamento trançado em xis sobre os ombros, ar confiante, a despeito de se conservar ainda de mãos abanando no tocante à missão. E se afunda de novo na caatinga, devolvido à faina de deixar mensagens para Lampião nas casas dos protetores do bandido, os chamados *coiteiros*, sem esquecer, nos contatos que lhe pareciam mais promissores, de juntar fotografia do padre Cícero no caixão, em meio à praça central da cidade apinhada de romeiros em prantos, cena clássica da tragédia de 1934 colhida por ele com ares de foto aérea, de cima do prédio mais alto do Juazeiro. No reverso, a lápis de cera azul, boa caligrafia: Benjamin Abrahão Calil Botto.[1]

Antônio Saturnino, da fazenda Branquinha, no Inhapi, então município de Mata Grande, Alagoas, recebe uma das fotos, com um bilhete dirigido ao cangaceiro Moita Braba. Entrega tudo a Lampião com poucos dias. Nota que o cangaceiro não se esquecera de Benjamin, denotando curiosidade sobre o que este poderia estar desejando ao procurá-lo.

O cabo Miguel Feitosa, da volante pernambucana, topa com o sírio em um labirinto de espinhos do pé da serra da Maravilha, e pensa estar diante de um louco: sozinho, chapelão de palha na cabeça, equipamento volumoso acondicionado em caixas de couro presas por correias, metade sobre os ombros, metade escanchada sobre o lombo de um jumento. Pouca água. E nada mais além de Deus. Interrogado pelo militar, não nega o propósito que o levara até ali, declarando-se animado quanto a poder iniciar a missão nos próximos dias. Naqueles tratos de caatinga arbórea mesmo – excelente cenário – ou do lado de Sergipe, ainda não sabia. E bate mão de um salvo-conduto passado por autoridade pública – ao que sustentava sem pestanejar – desbotado por conta da chuva, do suor, sabe-se lá, leitura impossível.[2]

Uma jovem amiga do sírio, residente na Barbalha, é despertada por batidas fortes na porta, alta noite, nos Santos Reis do ano de 1936. Vai à praxe: "Ô, de fora?". Ouve um trêmulo: "Não tenha medo. É Benjamin. Abra a porta que eu não posso ficar muito tempo aqui." O quadro inspirava pena. "Estava todo esmolambado e com fome", conta a depoente, acrescentando: "Ele disse que vinha de um encontro esperado com Lampião, mas que ainda não tinha acontecido". Providenciada uma burra de sela, além de agasalho, o viajante é despachado para o Juazeiro. Cena recorrente. Idas e vindas entre o São Francisco e a residência na terra do Padrinho.[3]

A situação vai melhorando passo a passo. A ligação com a multinacional dá prestígio a Benjamin. Recursos para atenuar alguma aspereza nos deslocamentos. E lhe propicia finalmente o mais importante: a faculdade de receber as películas e negativos virgens, contra ordem de saque, em qualquer das capitais do Nordeste. Bastava apresentar-se no balcão da Condor Syndikat Ltda – versão local da poderosa empresa aérea com que o Reich alemão começava a açambarcar o mercado do mundo inteiro, em luta de morte contra a francesa Aéropostale e a norte-americana Panair – e encomendar para entrega em dois ou três dias. Dependendo de onde se encontrasse no momento, a preferência recaía sobre a agência de Maceió, na Rua Sá e Albuquerque, nº 454. Ou sobre a do Recife, na Avenida Marquês de Olinda, nº 35. Mas todas serviam. A malha de interesses alemães, onipresente, garantia que Benjamin não se sentisse só, sujeito ao risco de interrupção do documentário, à míngua de material especializado.

No verão de 1936, está em Aracaju para esse fim, anotando na caderneta que tomara o trem na estação do Visgueiro, município de Muribeca, depois de ficar "de 14 a 18 de outubro em Propriá", de jantar na "vila do Cedro, a 19", e de pousar "no sítio do sr. José Vieira, a 20", quando apanha finalmente o trem para a capital. O passadio agora é outro. Adeus, pensões cheias de percevejos. No hotel em que se queda, pode receber a imprensa para acerto de trabalho sem constrangimento. No dia seguinte, dá uma olhada no mar – alegria do matuto em que se convertera – e, no combinado da véspera, é recebido na redação do *Correio de Aracaju*, jornal de renome na terra. Do resultado da conferência de imprensa, a folha se ocupa em boa parte da terceira página, edição de 21 de outubro: "Portas adentro desta redação, entrou-nos hoje o sr. Benjamin Abrahão, em trajes de *globe-trotter*, que vem, desde os sertões do Ceará, viajando até esta capital, através da zona nordestina vadeada pelas hordas de bandidos, com o intuito de, com estes, defrontar-se para filmá-los", dá conta o repórter. Antes de traçar o perfil do aventureiro, e de traduzir para os leitores a suposição em que este se baseava para conseguir êxito na missão: "O sr. Benjamin Abrahão, que é um rapagão de esplêndida compleição física, faz parte da Aba-Film, e há tido encontros vários com grupos de facínoras, sem que tenha sido incomodado, pois essas feras humanas são vaidosas e gostam de posar diante de uma objetiva, porque sabem que seus retratos são espalhados pelo Brasil afora".

Eletrizando a matéria, o sírio relata ter estado em Piranhas, havia menos de mês, tendo presenciado o ataque dos cangaceiros à cidade ribeirinha alagoana, no qual tinham-se envolvido três dos mais aguerridos subgrupos de Lampião: os de Corisco, de Moderno e de Gato, com a morte do último. Lamentava não ter podido filmar o "instante da invasão e o tiroteio, porque estando em Canindé, defronte de Piranhas, os canoeiros, em pânico, não o quiseram transportar para o teatro dos tétricos acontecimentos, perdendo ele uma excelente ocasião de apanhar aspectos interessantes e perigosos da luta".

No fecho da matéria, o jornal esclarece o motivo da estada do viajante na cidade: "O sr. Abrahão, que está hospedado no Hotel Marozzi, aguarda, pelo avião do Rio de Janeiro, filmes cinematográficos, para suprir as necessidades que porventura venha a ter, a fim de seguir para as fronteiras da Bahia, via Capela, Dores, Nossa Senhora da Glória, Monte Alegre, Cipó de Leite e Serra Negra, a ver se encontra o grupo do sinistro Lampião".

Apesar do que procura esconder estrategicamente em Sergipe, de modo particular por meio da confissão marota de não ter alcançado até ali o objetivo principal de seus esforços, que seria o contato pessoal com o Rei do Cangaço, podemos estimar que essa vitória lhe tivesse chegado desde fins de março de 1936, nas caatingas alagoanas da ribeira do Capiá, soltas bravias do Canapi, então do município de Mata

Grande, no limite entre as fazendas Lajeiro Alto e Poço do Boi. O reencontro de algum modo festivo com um capitão Lampião dez anos mais velho, menos desconfiado, sempre meticuloso, exigente, bom administrador do seu "negócio", a que nada faltava. Sujeito calmo, confiável, fala branda, palavra segura, vencido o quebra-mar das cautelas do ofício. Esse o Lampião dos que privaram com ele. O paradoxo vivo oferecido aos que chegaram a encarar-lhe o olho branco debruado de vermelho, a sentir o aroma do *Fleurs d'Amour*. E que crescia à frente de um Benjamin encolhido entre Juriti e Marreca, que o tinham prendido e escoltado até o chefe para ser morto. "Não sei como você veio bater aqui com vida, cabra velho", é a primeira observação do chefe, antes de entrar no rosário interminável de perguntas da praxe, na busca de contradições, inconsistências, palidez, tremores, daquele nada que fala à percepção aguda. Fazendo do sotaque biombo, Benjamin sai-se bem. Do sotaque e do nome do padre Cícero, que não era bobo de relegar na hora extrema. E seguem finalmente para o almoço à sombra rala de uma quixabeira. Bode assado com farinha de mandioca, entre goles de boas-vindas de conhaque Macieira. Nada mal.

No dia seguinte, um efeito mágico parece abater-se sobre o acampamento, abrindo todos os caminhos para o nosso repórter das arábias. Lampião, simpático, não apenas autoriza o documentário, através da filmagem e das fotografias, admitindo que Benjamin acompanhasse o jornadear do bando pelo tempo necessário, como passa um salvo-conduto perante os cangaceiros em geral sobre a missão e seu autor, além de mandar recados aos chefes de subgrupos distantes, casos de Salamanta, de Corisco, de Moderno, de Zé Sereno, de Português, de Mané Moreno, de Labareda, de Pancada, de Gato, de Canário, para que comparecessem para as tomadas tão logo lhes permitissem os negócios locais. Quando começa a sugerir cenas, poucos dias depois, alteia-se em codiretor do documentário, que é só o que explica tamanho engajamento da cabroeira no trabalho.

Ao se encontrar com Antônio Paranhos no Pau Ferro, passadas algumas semanas, Benjamin confessa não ter compreendido bem a alvorada que lhe clareara de súbito o caminho até então pontilhado de riscos mortais. Seria o finado Padrinho? Cisma compreensível. Irrecusável. Que outra explicação? Não cabia em si de contentamento, era o que importava, carregado de caixas com negativos protegidos da luz, pé no estribo para a primeira viagem de prestação de contas à Aba-Film.

A etapa inaugural, a mais decisiva da missão, estava vencida. Rompido o quebra-mar para o qual se preparara por tantos meses. Agora, era varar Pernambuco de caminhão no rumo do norte, e tomar o trem da Rede de Viação Cearense até Fortaleza. E como o caminhão certo era o da Fábrica de Tecidos da Pedra, regressa a Alagoas, em busca da velha base de campo em Maravilha, onde esquecera alguma coisa das encomendas a apresentar aos patrões. Roteiro, cronologia e uma capacidade de mobilização surpreendente estão averbados na caderneta: "Saí de Maravilha na terça-feira, 5 de maio de 1936, e cheguei à cidade da Pedra no mesmo dia; deixei a Pedra no dia 7 e, no mesmo dia, estava em Rio Branco; na sexta-feira, dia 8, cheguei a Vila Bela; no sábado, a Belmonte; ainda no sábado, subi para Santa Cruz; no domingo, dia 10, dormi na casa de Antônio da Piçarra; segunda-feira, dormi em Brejo Seco; de Brejo Seco para Fortaleza, viajei a 17 de maio".

Exagero de tintas no céu, a capital cearense se abre em luz, espantando a canseira do viajante. Ali, na Rua Major Facundo, um cubículo o aguarda. Espaço marginal para colaborador marginal: aventureiro cercado de todas as desconfianças, como seguia sendo até a abertura das caixas. Entrava-se abaixado no laboratório singelo – como entramos em 1973, na primeira visita de inspeção às instalações da velha empresa dos anos 30 – pensando na ironia de os grandes feitos nascerem em lugares despojados. A ausência compreensível de janelas, as paredes nuas, a umidade, tudo sufocava. Mas não havia na Aba-Film lugar mais indicado para as revelações que logo seriam encetadas em largos tanques químicos, grandeza única daquele caritó cheirando a mofo. Fora das vistas de curiosos, discreto, perfeito para o sigilo de que a missão devia cercar-se.[4]

Começava a dar frutos ali uma das maiores façanhas de documentação visual moderna já praticada em nosso país, rivalizando com os feitos de Juan Gutierrez, de Flávio de Barros, de Tomás Reis, de quantos arriscaram a vida por um sonho extravagante, e passaram de doido a herói. Ou deram a vida pela ousadia, como findou acontecendo com o primeiro, tombado na poeira da Canudos de 1897.

A cautela dos Albuquerque conhecia razões políticas palpáveis. Desde fins de novembro de 1935, o Brasil respirava a atmosfera de chumbo dos estados policiais. O Levante Comunista de 23 a 27 do mês, ainda que debelado à bala nas três praças de insurgência, Rio de Janeiro, Recife e Natal, levara o presidente Getúlio Vargas a governar sob estado de sítio até março de 1936, apoio completo de Câmara e Senado, brandindo a torto e a direito uma segunda versão da Lei de Segurança Nacional estralando de nova, turbinada para fazer face aos novos tempos. Essas as nuvens sombrias que pairavam sobre a missão de Benjamin, e que só fariam enegrecer até que o documentário fosse anunciado ao público, em furo com que o *Diário de Pernambuco* abriu a edição domingueira de 27 de dezembro desse mesmo 1936, ilustrada por várias das fotografias colhidas na caatinga.

Importa dizer que o Governo Vargas alongaria o arame farpado das providências repressoras mediante a decretação de sucessivos estados de guerra, de noventa dias cada um – para o que não lhe faltou em nenhum momento a complacência finalmente suicida do Congresso Nacional – até praticamente emendar com o Golpe de Estado de 10 de novembro de 1937. Que deixaria a chupar dedos, diante das portas fechadas do Congresso e da troca imediata da Constituição, os candidatos às eleições presidenciais previstas para 3 de janeiro do ano seguinte, José Américo de Almeida e Armando de Sales Oliveira, oferecendo ao país, em lugar das urnas, a ditadura do Estado Novo.[5]

De volta ao sertão, orgulho estampado na face – passara de pato a ganso aos olhos dos Albuquerque e da pequena equipe da Aba-Film – Benjamin apanha o trem em Fortaleza a 4 de junho, conforme anota na caderneta, detém-se brevemente em Lavras, chegando ao Juazeiro a 8, onde não se demora. Visita novamente a esposa e os filhos, no Brejo Seco, e deixa a terra do padre Cícero a 9, descendo no rumo de Maravilha. Viagem difícil, apenas chegará ali a 16 do mês, ansioso por um segundo encontro com os cangaceiros, o que somente se dará depois de vagar por semanas, já no meado de julho, quando finalmente intercepta o jornadear eterno do bando.

Levado à presença do chefe, Benjamin não se depara apenas com a novidade de um Lampião despido do chapéu de couro, em benefício do Ramenzoni de feltro com que enfrentava a quadra do inverno a cada ano, livrando-se do mofo e do peso do couro encharcado. Diante dele, agora podia ver com clareza – e decifrar o efeito mágico que tanto o intrigara semanas antes – agita-se um indivíduo inteiramente vitorioso na ocupação a que se dedicara havia quase vinte anos, todo o bando bem alimentado, trajado com apuro segundo estética inconfundível, muito ouro, muita prata na testeira dos chapéus e correias em geral, inclusive nas coleiras de Guarani e de Ligeiro, bolsas a tiracolo – os bornais – cobertas por bordados de cores e desenhos harmoniosos, a imagem do sucesso, enfim.

Credor do mérito de todo aquele afã incansável de administração à margem da lei – de uma lei vista na caatinga como o extravasamento inaceitável de valores de cultura do litoral sobre o sertão – Lampião estava pronto para confirmar sua presença na História através da linguagem moderna do cinema. Benjamin passava de solicitante a solicitado, resvalando para a garupa do projeto, a ser tocado doravante pelo próprio cangaceiro. Pior seria ficar a pé...

Somente a ocorrência dessa troca de postos, soprada pelo sírio a Antônio Paranhos no segundo regresso ao Pau Ferro, explica o número de cenas que se irá obter nos cerca de quinze minutos de película e cerca de noventa fotografias que se salvaram para a história, a variedade das revelações desveladas a cada segundo – algumas pungentes, como a do bando a rezar, todos descobertos, momentaneamente desarmados, joelhos fincados na poeira – e a docilidade dos "atores", a tudo se prestando diante das câmeras. Não somente da Ica, cinematográfica, mas da Universal, de fotografia, uma "caixão" de objetiva dupla, também da Zeiss, negativos de 6 x 6 cm. E tome Lampião no almoço com seus homens, à sombra rala de uma quixabeira; colocando e retirando as cobertas e os bornais; removendo lentamente o chapéu e expondo o rosto em tela inteira, por trás dos óculos e da cabeleira à nazarena; orientando o carneado, a retirada do couro de uma rês, a quebra dos ossos e o enterro para o cozimento subterrâneo típico do cangaço; manuseando grosso maço de notas e pagando a um fornecedor; lendo livro de Edgard Wallace, o jornal O *Globo* e a melhor revista nacional da época, a *Noite Ilustrada*; lavando um dos cachorros de estimação; passeando com a companheira, ou com Juriti, o guarda-costas, ou à frente do bando, a pé e a cavalo; olhando através de óculo de alcance telescópico; escrevendo carta; atirando de mosquetão, um dos joelhos em terra; comandando combate simulado; avançando com seus homens, recuando e removendo ferido, como se estivesse em ação de combate; mostrando as flores do bordado ornamental dos bornais, as moedas de ouro e prata das correias; os ouros do chapéu de feltro e as estrelas alvíssimas do grande chapéu de couro; costurando na Singer de mesa, mão cheia de anéis sobre o veio giratório da máquina; exibindo o punhal desmesurado; dando entrevista ao sírio, caderneta à mão, tanto ele quanto Corisco e sua inseparável Dadá, em ocasiões distintas; sendo penteado e perfumado por Maria Bonita, que recebe, por sua vez, em outra cena, vários cordões de ouro que lhe passa o secretário, o cangaceiro Sabonete; sendo servido pela companheira no conhaque de fim de tarde com os guarda-costas; fumando cigarro e charuto; aproximando-se da câmera, ao modo dos telejornalistas de hoje, e falando, falando muito, falando animadamente, ainda que soubesse ser muda a película. Sem caber em si no afã de exibir ao mundo sua prosperidade, a administração eficiente de seu "negócio", o amor da companheira, o respeito dos auxiliares, atentos no bater-lhe arremedo de continência, a vitória completa no ofício a que se dedicara enfim, de que soubera fazer instrumento para insinuar-se no convívio de figuras as mais elevadas da política, da sociedade e da economia da região. Comensal de um governador de Estado, ao menos, o de Sergipe, depois interventor federal, de parlamentares, de militares de patente elevada, da maioria esmagadora dos fazendeiros mais poderosos do sertão, de padres, de não poucos padres, alguns, como Manuel Firmino Pinheiro, de Pão de Açúcar, Alagoas, indo celebrar-lhe missa no acampamento.[6]

Importa dizer que o exame de conjunto da película faz despertar a suspeita de que algumas das cenas possam ter sido filmadas mais de uma vez, como aquela em que o sírio recebe o cantil de Juriti, ao lado de Marreca, bebe na boca da peça, em *mise-en-scène* exagerada de cinema mudo, puxa o lenço, enxuga a testa e, erguendo o rosto, encara a câmera ostensivamente, ares de quem procura bradar ao mundo: sou eu mesmo, Benjamin Abrahão, estou aqui! Dessa tomada, há três segmentos de película, ao menos. Que talvez não sejam simples cópias. Afinal, trata-se da assinatura fisionômica do cinegrafista em sua obra.

O resultado desse exame de conjunto meticuloso depõe ainda no sentido de desvelar certo esforço de concepção prévia de cenas, de marcação de espaço e mesmo de ensaio. O que nos chega, por exemplo, das captações isoladas em que Lampião e Moderno avançam em direção à câmera, não sem antes recuarem um passo ao menos, em relação ao ponto de entrada certamente riscado no chão. Ajuste entre mobilidade e enquadramento, coisa comum no cinema, gerando fotogramas que não costumam sobreviver à tesoura do editor. Indicações, em ambos os casos, de algum lavor cinematográfico em circunstância de todo ingrata. Evidências de mérito a não ficarem sem o registro devido.

A passagem que anunciamos no capítulo anterior como prova aparecida há pouco da presença da Bayer no empreendimento, se constitui de cena em que os cangaceiros se reúnem em torno de um imenso cartaz de propaganda da Cafiaspirina desfraldado no acampamento – obra de seus 100 x 80 cm, ao que estimamos – e não é somente cômica: é nada menos que inacreditável. Lampião, tomado de uma agitação alegre, fora de seu habitual de homem sisudo, anda de um lado para o outro em frente do cartaz, e passa a distribuir com as próprias mãos envelopes com os comprimidos salvadores a cada um dos cangaceiros mais próximos. Importa dizer que as apresentações de vinte e de cinquenta comprimidos estavam sendo lançadas naquele ano, trazendo a novidade do acondicionamento de segurança em papel celofane. Um luxo de 1936. Quando os sachês se esgotam, ele não se detém: vai em frente, traçando no ar os gestos de entrega em pura *mise-en-scène*. Finda a simulação, volta à imagem e passa a soletrar pausadamente a mensagem publicitária contida ali, dedo espetado sobre cada uma das palavras: "Saúde e beleza – contra dores e resfriados, Cafiaspirina, o remédio de confiança: se é Bayer, é bom".

Tanto entusiasmo da parte do chefe cangaceiro nos faz supor que tenha rolado algum incentivo a mais, no particular, além do efeito mágico que vimos apresentando. Lampião dependeu sempre de muito dinheiro para prover a logística impecável do bando. E para sobreviver, corrompendo boa parte das polícias estaduais empregadas em sua perseguição. Por outro lado, as multinacionais não costumam regatear na remuneração de seus garotos-propaganda.

A cena do punhal também nos intrigou. Que palavras caberiam na boca de um cristão que exibe ao mundo, desembainhado, lâmina brilhando ao sol, um estilete de mais de três palmos, reiteradamente assassino?

Batemos na porta de perito em leitura labial. Trancou-se com a fita. Dias. Matutou daqui e dali. Veio a decifração. As palavras do cangaceiro. Espontâneas, livres de culpa, perversidade de menino:

> – *Esse é pra furar todo mundo. Muitas pessoas. Fura até o chifrudo!*

Consegue ser espirituoso onde tudo remetia ao grotesco. Em outra cena, sagacidade à flor da pele, Lampião emprega palavra roubada por certo do jargão do cinegrafista para entremostrar o interesse pela película:

> – *Tomara que isso favoreça sequências que durem.*

Um cabra se aproxima avexado e bate continência, posição de sentido:

> – *Inimigo próximo!*

O chefe, sublinhando a palavra com gesto brusco:

> – *Vão, vão!*

Não é muito. Mas não são muitas as ocasiões em que o historiador parece alisar com as mãos os fatos que tanto persegue. Beber da fonte sem caneco. Ouvir Lampião, a bem dizer.[7]

Está aí o aparente efeito mágico que deu profundidade e alcance etnográficos ao documentário de Abrahão: o casamento sem reservas da intenção de mostrar com o impulso de ser mostrado. Quanto ao segundo aspecto, em sua implicação psicológica, pode-se dizer que Benjamin apenas estende a mão para colher do pé uma fruta madura que lhe cai sem esforço.

Não que não aparecesse quem estranhasse tanto chamego entre o cinegrafista e o chefe de cangaço. Tantas conversas. Troca de ideias interminável. Tanta perda de tempo com a novidade em detrimento dos negócios ordinários do bando. O cangaceiro Moreno, dos mais respeitados entre os companheiros, mantém-se arredio, bala na agulha do mosquetão, conservado no imediato da meia-trava, sem tirar os olhos do sírio. Chegara com Moderno, chefe do subgrupo de que fazia parte, sem saber até ali o motivo da viagem. Moderno não relatara, fiel à tradição do cangaço: vai-se para onde o chefe mandar, sem saber o destino, pronto para o que der e vier. Mas o caso ali lhe parece diferente. Um galego de fala estrangeirada, carregado de máquinas esquisitas, querendo manter contato com cada um dos cangaceiros. E empenhado em reunir todos os bandos, diziam os cochichos. Não podia ser boa coisa. A cisma devolve a Moreno um momento da infância no Cariri cearense, em que o professor da escolinha mandara os meninos darem-se as mãos, formando roda, e completara a mandala com a própria presença, só que ligado a um fio elétrico de baixa intensidade de corrente. Por instantes, ficaram todos presos, em boa demonstração dos poderes da energia elétrica. Moreno não esquecera aquela prisão. A angústia fugaz de querer tirar a mão e não conseguir. Não sossegou enquanto não surpreendeu Lampião a sós. Tirando o chapéu em respeito, despejou: "Capitão, o senhor é o cangaceiro mais velho, o chefe de todos os cangaceiros, mas anda facilitando". Segue-se a história velha, passada em Brejo Santo. E a promessa ao superior a quem tanto admirava: "Vou ficar com o galego na pontaria, capitão. Fique sossegado. Qualquer coisa, atiro nele e na máquina. Estouro tudo!".[8]

Lampião sorriu. Naquele momento, ninguém estava mais distante da brutalidade do cangaço do que o velho capitão, às voltas com a escolha de locais, de objetos, de pessoas, de luminosidade, de enquadramentos, de tomadas curtas ou longas, de cortes, de entradas em cena, de mensagens labiais, problemas de todo em todo estranhos à caatinga.

Braços dados com Benjamin, o cangaceiro bebia um gole da agitação criativa que tanto nome dava aos profissionais da velha Hollywood dos sonhos.

Notas e referências

1. Espólio Benjamin Abrahão, coleção do Autor, Recife.
2. Miguel Feitosa Lima, entrevista ao Autor, Araripina, Pernambuco, 1970 e anos seguintes.
3. Maria Liesse Callou Duarte, Barbalha, Ceará, carta de 18 de junho de 1988.
4. Antônio Paranhos, entrevista ao Autor, Pau Ferro (Itaíba), Pernambuco, 1967. A caderneta de campo de Benjamin Abrahão integra coleção do Autor, Recife. Sobre o roteiro de viagem de Benjamin, cabem os esclarecimentos: Pedra era vila do município alagoano de Água Branca à época, dispondo de fábrica de tecidos herdeira da tradição industrial plantada ali em 1912 pelo coronel Delmiro Gouveia; Rio Branco, hoje Arcoverde, é a chamada boca do sertão de Pernambuco; Vila Bela é a atual Serra Talhada, no coração do Pajeú pernambucano, onde também fica São José do Belmonte, pouco mais a oeste; Santa Cruz, à época vila do município de Triunfo, é sede do atual município de Santa Cruz da Baixa Verde, Pernambuco; Piçarra era feudo de Antônio Teixeira Leite, com 1.200 tarefas de terra, encravado nos municípios cearenses de Porteiras, Macapá, hoje Jati, e Brejo Santo, nos Cariris Novos; por fim, Brejo Seco, que era então um sítio que concentrava a família Callou, distando uma légua da cidade do Juazeiro, local onde residia a esposa de Benjamin, Josefa, sob a proteção daquela família de destaque, como vimos no capítulo terceiro. Ondina Rocha Neves, servidora veterana da Aba-Film, nos recebeu na ocasião e nos concedeu entrevista, Fortaleza, 1973. O ansiado reencontro de Benjamin com Lampião, no Canapi, nos foi revelado por testemunha presencial: a cangaceira Aristeia, mulher do chefe de grupo Catingueira, em depoimento de 2004, colhido em Frei Paulo, Sergipe. João de Souza Lima registrou o episódio no livro *Moreno & Durvinha*, p. 111, dando como local o Poço do Boi.
5. Hélio Silva, nos livros *1934: a constituinte*, e *1937: todos os golpes se parecem*, dá a via dolorosa em que enveredou o país, de 1935 a fins de 1937, no que nos interessa, e até 1945. Os fatos são bem conhecidos e explorados por dezenas de autores. Para uma resenha do período, ver Robert Levine, *O regime de Vargas: os anos críticos, 1934-1938*. E para os antecedentes, Frederico Pernambucano de Mello, *Tragédia dos blindados: a revolução de 30 no Recife*.
6. Respigadura de cenas do filme e da coleção de cartões-postais que Benjamin conseguiu imprimir e vender pelo sertão. Os postais, de que possuímos coleção completa, findaram por ser o único produto rentável, ainda em vida, da aventura que empreendeu em 1936. As imagens do filme fomos buscar nas fontes de 1959, 1965, 1981 e 1996, arroladas na nota 11 do capítulo imediatamente anterior, e mais em seção especial denominada "sobras", a que se pode ter acesso vencida a burocracia natural. A Cinemateca Brasileira, de São Paulo, vinculada ao Ministério da Cultura, é a entidade depositária das matrizes das produções cinematográficas e das cenas não editadas, bem como de *stills* gerados a partir destas. A parte exclusivamente fotográfica integra o acervo da Aba-Film, de Fortaleza, Ceará. Legatárias, ambas, do espólio de Benjamin Abrahão.
7. René Ribeiro Hutzler, perito em leitura labial e na Linguagem Brasileira de Sinais, efetuou a perícia sobre as imagens transcritas no documentário *Memória do cangaço* (ver nota 11, do capítulo quinto) e deu entrevista ao Autor, Recife, 2009.
8. Antônio Inácio da Silva, o Moreno, entrevista dada em Paulo Afonso, Bahia, no ano de 2006, ao cineasta Wolney Oliveira, de Fortaleza, para o longa-metragem *Os últimos cangaceiros*, lançado em 2011.

Asas da fama

Flóridas águas, onduladas cores
que a forma toma de claras vogais
saltando limpas de exiladas vozes...
Sobre o horizonte da linguagem chove
azulada neblina que se move
levando águas à terra e à vida, amores.

A *Oriental Safira*, 15ª sextilha

Com o furo de 27 de dezembro de 1936, o *Diário de Pernambuco* arranca de súbito Benjamin Abrahão do anonimato e o sacode sobre a cena nacional, com alguma repercussão no estrangeiro. Não havia jornal mais importante na região. Nenhum mais antigo. Rival dos melhores do Brasil à época. E vivendo fase das melhores, graças à direção de um intelectual de talento reconhecido: Aníbal Fernandes.

No edifício tradicional da Praça da Independência, em pleno centro do Recife, rebatizada pelo povo de Pracinha do Diário, próxima de uma Rua do Rangel de recordações tão caras a quem a longa permanência no Cariri cearense convertera novamente em forasteiro, os olhares de todos convergem sobre a túnica de mescla azul envergada pelo sírio, no estilo do sertão primitivo. Mescla de boiadeiro, como se dizia ali. Cintada, quatro bolsos salientes, botões militares, local para platinas sobre os ombros. Não é de se duvidar tivesse sido escolhida a capricho para dar efeito cênico ao encontro. Um toque de estranheza e de autenticidade, a um só tempo, presente naquele arcaísmo de traje. Benjamin era um mestre nessas questões.[1]

Chegado o momento, sala apinhada, o também jornalista abre o verbo para os colegas da redação, um destes escalado para tomar por termo cada palavra de um depoimento que ninguém duvidava se transformaria na sensação dos dias seguintes. Tão destacada era a legenda do capitão Virgulino que os repórteres mais velhos, no cavaco da antessala, tinham tratado de recordar episódio de dez anos antes, de fevereiro de 1926, em que o jornal fora obrigado a colocar um grande placar ao relento, em frente à redação, depois de ver esgotadas sucessivas reimpressões. Fato daquela ocasião: a morte do cangaceiro às mãos do tenente Optato Gueiros, da volante pernambucana. Notícia sem fundamento, é claro. Mas com força para galvanizar as atenções de uma cidade inteira. Da capital do Nordeste. Voltemos à cena quente.

Todos querem saber como é Lampião na intimidade. E Maria Bonita. E os cabras não menos famosos, chefes de subgrupo e também comandantes de homens de sangue no olho, tão dispostos quanto o Rei do Cangaço. Seus aprendizes, afinal. Que nos diz de Corisco? É mais valente do que Zé Sereno? Por que Luís Pedro, o Salamanta, se conserva lugar-tenente do bando há tantos anos? E Moderno, morreu mesmo? E Português, aonde anda? E Labareda? E Pancada? Quem é mais bonita: Maria, Dadá ou Cila? Quem cozinha? É certo que rezam ajoelhados, em conjunto? A algazarra se estabelece. Murro na mesa. Ordem na sala. Começa o depoimento. O repórter vai sintetizando como pode a odisseia:

> *Em meados do ano passado, as atividades dos bandidos nos sertões do Nordeste tomaram um caráter apavorante. Falava-se então nos combates, nos assaltos e nos crimes bárbaros de Lampião e de seu grupo. Falava-se também na ineficiência da ação repressora contra os facínoras. O sr. Abrahão teve uma ideia. Lembrou-se de que tudo isso poderia ser documentado. Meteu-se numa roupa de brim azulão, sacudiu a tiracolo a sua máquina fotográfica e se internou nas caatingas. Nessa excursão, levou cerca de dezoito meses. E sem parar, sempre em busca de novos motivos, foi penetrando os sertões da Paraíba, Pernambuco, Alagoas, Sergipe e Bahia. Teve que se valer de muita força de vontade para não desanimar. Não lhe faltaram os maus dias. O sol quente, pegando fogo, era obrigado a se meter constantemente mato adentro, por cima dos espinhos. Muitas vezes, quando o sol se punha, ainda o ia encontrar em plena caatinga. Tinha que dormir por ali mesmo. E dormia. Jogava de lado o equipamento, arrastava com os pés os mandacarus, as macambiras, as urtigas, e ali se deixava ficar à espera do dia. Servia-lhe de travesseiro o chapéu de couro, que enchia de capim. Não poucas vezes escapou de ser "comido" por uma bala. Para se familiarizar com os bandidos, passou por uma série de sustos e de emoções. Inúmeras vezes se encontrou com homens de fisionomia furiosa, que lhe apontavam os rifles com essa intimação desagradável: "Não se mexa, cabra. Vai morrer". E a bala corria para a agulha. Era um momento angustioso. E não somente isso. Dentro da caatinga cerrada, não lhe faltaram também os dias de fome e de sede. Em meio a um silêncio pesado e pavoroso, olhava para um lado e para o outro, e não via nem vivalma. Nenhum abrigo, nenhum sinal de vida. E, assim mesmo, com fome e com sede, ia andando. Todos esses sacrifícios do sr. Abrahão não resultaram inúteis. Traz consigo um punhado de notas, suficientes para um livro de impressões. Nessa sua excursão, teve oportunidade de observar os costumes, o sistema de vida dos*

bandidos. Além do mais – e isso lhe custou um trabalho perigoso – conseguiu filmar vários combates entre as forças da polícia e grupos de bandidos em povoações e em pleno sertão. Entrando em contato com os cangaceiros, pôde realizar flagrantes sugestivos, como sejam, o almoço, a caça, a missa.

O silêncio na redação é completo. Somente se ouve a voz do depoente: grave, lenta, sotaque carregado, a engolir a letra pê – som que os árabes não conhecem – trocada sem cerimônia pelo bê; espichando os eles de ponta de língua sobre céu de boca, e aprofundando a brasileiríssima sonoridade ão, tormento de todo estrangeiro. Assim, nada de Capitão: Cabitán. E Lampião? Lambiún. É certo que dá para que todos entendam o que diz, Benjamin o sabe de velho. Do que decorre não ser preciso abrir mão de um dos truques de comunicador de que é perito: o arrastado da voz. Que irá em frente com toda a carga de mistério que a envolve, condicionando o ambiente ao silêncio e arrancando atenções redobradas. Trama perfeita. Atmosfera beirando a magia. Como se o tapete da lenda oriental arrebatasse a todos da sala apinhada e os fizesse baixar de súbito no acampamento do Cabitán Lambiún, pela voz não do Benjamin Abrahão conhecido, mas de um Beniamin Ibrarrim muito bem pronunciado, que não é outra a sonoridade correta do seu nome em árabe.

No jornal, tempo é tudo. Todos se impacientam para que o depoente chegue ao encontro com o Rei do Cangaço. Com o Terror do Nordeste, como as redações variavam a conceituação no período, depois de usarem por muito tempo o poético Tigre do Sertão, colhido por Ascenso Ferreira no Pajeú pernambucano e divulgado em seu livro de estreia, *Catimbó*, de 1927. Virado o copo d'água, Benjamin prossegue sem pressa, testa franzida, olhar no passado. O repórter acompanha como pode:

Era um dia seco. O sol queimava e, de dentro da caatinga, subia um bafo sufocante. Cansado e ansioso por alcançar alguma cidade, a sua preocupação única era agora rasgar o mato, abrir caminho e andar para a frente. A certa altura, teve que parar. Dois indivíduos mal-encarados apareceram inesperadamente. Eram o Mergulhão e o Juriti, cabras da confiança do capitão. O Juriti, um sujeito de boa aparência, tem os cabelos bons e é metido a almofadinha. Gosta de luxar, diz-nos o sr. Abrahão. Apontaram--lhe os rifles e lhe pediram o nome. Satisfeita a intimação, o sr. Benjamin se surpreendeu quando os bandidos lhe disseram que já o conheciam, e que já sabiam qual era o seu ofício. Em seguida, convidaram-no a visitar o chefe. O lugar era distante uns três quilômetros. Marcharam. Antes, porém, tiveram que parar diante de uma sentinela. Depois de rápido entendimento, Mergulhão se internou pelos matos e, pouco tempo depois, voltava com a ordem do chefe para levá-lo até lá. A caminhada para o coito dos bandidos foi acidentada. Não havia estrada traçada. Tiveram que atravessar a caatinga abrindo caminho. No esconderijo, todos de pé, aguardavam a chegada do visitante. Comiam carne de bode com farofa. Lampião, comodamente recostado a um tronco de árvore, olhava de soslaio, com olhares indagadores. Logo à chegada, o seu primeiro gesto foi oferecer comida e conhaque. O capitão quis mostrar que era homem de boas maneiras. E depois, foi dizendo: "Não sei como você veio bater aqui com vida, bicho velho. Só mesmo obra de Mergulhão, que é muito camarada". O sr. Abrahão contava o tempo como quem conta ouro. Armou depressa o tripé, pôs a máquina em cima, e quando se dispunha a bater a fotografia, Lampião grita de lá, gesticulando: "Para, para!". Queria ver a máquina. Examinou-a bem. Jogou-a a um canto e ficou admirando. Afinal, decidiu: "Primeiro, a gente tira o seu retrato". Lampião pensara, naturalmente, que aquilo era uma cilada, algum aparelho diabólico. E quis se precaver. Batida a primeira chapa, e verificado que não se tratava de nenhum aparelho infernal, teve o sr. Abrahão o campo franqueado para agir. A certa altura, Lampião intervém: "Basta. O resto fica pra outra vez". O sr. Benjamin explica que aquela era a oportunidade que tanto lhe custara alcançar. O bandido retruca: "Quem lida comigo precisa ter paciência". E onde poderia ser encontrado na próxima vez, indaga o sr. Abrahão. "Sou homem que não tem pouso certo. Hoje estou aqui, amanhã posso estar na Bahia, em Sergipe ou Pernambuco". O sr. Abrahão insiste, mas Lampião é homem de poucas palavras. Quase não fala. Caboclo sabido e de uma discrição sem par. "As histórias que se contam por aí –

diz-nos o sr. Abrahão – de que Lampião é protegido por a ou b, não merecem crédito. Ele conta apenas com os seus cangaceiros. Fiz tudo para ver se escapulia alguma frase indiscreta. O capitão é ignorante, mas inteligência não lhe falta", garante o sr. Abrahão.

A segunda visita, iniciada no meado de julho, ainda dentro da quadra de chuvas no Baixo São Francisco, presente de maio a agosto naqueles campos em que se alternam de golpe elevações a prumo e grotas quase sem luz, a responder pelas delícias dos pescadores nas águas barrentas da correnteza engrossada, encerra uma novidade digna de nota, além da duração muito maior. Questão de semanas de permanência, dessa vez.

Prestigiado junto à Aba-Film desde que apresentara produção, Benjamin consegue de Ademar Albuquerque a cessão de um projetor cinematográfico portátil, com que ficava apto a dividir algumas das imagens com interessados, sendo de se supor que também com eventuais figurantes em películas que tivesse colhido. Comenta a conquista relevante com um amigo muito próximo, Raimundo Gomes de Figueiredo, residente no Juazeiro, dado às coisas do cinema como todo jovem da época, numa das passagens por aquela cidade, em meio ao vaivém incessante entre o São Francisco e Fortaleza que marca a fase aguda da missão. Na mesma linha, um oficial de polícia de Pernambuco, que se aproxima do sírio nessa fase, um comandante de força volante com sede em Águas Belas, dirá em livro de memórias ter podido ver na ocasião "muitos episódios interessantes do filme do grupo produzido por Benjamin". Importa não esquecer que a Bayer vinha popularizando o cinema por todo o interior do Brasil desde o ano de 1920, graças ao empreendimento dos chamados furgões cinematográficos: caminhonetes dotadas de geração de energia, projetor e tela. Nos anos 30, as caixas de som passam a integrar o aparato rodoviário. Não foram poucos os lugares em que a imagem de fundo publicitário da Bayer assustou o tabaréu como novidade absoluta, o sucesso do projeto o mantendo vivo até os anos 50.

De maneira que se pode arriscar tenha o nosso cinegrafista atingido por aqui o ideal de Osa e Martin Johnson e, em alguma ponta de rua de vila sertaneja servida pela chamada luz de motor, lugares que os cangaceiros costumavam frequentar com discrição e segurança, ter-lhes franqueado a própria imagem. A gesticulação espontânea. O guarda-roupa elaborado. Inconfundível. A graça das mulheres. De Maria. De Durvalina. De Neném. A cara fechada de Dadá. A feiura de Cristina. O dia a dia no coito bem arranchado. A mesa e a festa. Que melhor poderia explicar a diferença para mais, em qualidade e em quantidade, entre o produto das tomadas feitas na primeira e na segunda das visitas ao capitão, reconhecida tão enfaticamente pelo cinegrafista no depoimento que se vai ler a seguir?[2]

A essa altura das declarações, tudo quanto havia de jornalista tinha largado o batente e corrido para a sala em que parecia estar sendo ouvida a voz do próprio Lampião. O domínio da situação por parte de Benjamin, completo, faz com que o repórter desista de colher o testemunho na terceira pessoa, saia de cena e empurre o depoente para o mais próximo possível da orelha do leitor curioso, para o relato na primeira do singular, beirando o viva voz a que esse leitor começava a se habituar por conta do rádio. É dessa forma ágil que se vai para a revelação da segunda visita ao Rei do Cangaço, a que se devem acrescentar outras tantas incursões, efetuadas a cada um dos chefes de subgrupo até começos de outubro. Benjamin não se faz de rogado:

> *Ao cabo de quatro meses, encontrei-me novamente com Lampião. Durante esse tempo, que foi o mais cheio de peripécias da minha excursão, tive que lutar com muitas dificuldades. Sofri um bocado. Suportei, por dias inteiros, um sol de matar. Dormia, não raras vezes, nas matas, exposto à chuva e às balas dos bandidos. Passei fome e sede. Dessa vez, o meu encontro com Lampião se verificou do outro lado do rio São Francisco, a umas trinta léguas. Os cangaceiros eram em número de cinco, inclusive uma mulher, e andavam caçando bodes. Eles – parece – já sabiam do meu paradeiro, pois foram logo dizendo que me esperavam encontrar. Levaram-me à presença do capitão, e lá me demorei por três dias. Foi isso num sábado. Tive, então, o ensejo de observar calmamente os costumes daquela gente, e tomar uns apontamentos interessantes. O domingo é o dia grande. Não se trabalha. O almoço é mais farto, e se reza pela manhã e à tarde. Colocaram o quadro do Coração de Jesus no tronco de uma árvore frondosa*

e Lampião, com um livro de orações, reza. Todos se ajoelham e, contritos, ouvem-no silenciosamente. Muitos usam rosários. As mulheres, nesse dia, vestem-se melhor, enfeitam-se mesmo. A impressão que se tem é a de que vão assistir a uma missa de verdade. Logo depois, vem o almoço. Comem aos grupos, uns em pé, outros sentados. Lampião senta-se ao meio, talvez por medida de precaução. Ao pôr do sol, rezam novamente. Um detalhe interessante: a mulher do chefe não trabalha nem sábado, nem domingo, nem segunda-feira. Foi uma promessa. Dessa vez, os meus trabalhos de filmagem foram completos. Não deixei escapar nada. Tenho aspectos bem interessantes. Trago comigo um documento bem curioso: uma entrevista com Lampião, escrita e assinada por ele próprio.

Tal como a equipe do *Correio de Aracaju*, os repórteres do *Diário* ainda estavam sob o impacto do ataque extraordinariamente audacioso à cidade de Piranhas, ocorrido a 28 de setembro daquele 1936, com muitas mortes de lado a lado. Piranhas não era um lugar qualquer. Uma linda cidade ribeirinha do sertão de Alagoas, que hospedou o imperador Pedro II no meado dos oitocentos, erguida ao pé da elevação íngreme do *canyon* do São Francisco, casas pintadas de branco, dispostas de um modo que findou por formar um anfiteatro natural.

O ataque, além de pesado, tivera por si, para atrair o apetite da imprensa, dois apelos fortes: a razão freudiana, romântica para tantos, ligada à tentativa desesperada dos cangaceiros de retomar a mulher de Gato, chefe de subgrupo de destaque no bando – e um dos mais perversos carrascos a serviço de Lampião – baleada em combate e presa pela volante do tenente João Bezerra, em fazenda das proximidades. Inacinha, cabocla bonita, muito fotografada na ocasião dos fatos, estava grávida quando tudo se deu, e foi recolhida à cadeia da Pedra de Delmiro Gouveia. Os cangaceiros ignoravam a iniciativa de Bezerra, e porque sua volante tivesse sede em Piranhas, julgaram que a companheira se encontrasse ali. O segundo motivo de interesse no episódio vem do fato de a resistência ter sido feita exclusivamente por civis, na ausência da força policial, disparando de dentro das casas, amparados por janelas e portas. Homens e mulheres. Dentre as últimas, a jovem esposa do tenente, dona Cira de Brito Bezerra, nossa informante preciosa. Os cangaceiros haviam propalado que a levariam, caso Inacinha não fosse encontrada ou morresse no combate. Um enredo só, aquele fim de setembro em Piranhas.

Fortalecidos pela junção de subgrupos importantes, à frente os de Corisco, Moderno e Gato, como vimos, cerca de três dezenas de cabras, entre homens e mulheres, o ataque se abate sobre a cidade em hora desusada: no pino do meio-dia. Vindo do alto, de onde ficava uma fabriqueta de sabão. À passagem dos cabras em acelerado, a cinza fina da lenha de angico esturricada, despejo da fornalha no terreiro durante anos, sobe em nuvem. Para os muitos que corriam para se esconder, foi a visão que ficou da tragédia. Antecedeu de segundos os estrondos triplicados pelo eco do vasto anfiteatro derredor. Português, também chefe de subgrupo, achou tudo "uma doidice tão grande", que se recusou a ir com seus homens. Ficou na caatinga.[3]

Benjamin retoma a narrativa:

> *Atravessava o rio quando se travou o combate. Encontrava-me a uma distância de meia légua da cidade. Corri ansioso para lá. Era uma oportunidade que não devia deixar escapar. Infelizmente, cheguei tarde. Os bandidos já se retiravam. Bem junto a mim, em um sofá, ferido, passou Gato, chefe de grupo. Quando entrava na cidade, tomaram-me por bandido e, por um triz, não me bateram.*

O homem da pancada do mar jamais compreendeu a permanência de Lampião solto no pasto por cerca de duas décadas. Não conhecendo a caatinga, e subestimando a inteligência do cangaceiro, nada restava ao litorâneo senão atribuir todos os males, todas as razões de insucesso, às fraquezas materiais e morais das forças de polícia fixas e móveis que se empenhavam na repressão. Não que a cisma estivesse de costas para a verdade. Não. Além do colaboracionismo, da venalidade à base de grossos capitais, da embromação pura e simples, havia o medo. Espesso. Viscoso. Sobretudo de cair ferido em combate. E de vir a ser sangrado a punhal lentamente, com direito a "inventário" interminável, derramado, choro de deboche, nos estilos da crueldade tapuia desenvolvida pelo cangaceiro. Todo esse receio povoava a mente dos soldados. Agitava-lhe os sonhos. Não era outra coisa o que desejava o bando: combater homens trêmulos. Efetivo relativamente exíguo, o cangaço domina pelo terror, na impossibilidade de fazê-lo pela ocupação, não esquecer.

Conversando no copiar da fazenda Angico Torto, do Pau Ferro de Águas Belas, com o coronel Gerson de Albuquerque Maranhão, ouvimos dele uma sentença que merecia ser aberta em bronze: "Por aqui passaram muitos oficiais valentes... até ver a espuma do mijo de Lampião". Na fugacidade da espuma da urina a céu aberto, a evidência do perigo à porta. Toda a pose se diluía. Os canecos botavam para tilintar...

Havia exceções, naturalmente. Um José Caetano de Melo, um Manuel de Souza Neto, um Luís Mariano da Cruz, um Arlindo Rocha, um Hercílio de Souza Nogueira, um Davi Jurubeba, um Sinhozinho Alencar, um José Alves de Barros, o Zé Saturnino, todos com sangue no olho. E o primo famoso do depoente: José Lucena de Albuquerque Maranhão. Mais alguns. Poucos. Bem poucos. Dava também os que preferiam não quebrar a goma da farda nem se expor ao cheiro acre da pólvora – que irrita olhos e garganta, ora essa! – reservando-se para grandes campanhas... no cassino dos oficiais. Amadeu de Araújo Guimarães, Solon Jardim, José Joaquim Grande, Maurício Vieira de Barros, nomes que a crônica guardou. Poderia ter acrescentado os tenentes Bigode e Ibrahim de Lira, a se dar ouvidos à palavra do cangaceiro Sinhô Pereira. A lista é bem maior.

A um conterrâneo de Santana do Ipanema que visitou o tenente Amadeu no Recife, coube ouvir o que não esperava, depois de comentar que o pessoal da terra estava entusiasmado com os registros da imprensa sobre a ação do munícipe contra o cangaço. Voltando-se para o amigo, o tenente Amadeu estralou: "Pois eu lhe conto: ainda hoje não sei porque estou na polícia; não sei também porque cargas d'água me fizeram comandante de volante, e muito menos porque travei duas escaramuças vagabundas com Lampião, tanto mais que tenho feito o possível para evitar semelhantes 'confrontos'. Mas parece que o diabo se diverte procurando sempre empurrar o peste do bandido para cima de mim!".[4]

A maledicência difusa que pesou sempre contra a polícia, recorrente na sociedade do Recife como na de outras cidades, não somente da região, do país inteiro, arejando por aqui as rodas de leitores de jornais da esquina do Café Lafayette, apinhadas de repórteres, polifonia alegre de que resultava a opinião pública mais aguçada, não podia deixar de vir à tona no final da conversa da imprensa com quem tanto sabia sobre o assunto.

Posta na mesa a questão, Benjamin frustra parcialmente os maldosos. Como não faria na caderneta de campo, na parte das anotações secretas lançadas em árabe. Em que condensou no papelzinho ordinário, fazendo suas, as queixas de um Virgulino sempre de prontidão para ofender os inimigos, sobretudo a polícia, fosse por balas, fosse por palavras. Mas isso veremos mais tarde.

No *Diário de Pernambuco*, duas horas passadas de conversa, Benjamin opta pela diplomacia no que diz respeito ao corpo mole das forças volantes:

> *Esse povo está pensando que caatinga é brincadeira. Perseguir Lampião é coisa muito difícil. Não se pense que é como nas cidades, onde as estradas são boas e onde há todo conforto. A caatinga é uma coisa muito séria. Desanima. A gente só encontra espinhos de mandacaru, alastrado, facheiro, macambira, urtiga, coroa-de-frade, tudo misturado com gravetos e tocos de pau. A macambira, principalmente, é o espinho que se espalha léguas e léguas, entranhando-se mata adentro. A vista se perde. Não se pense que o soldado de quepe e com aquela perneira consegue penetrar a caatinga. Os bandidos usam as pernas enroladas com couro de bode, sobre calças curtas e luvas.*

Fechando a matéria, o repórter procura assanhar a expectativa dos leitores sobre o produto da missão de tantas peripécias: "O sr. Benjamin Abrahão disse-nos que, dentro desses dois meses, estará pronto o seu filme. Os últimos trabalhos para a sua preparação serão feitos na Aba-Film, em Fortaleza".

A pedido do pai, Francisco Elihimas, o jovem Aziz, nos seus dezesseis anos, pajeou Benjamin o tempo todo. A ele ficamos a dever tantos detalhes expressivos da visita ao velho jornal. Desceram a bela escadaria de madeira de lei do prédio da Pracinha se lambendo de satisfação. Não poderia ter início mais auspicioso a jornada de passagem do "tio" para a fama.[5]

Agitado, Benjamin recusa o convite para que permanecesse no Recife para as festas de final de ano na companhia dos primos. A 27 mesmo, está no trem para Fortaleza, jornal debaixo do braço, com todos os motivos possíveis de orgulho.

Apresenta-se na Aba-Film, a 28. A empresa ficava na Rua Major Facundo, nº 650, quase a mesma indicação do jornal O *Povo*, que ficava no prédio 670, endereço, este último, onde seria dado o passo seguinte no rumo do reconhecimento público da façanha.

A proximidade das sedes deve ter facilitado a chegada dos rumores da jornada aos ouvidos do cronista João Jacques, a quem cabia bordar diariamente sobre o cotidiano do Ceará, na folha de Demócrito Rocha. Para surpresa de Benjamin, ao botar o pé na Aba-Film, já recebe os cumprimentos dos funcionários, à frente Joaquim Rodrigues de Souza, encarregado de auxiliá-lo na revelação do filme, como vimos. É que a colaboração de Jacques daquele dia, com o título de Carta ao Leota, nada mais era que um alerta jocoso a um dos maiores folcloristas do Ceará e do Nordeste à época, Leonardo Mota – autor do livro *No tempo de Lampião*, de 1930, e de inúmeros outros – acerca do filme em preparo na vizinhança. Com humor, o cronista vai desfiando para os leitores, como se fora para o amigo, a novidade sensacional:

> *Há vários dias que o procuro para dizer-lhe uma coisa. Na semana atrasada, contaram-me que existe em Fortaleza um repórter fotográfico, cuja dedicação ao ofício comparo à sua. Antes dele aparecer, era você que se internava sertão adentro, em busca de sensações e à procura do próprio Brasil. Falo de um cidadão que se dá, presentemente, à arriscada tarefa de fazer um filme de Lampião, apanhado em flagrantes pitorescos nos limites do Estado do Ceará com os seus vizinhos. Consoante informações seguras, Virgulino já se acha retratado em mais de oitocentos metros de película, acompanhado de seu elenco indesejável e feroz. A mulher de Lampião aparece em cena em quase todos os quadros da cinta, com os dez dedos das mãos abertos em leque, por culpa dos anéis de brilhante que traz neles enfiados. A capangada também não correu com medo da objetiva do ousado repórter. Que acha você desse furo? Que me diz sobre o caso? Será possível, meu*

amigo, que se possa ainda, por esses tempos tão mudados, filmar um bandoleiro, um gangster, um assassino mil vezes assassino, e não se tenha meios de apanhá-lo? Haverá, porventura, maior vergonha para nós do que assistirmos, país afora, a uma película, em série, do famoso assaltante de lares, de bolsas e de vidas, que é Virgulino? Até aqui, Leota. E que você não seja convidado para sincronizar o filme de Lampião com os versos que você sabe sobre ele e os seus feitos...

Benjamin volta para o sertão "pelo trem do horário da Rede de Viação Cearense". No dia seguinte, o jornal ocupa praticamente toda a primeira página com duas fotografias em que o sírio aparece ao lado de Lampião, de Maria Bonita, e da guarda pessoal do chefe, bem visível a caixa de couro presa à ilharga do primeiro, com o dístico Aba-Film em letras brancas. Na segunda, apenas o casal real e o documentarista, que novamente arranja um jeito de brandir o *merchandising* dos patrocinadores, sustendo, na mão direita, no plano mais saliente da imagem, a câmera cinematográfica da Zeiss. Maria Bonita parece não querer ficar para trás e espeta os dedos da mão esquerda em ambas as estampas, anéis à mostra em quase todos os dedos. A manchete, letras garrafais: "Sensacional vitória da Aba-Film: uma das mais importantes reportagens fotográficas dos últimos tempos, Lampião, sua mulher e seus sequazes filmados em pleno sertão". O texto pouco acrescia ao que já vimos. Em muitos pontos, reprodução literal da entrevista dada ao *Diário de Pernambuco* na antevéspera.

A 31, celebrando o que ofertara ao leitor a 29, a folha comenta que "foi inteiramente esgotada aquela edição do *O Povo*, não obstante havermos duplicado a tiragem do jornal". E oferece ao público, em ¼ de página, imagem inédita de Maria Bonita, talvez a melhor de quantas tenham sido apanhadas por Benjamin com a Rainha do Cangaço na missão. Sentada em um caixote habilmente camuflado em meio à caatinga, como se pairasse no ar, serena, elegante, nada do apoucado da matuta de então, muito mais a imagem de uma daquelas divas de Hollywood, oferecidas pelas revistas *Cinearte* e *A Cena Muda* no período, guardada senhorialmente pelos dois cachorros famosos do marido, Ligeiro e Guarani, vestido acima do joelho, deixando à mostra não somente pernas irrepreensíveis – que o jornal apimentava ao arriscar terem sido "o principal motivo da paixão ardente e calorosa que lhe dedica o marido" – como a superioridade da condição feminina no âmbito da subcultura do cangaço, em comparação com o que se passava com a congênere da sociedade derredor, a da civilização fundada sobre a pata do boi, em que o vestido ainda não ultrapassara o tornozelo. Um documento. Além de uma concepção admirável de arte. Que não deve abrir espaço para que consideremos idílicas as condições da mulher no cangaço. Apesar de não combater, de não cozinhar, de costurar quando quisesse, de se banhar de perfume e de se cobrir de joias, a cangaceira era literalmente uma propriedade de seu companheiro, que sobre ela exercia direitos de vida e de morte. Tal como na sociedade pastoril derredor.

De novidade, apenas a revelação de que Benjamin agia "na conformidade de contrato que mantém com o proprietário da Aba-Film", e que a empresa tinha iniciado a revelação da película, "da qual já tem prontos cerca de mil metros, segundo estamos informados". E prometia ao leitor ficar à espreita do regresso do sírio a Fortaleza.

A 10 de janeiro já do Ano Novo de 1937, pelas oito da noite, Benjamin salta do trem na Central e se vê pouco menos que sequestrado pela equipe do O *Povo*. Na redação, lanche e jornada de noite inteira, em meio à névoa dos cigarros. A narrativa que apresenta na oportunidade, e que o jornal estampa com estardalhaço na edição de 12, novamente não vai muito além do relato das buscas e do encontro com o bando, tal como derramada para o *Diário de Pernambuco*. A assinalar – o que diz bem da qualidade histórica do depoimento – a fidelidade mantida entre os registros dos fatos vindos à luz a 27 de dezembro e os relatados nas ocasiões seguintes. Invariáveis. Uma ou outra correção sobrenadando ao texto de Pernambuco. A exemplo do vulgo de um dos cangaceiros que o interceptam na caatinga da primeira vez. Que não seria Mergulhão e, sim, Marreca. O que confirma ao identificar em trecho à frente, um a um, por nome ou por vulgo, os onze cabras do bando que acompanhavam o chefe na ocasião desse encontro inaugural: Luís Pedro, Moderno, Juriti, Elétrico, Cacheado, Vila Nova, Pitombeira, Barra Nova, Gorgulho, Sabonete e, é claro, Marreca. Não que não houvesse um Mergulhão. Havia. Não no grupo central. Na periferia do bando. Servindo à fração comandada por

Zé Sereno – de atuação restrita à margem direita do rio São Francisco – de quem Mergulhão, um quase menino, era cunhado.

Duas mulheres apenas, no segundo encontro: "Maria Oliveira, mulher de Lampião, e dona Neném, mulher de Luís Pedro". A sentinela do coito ganhará nome: Sabonete. E o equipamento, com o poder de fogo respectivo, discriminação meticulosa: "Todos estavam armados de fuzil Mauser, cada um com trezentos cartuchos, no mínimo, pistola Parabellum à cinta, bornais, cantil d'água, um equipamento, enfim, de quinze a vinte quilos". A frase com que Lampião o recepciona, rigorosamente a mesma, letra por letra, vírgula por vírgula, a demonstrar o quanto ficou tatuada na memória do visitante. No registro da distância entre o ponto da interceptação e o acampamento, apenas a troca dos elementos de referência: em vez de três quilômetros, meia-légua. Seis por meia dúzia.

Alguns registros merecem destaque nessa matéria de 12. O primeiro nos dá o tempo de permanência de Benjamin com o grupo central, o de Lampião, quando da primeira estada: cinco dias. É dado que faltava. Tem importância na reconstituição dos passos do documentarista. Do ritmo de trabalho que precisou adotar, com o apoio da cabroeira.

Outra anotação nos fala de um Virgulino que já conhecia o cinema. Que já se deliciara até mesmo com a fruição de um longa-metragem completo. Na cidade de Capela, Sergipe, em 1929.

Um terceiro registro vale por um exercício de humildade da parte do nosso cinegrafista. A confissão de que dera parcialmente com os burros n'água, depois da primeira estada com Lampião. Como? O redator da matéria esclarece: "Voltando a esta capital, o audacioso amador verificou que o seu trabalho fora consideravelmente prejudicado, pois o material do filme se estragara em grande parte, razão por que resolveu voltar aos sertões, no ano passado, tendo, desta feita, alcançado melhor proveito, pois apanhou aspectos interessantíssimos, e aproveitáveis, da vida de Lampião e seus comparsas".[6]

Por fim, ficamos a dever à curiosidade do sírio uma das boas memórias sobre Maria Bonita e o casal real, colhida diretamente da fonte. Sentado – quem sabe – ao pé da rede da cangaceira, em noite clara de luar sertanejo, ou amparado da chuva sob a barraca do chefe, onde não costumava faltar café quente, eis quanto lhe foi dado recolher, lá mesmo, no acampamento:

> *Seu nome é Maria de Oliveira, sendo tratada pelos companheiros por "dona Maria", ou "a mulher do capitão". É branca, bem parecida, com pele conservada, apesar de viver ao sol. Nasceu na Bahia, município de Santo Antônio da Glória, tendo ingressado no grupo quando o mesmo se internou nos sertões baianos, em 1929, por sua livre e espontânea vontade. Vive maritalmente com Virgulino, tudo indicando que reina a melhor harmonia entre o casal. Ela tem, no máximo, 25 anos, enquanto ele já atingiu a 37.*

Maria Bonita fugia da cantilena do rapto seguido de estupro, real ou imaginário, presente na boca de nove entre dez cangaceiras: escolhera ser mulher de Lampião "por sua livre e espontânea vontade". E dizia isso ao mundo sem disfarces, romanticamente, por intermédio de um Benjamin improvisado na pele de cupido.

Notas e referências

1. Já vimos que Benjamin colocou exemplar do jornal *O Globo*, do Rio de Janeiro, de modo bem visível, em fotografia feita com o padre Cícero, datada de 1929. O mesmo jornal, de que o sírio veio a ser colaborador especial no Juazeiro naquele ano, *et pour cause*, aparecerá nas mãos de Lampião em 1936, ostensivamente. O mesmo seja dito sobre a revista nacional *Noite Ilustrada*, igualmente do Rio de Janeiro. E sobre a caixa com o dístico Aba-Film, portada com realce bem planejado, no momento em que aperta a mão do cangaceiro. Ou sobre o cartaz de Cafiaspirina, visível no coito. Para não falarmos sobre as palestras que fazia sobre a Terra Santa, em que se escalava como se tivesse convivido com Jesus, nas ruas estreitas de Belém, findando por empurrar em venda os artigos da Antônio Elihimas & Cia Ltda. Um perito intuitivo em comunicação de fundo comercial, não resta dúvida.

2. Segundo Joaquim Rodrigues de Souza, entrevista ao Autor, Fortaleza, 1979, a Aba-Film operava com o laboratório de Alexandre Wulfes, do Rio de Janeiro, o maior do país na transição dos anos 30 para os 40, voltado para todas as artes conexas ao cinema, mas atuante sobretudo na copiagem de películas para o Brasil e para o estrangeiro. Não seria obstáculo técnico, ao que pudemos levantar a partir dessa informação, transformar, para 16 mm, películas apanhadas originalmente em 35 mm, com vistas a projeções volantes, de que a Bayer possuía um programa em execução à época, vale lembrar, assunto objeto do longa-metragem de Marcelo Gomes intitulado *Cinema, aspirinas e urubus*, ambientado em 1942, Europa Filmes, 99', 2005. O projeto dos furgões cinematográficos, com imagens de veículos de diferentes períodos, acha-se nos dois volumes do livro *Reclames da Bayer*, referentes aos lapsos de 1911 a 1942 e de 1943 a 2006. Não esquecer que Wulfes é quem aparece, em 1957, com boa parte das cenas consideradas perdidas, de Benjamin Abrahão, ao aproveitá-las no documentário que dirige em 1959, com Alcebíades Ghiu, intitulado *Lampião: rei do cangaço*, o primeiro de uma série a se valer dos originais colhidos pelo sírio. À revista nacional *Fatos & Fotos*, do Rio de Janeiro, ano 2, nº 96, de 1º de dezembro de 1962, Wulfes diria ter descoberto o filme de Benjamin abandonado na Secretaria de Segurança Pública do Ceará. Nonnato Masson, autor da reportagem, acrescentava: "Por ter sido atirado ao chão, guardado em latas que enferrujaram, vários pedaços do filme não puderam ser aproveitados". Concluía dizendo que, "depois dos cortes, ficou resumido a apenas quinze minutos de projeção". Nunca apareceu a autoridade cearense que liberou o material. Ou a repartição em que este jazeu por vinte anos. Ou qualquer informação complementar a respeito. O que nos permite arriscar que todo esse acervo tenha estado lá mesmo no Rio de Janeiro, em internegativo conservado no estúdio de Wulfes, como parte do processo de copiagem anterior à apreensão do início de 1937, determinada pela polícia política de Getúlio Vargas. Sonegado da autoridade pública, de todo modo, talvez mesmo por inércia, e sem poder aparecer ao menos até a queda do Estado Novo em 1945. Ou enquanto Vargas não deixasse o poder, em 1954, por um escrúpulo compreensível de ética empresarial. Sintomático que o ressurgimento do filme de Benjamin Abrahão tenha se dado pouco mais de dois anos decorridos dessa última data.

3. Cira de Brito Bezerra, entrevista ao Autor, Recife, 1982. A recusa do cangaceiro Português em expor seu bando no ataque a Piranhas, ouvimos de um integrante deste à época, Manuel Dantas Loiola, o Candeeiro, entrevista ao Autor, Buíque, Pernambuco, 1984 e anos seguintes.

4. Gerson de Albuquerque Maranhão, entrevista ao Autor, Pau Ferro [Itaíba], Pernambuco, 1967 e anos seguintes. Sobre o reparo à conduta de Bigode e Ibrahim, consultar *Sinhô Pereira: o comandante de Lampião*, de Nertan Macedo, p. 58-9. A confissão jocosa de Amadeu está em Valdemar de Souza Lima, *Lampião e o IV Mandamento*, p. 101.

5. A incursão ao *Diário de Pernambuco* nos foi detalhada por Aziz Francisco Elihimas em entrevista, Recife, 1990 a 1992.

6. João Jacques Ferreira Lopes, entrevista ao Autor, Fortaleza, 1979. A 5 de novembro de 1979, Jacques nos enviaria correspondência escrita com revelações complementares sobre seu papel no furo cearense sobre o filme. Joaquim Rodrigues de Souza, loc. cit. O coronel Audálio Tenório nos disse pessoalmente, nos idos de 1970, que seu grande amigo e parente, o coronel José Abílio de Albuquerque Ávila, chefe político de Bom Conselho, Pernambuco, se fez acompanhar, algumas vezes, nas idas ao Cine-Teatro Rex, daquela cidade, de certo "boiadeiro amigo, que veio do sertão", muito aprumado no traje urbano, além de perfumado. Era Lampião. Disfarçado. Em visita às irmãs, residentes ali, ao amparo do coronel, entre os anos de 1921 e 1922. Discreto proverbialmente, ao mencionar a Benjamin o conhecimento que tinha do cinema, o cangaceiro puxa uma ocasião pública muito posterior, a do Cine Capela, na cidade sergipana de mesmo nome, em 1929, de que a imprensa se ocupara com estardalhaço. Na verdade, conhecia o cinema desde o primeiro daqueles anos, pelo menos.

Nuvens de chumbo

A sombra é sono, o sono esmaga a mente
com sonhos-pesadelos de quem sofre
nos campos do sonhar sono sem fim
onde o sonho no sono aponta a morte
e a Morte ao produzir seu fundo corte
recorda o sono forte a toda gente.

A *Oriental Safira*, 19ª sextilha

Com matérias secundárias pipocando por todos os jornais do Nordeste, o sucesso regional estava bem seguro na carreira de repórter de Benjamin Abrahão. Em toda parte se proclamava o quanto fora oportuno o aparecimento de um encarregado de temas difíceis, de que se ressentia a imprensa do país havia algum tempo. O desaparecimento do coronel Fawcett, na Amazônia misteriosa de 1925, pusera a nu a dificuldade de se penetrar o Brasil profundo. O insondável dos grotões. O inferno verde das selvas do Norte, da expressão precisa de Alberto Rangel, e o vermelho, das caatingas do outro setentrião. E esse era precisamente o papel que Benjamin soubera empolgar com uma desenvoltura digna de ator veterano, tanto no campo, às voltas com riscos e peripécias de toda ordem, quanto na cena urbana, toda cercada de protocolos, em meio a autoridades sempre ciosas de suas prerrogativas.

Ao preço de esforços difíceis de avaliar – cada um coloque o caso em si – ia levando de vencida o mundo de incertezas que se abrira com a morte do Padrinho. Faltava o bolso. A pedra-chave do bingo que viria com a venda do filme para o Brasil e para o estrangeiro. E alguma recompensa que esperava, para além da magreza dos contratos, vinda da parte da Aba-Film, da Bayer e – quem sabe – da Zeiss.[1]

Para inflar ainda mais o ego do aventureiro extraordinário, o *Diário de Pernambuco* estampa na edição de 18 de fevereiro de 1937, em fac-símile – o que não era procedimento corrente no período – carta de próprio punho de Lampião, autenticando a façanha de Benjamin em termos afirmativos. Um documento, no mínimo, incrível, não fora a procedência clara e a autenticidade grafológica à flor da pele. A caligrafia, marcada com força a lápis preto, não abria margem a dúvida. O autor chega ao ponto de reconhecer no repórter a condição de primeiro e único a se aventurar naquele tipo de incursão à intimidade do cangaço. Naquela abertura de janela com que conseguira expor pioneiramente, pelo modo visual e direto que vinha marcando o século, um estilo de existência imemorial na região. Tema que encerrava apelo de comunicação tão forte, a ponto de responder por mais de uma dezena de livros eruditos publicados até então, para não falar das centenas de produções no campo da literatura de cordel. Dos livrinhos magros que todo nordestino conhece, gravados, em regra, por matriz de madeira sobre papel ordinário, a xilogravura, mas com aquela força danada de carregar nas costas a gesta guerreira dos sertões e, de resto, toda a vida social desdobrada ali, permitindo ao matuto se embalar na escuta dos versos de um Leandro Gomes de Barros, de um Francisco das Chagas Batista, de um João Martins de Ataíde, mão no queixo, puxando o cigarro de palha.

Na escrita rude de que se servia – e nem por isso pouco eficaz – bem conhecida da imprensa e sobretudo das vítimas, o chefe cangaceiro deixava patente a adesão integral ao projeto, confirmando o efeito mágico de que vimos tratando, por meio de apelo descomedido à ênfase. É documento a ser bebido gole a gole da transcrição rigorosa que oferecemos ao leitor:

> *Ilm° Sr. Bejamin Abrahão*
>
> *Saudações*
>
> *Venho lhi afirmar que foi a primeira peçoa que conceguiu filmar eu com todos os meus peçoal cangaceiros, filmando assim todos us muvimento da noça vida nas catingas dus sertões nordistinos. Outra peçoa não conciguiu nem conciguirá nem mesmo eu concintirei mais.*
>
> *Sem mais do amigo*
>
> *Capm Virgulino Ferreira da Silva*
>
> *Vulgo Capm Lampião*

Nada tinham de modestas as expectativas do sírio. E não cabia modéstia mesmo, na circunstância de vida em que se achava assoberbado. O degrau mais alto do processo de conquista humana e profissional vertiginosa com que se debatia chega sem avisar, no começo de março, pelas mãos prosaicas do carteiro. Entrega simples. Periódico de assinatura. Mas não menos que uma bomba. O sucesso nacional esperado. Lá está, em manchete, na mais prestigiosa publicação semanal ilustrada de que dispunha o Brasil à época, a revista O *Cruzeiro*, edição datada de 6: "Filmado Lampião". Cinco fotografias bem escolhidas, flagrantes de um cotidiano sobre o qual se concentrava a curiosidade de todo o país, ilustravam a matéria, todas já apresentadas ao leitor no capítulo sexto: o chefe cangaceiro rezando com o bando; costurando, debruçado sobre máquina Singer de mesa, mão no veio giratório, cheia de anéis; lendo um romance policial de Edgard Wallace; sendo penteado por Maria Bonita, e olhando o campo com o famoso óculo de alcance telescópico alemão. A revista desenvolve a matéria com muitos pontos de exclamação e pingos de veneno:

> *Lampião foi filmado! Aqui temos uma notícia sensacional, em que muitos não acreditariam sem provas. As provas estão nesta página, onde cinco flagrantes nos mostram o famoso bandoleiro em atitudes pacíficas, inteiramente despreocupado das polícias estaduais que o perseguem tenazmente, sem encontrá-lo todavia... Pois onde falhou a argúcia e o faro dos soldados, triunfou o cinematografista. O sr. Benjamin Abratias* [sic], *da Aba-Film, numa façanha sem par nos anais do cinema nacional, foi encontrar o bandido em seu covil, e conseguiu convencê-lo a posar para ser admirado pelo público de todo o Brasil.*

Era demais. Se o tema da embromação policial na caça ao cangaceiro merecera o aceno de suspeita do cronista João Jacques havia pouco mais de dois meses, agora recebia tintas muito mais carregadas e projeção nacional. O documentário de Benjamin começa a incomodar.

Para piorar a situação, o vespertino carioca *A Nota* chega às bancas com manchete explosiva: "Herói do cangaço e galã de cinema". No corpo, o jornal planta a pergunta que estava na mente de todos: "Como teria sido possível à Aba-Film, produtora e proprietária do celuloide em apreço, fotografar Virgulino e seus asseclas?". E passa a desenvolver verdadeiro libelo sobre o acontecimento extraordinário, à base de perguntas que o redator mesmo vai respondendo com muita ironia, na linha da denúncia de suposto acobertamento oficial da ação do bando:

> *Não é Lampião um facínora procurado incessantemente pelas polícias do Nordeste? Não está posta a prêmio a sua cabeça? Não têm as agências telegráficas congestionado os jornais com o grande alarido de seus comunicados sobre a perseguição de Lampião? Não despendem os governos nordestinos quantias relativamente*

elevadas, movimentando forças para dar cabo desse celebérrimo cangaceiro? A companhia cinematográfica Aba-Film pôde, entretanto, produzir uma película em que aparecem os bandidos que tanto sangue, tanta desgraça e tanta humilhação têm trazido aos lares do Norte e do Nordeste do país. Ora, se pôde a Aba-Film mandar seus camera-men fotografar os terríveis criminosos, assim também poderia o governo, que facilitou àquela empresa o seu desideratum, enviar, juntamente com os peritos cinematografistas, um contingente policial para fuzilar os "astros" do crime e, agora, da tela... Chegamos, assim, à dolorosa convicção da impunidade protegida em que vivem o ilustre "artista" Lampião e seus não menos estimáveis companheiros...

O fecho da matéria, reduzindo a busca da verdade a um jogo de duas opções, atira ao chão uma luva que somente ao governo caberia apanhar: "De duas, uma. Ou Lampião não é autor dos crimes que lhe atribuem, ou o governo é cúmplice nas suas façanhas hediondas, fazendo vistas largas e ouvidos de mercador ao alarido, ao rumor dos seus crimes, e ao sofrimento de suas vítimas".[2]

Os comandantes de corporações policiais se agitam. Também os governadores de Estado, de modo particular os do Nordeste. O Catete se agita, por fim. Todos chamados ao feito, nos diferentes graus de suas responsabilidades.

Não se trata apenas da exposição incômoda do fracasso de décadas da ação policial movida contra o cangaço. Contra diferentes bandos, na sucessão das realezas de punhal e chapéu de couro, de que Lampião encarnava a casa regente do momento. A maior e mais imponente, aproximando-se dos vinte anos de poder. Com domínio palpável sobre porções mediterrâneas de sete estados da Federação. Um domínio tornado possível de modo diabolicamente eficaz, por se curvar ante a impossibilidade tática da ocupação física do espaço e optar pelo terror. Pela disseminação do medo. Capaz de neutralizar tanto a repressão policial quanto a judiciária. Botando soldados para tremer e testemunhas para recusar o papel que delas se espera em qualquer processo. Testemunhas que achavam melhor, à simples vista da intimação da autoridade, anoitecer e não amanhecer no lugar de residência, abrindo no mundo com toda a família. Tudo, menos ter que dizer ao juiz o que quer que fosse sobre cangaceiro, coiteiro, informante do bando, artesão a serviço deste, militar vendido, telegrafista cooptado, sanfoneiro afreguesado em tocatas no coito, poeta habituado a alimentar a viola ouvindo o punhal. Se, como diz o provérbio, matos têm olhos e paredes, ouvidos, em tudo quanto dissesse respeito ao cangaço a coisa ia muito, muito além, os sentidos a serviço da delação parecendo espalhar-se pelo ar. Exagero?

O engenheiro Silva Lima, chefe da comissão baiana da Inspetoria Federal de Obras contra as Secas declarava ao jornal *A Tarde*, de Salvador, no final de 1937: "Quem nunca viajou pelo nordeste da Bahia e oeste de Sergipe não faz ideia do pavor que reina naquelas bandas, produzido pelas antigas incursões de bandidos nas várias localidades e pelo perigo que as populações consideram sempre iminente de novas entradas". Detalhava: "De Serrinha para o norte, a conversa obrigatória de todos são as notícias do aparecimento de bandoleiros nas vizinhanças, de barbaridades praticadas, recordação de grandes combates, e essas notícias, à força de serem contadas e comentadas, vão criando uma espécie de terror que apavora as populações, os nossos trabalhadores e até mesmo os engenheiros". Plantava uma cisma, por fim: "É muito possível, aliás, que entre as centenas de operários nossos, haja um ou outro que seja espião ou coiteiro dos bandidos".

O engenheiro encarregado da abertura da rodovia Frei Paulo – Carira, em Sergipe, não dizia menos em ofício de pedido de socorro dirigido ao chefe Silva Lima: "Não podeis imaginar a sensação de pavor que experimentamos, todos, inclusive os soldados, sabendo que na caatinga que nos circunda, os olhos dos bandidos nos examinam e medem as nossas possibilidades". Afinal, "luta-se contra o inimigo que se descobre aos nossos olhos, mas contra esse inimigo que não aparece, que age nas sombras, que não se manifesta nem se trai, é impossível". Fechava a correspondência revelando dotes poéticos, ao mostrar tratar-se de "luta desigual", precisamente "por não haver lutas", mas "simplesmente emboscadas armadas no silêncio das trevas".[3]

O que se pode supor como motivo mais pungente da irritação que se instala no Palácio do Catete, para além do queixume que vimos acima, que não era imaginário nem seria despido de consequências, há de ter sido o anacronismo inaceitável da existência do cangaço ao tempo em que o país caminhava para mear o século XX. E caminhava bem. Com boas taxas de crescimento ao longo dos anos 30. Desde o movimento revolucionário do início da década, Getúlio Vargas não cortejava outro figurino que não fosse o da modernidade. Esse o apanágio de sua ação. Que não se deteve na retórica, faça-se justiça.

A 6 de março de 1937, estava-se a exatos oito meses e quatro dias do advento do Estado Novo. Do regime forte que se estenderia até 1945, e que se encontrava em gestação avançada no momento da vitória profissional de Benjamin Abrahão. Para que se tenha uma ideia do que se passava na cabeça do já quase ditador, Getúlio Vargas, sobre o tema de que se ocupara o sírio, tema bem dentro do capítulo incômodo das periferias regionais e de sua existência cultural crescentemente malsinada como exótica e indesejável, basta que se leia o que rezava o emblemático Art. 2° da Constituição Federal que se abateria sobre o país, por outorga, no começo de novembro: "A bandeira, o hino, o escudo e as armas nacionais são de uso obrigatório em todo o país. Não haverá outras bandeiras, hinos, escudos e armas".

Desaparecia a representação simbólica dos estados federados, da noite para o dia. Vedação constitucional. Não havia melhor forma de evangelizar, *urbi et orbi*, as verdades do momento: a da verticalização do poder público no Brasil, convertido praticamente em estado unitário, depois de golpeado o princípio federativo, e a da implantação do corporativismo, que passava a dar as cartas em lugar da representatividade política característica da democracia liberal. Democracia esta que o próprio Vargas ratificara não havia muito, na pureza clássica de seus institutos, por meio da Carta de 1934.

Uma das primeiras solenidades campais do novo regime não foi senão a da queima no Altar da Pátria – em pira erguida em posição de destaque na praia do Russel, no Rio de Janeiro – de todas as bandeiras dos Estados, ante a presença risonha do ditador e de milhares de convidados, notadamente da juventude estudantil mobilizada.

Um jurista do período, apreciando a carta constitucional que ficaria conhecida entre nós como a Polaca – por copiar, além do razoável, a legislação que o general Jozef Pilsudski impusera à Polônia em 1926 – não exagerou ao constatar que "o princípio da unidade nacional e o banimento dos sentimentos regionalistas têm uma expressão predominante na totalidade da Constituição e em seus textos isolados", uma vez que as "amplas atribuições do governo do centro, que tem a competência para legislar sobre os direitos substantivo e adjetivo, que tem as faculdades intervencionistas muito menos limitadas que nas Cartas anteriores, que pode desmembrar, por ato próprio, o território das unidades-federadas, que dá um sentido unitário à educação, que regula a economia, que organiza as classes, proporcionam uma noção clara da proeminência dos interesses nacionais".[4]

O regime de 1937 empurrava para a galeria dos suspeitos vários dos tipos humanos que vicejavam nas periferias do Brasil, cobrindo-os com a pecha de anacronismos a serem extirpados. Juntando em marginalidade única, fossem perigosos ou inofensivos, de beatos a cangaceiros, de jagunços a capangas, de cabras a pistoleiros, de xangozeiros a moradores de mocambos, de ciganos a andarilhos, de buenas-dichas a piratas de rio, de camelôs a homens-da-cobra, de encantadores de serpente a adivinhos de chuva, de repentistas a cegos rabequeiros. Todos, dentro ou fora da lei, recebendo em comum a caracterização de arcaicos, quando não de comunistas, de tudo quanto devia ser arredado em nome da modernidade, da família, do sentimento sadio de pátria. Em nome do Brasil Novo.

Em Pernambuco, o estadonovismo não variou no ideário. Para onde o regime do interventor federal Agamenon Magalhães mais detidamente canalizou a criatividade foi na linha rubra dos procedimentos repressivos, extremando-se no policialismo mais espesso. Para Gilberto Freyre, uma testemunha particularmente ativa no período, não raro vítima, "o agamenonismo em Pernambuco lançou-se, quando foi governo, com a maior das fúrias, contra tudo que fosse expressão de sentimento popular em nossa terra". Do que dava prova "a sua raiva dos clubes populares de carnaval, dos maracatus, dos bumba meu boi, dos caboclinhos, dos xangôs do Fundão, de Água Fria, de Casa Amarela, das troças carnavalescas de Afogados, do Pina, do Cordeiro, do Zumbi, de Olinda, de Paulista, de Prazeres, de Santo Amaro". E não somente isso, prosseguia o sociólogo: "Em tudo que era expressão sincera de vida popular, o agamenonismo policialesco enxergava então comunismo, donde sua perseguição a tanta gente de trabalho, cujos modos de se divertir, de se associar, de ser alegre, repugnava a esses grã-finos de meia-tigela".[5]

Grandiloquente, engomado, paternal, cores de cartão-postal em sua imponência cenográfica, estava ali o estado integral às vistas de todos, a cuidar finalmente dos nossos destinos. A prover a felicidade de homens e de mulheres, de meninos e de velhos, integrando e protegendo a sociedade no seio do estado, sob as bênçãos do chefe todo-poderoso, ora essa! Muitos acreditaram nisso. Eruditos, não somente pessoas simples. Militares de alta patente, clérigos, professores da Faculdade de Direito.

Nem parecia que o caboclismo estivera em moda tão recentemente. A existência matuta pinçada como tema de dramaturgos, de poetas e de seus declamadores, de compositores da música popular. Que o diga a modinha *A casa branca da serra*, sucesso lacrimoso de 1921. O próprio *Luar do sertão*, de 1908, boa parte do repertório de Augusto Calheiros, o Patativa do Norte, as emboladas de Jararaca e Ratinho, e de Manezinho Araújo, ou a poesia de Zé da Luz, caipira no conteúdo e na forma. Exemplos, apenas. Em Pernambuco, como vimos das palavras de Gilberto Freyre, o próprio carnaval andou na alça de mira das autoridades do Departamento Estadual de Imprensa e Propaganda, com risco de ser cancelado.

Tudo isso passava a ser visto pelo canto do olho, de esguelha, ainda que de modo ambíguo e difuso, para que a autoridade pública pudesse fugir de definições que implicassem o incômodo da fundamentação racional dos atos praticados, o que por vezes se mostrava impossível.

O estado corporativo em processo avançado cuidava de alongar o trabalhador de cidade em herói social, fosse este autônomo ou assalariado, requentando um dos pratos que a Revolução de 1930 tentara pôr na mesa. E pusera, parcialmente. O lar, por excelência, do brasileiro não era mais o campo, a fazenda fluminense, o engenho nortista, mas a cidade, a casa de vila, o discurso do dia realejando a ascensão da burguesia industrial.[6]

O exercício da política, metido desde o início da década no quadro tenso, e apenas aparentemente claro, da dicotomia esquerda x direita, ou, dando nome aos bois, Aliança Nacional Libertadora x

Ação Integralista Brasileira, leva a Igreja, de presença social muito mais forte ontem do que hoje, a olhar em retrospectiva para o ano de 1916, em que se esboçara a Reação Católica, como ficou conhecido o movimento encabeçado por dom Sebastião Leme, quando arcebispo de Olinda. Para quem a Igreja chegara ao "absurdo máximo" de formar uma força nacional, "mas uma força que não atua, que não influi, uma força inerte". A pastoral tangia a corda sensível vibrada outrora pela *Action Française*. Batia a poeira depositada sobre o penacho surgido de velhos ressentimentos católicos. Tudo isso leva a Igreja a tomar posição militante nos embates eleitorais dos anos 30. Surge a Liga Eleitoral Católica, preconceituosa, santarrona, opondo à clareza das razões objetivas na seleção de correntes e de nomes a serem apoiados, o nebuloso da opção *ex informata conscientia* tomada de empréstimo à doutrina religiosa, a obstar liminarmente qualquer pedido de justificativa racional das preferências declaradas.[7]

Dissemos que a clareza do quadro político polarizado não ia além da aparência. A consideração corre por conta da máxima bem conhecida de que os extremos se tocam. E como se tocavam os dois polos aparentes que estamos visitando, naquele ano-chave de 1937!

Deixemos de lado a política e enveredemos pela arte, para chegar a uma evidência mais instantânea do que procuramos mostrar aqui. Tomemos a arte moderna. Ainda em luta por se afirmar sobre as lágrimas das academias destronadas. Que pensavam sobre a nova tendência os dois chefes – chefe era bem a palavra da moda – as duas individualidades que dividiam a atenção do mundo, da Europa à Ásia? Que diziam Hitler e Stalin sobre a nova arte? "A arte moderna é uma invenção da cultura soviético-judaica", rosnava o Führer desde Berlim, pela poderosa agência Transocean, nossa conhecida do capítulo quinto. De Moscou, Stalin rebatia: "A arte moderna é uma invenção da burguesia intelectual antiproletária". O mesmo diapasão de linchamento de uma tendência de vanguarda. O mesmo apego pelo chavão cuidadosamente fabricado por comunicadores, em detrimento da palavra espontânea que ilumina. O mesmo dar de ombros para o individualismo. Para a iniciativa pessoal inovadora. Toda a lenha queimada no altar do coletivismo anônimo nivelador. Acomodatício. Alérgico ao risco da saliência.

Está aí o retrato de toda uma época, necessariamente rasgado em dois pedaços – ainda que ambos imantados de autoritarismo – em que, à "ditadura do proletariado", bandeira de luta da linha vertebral da ANL, escondida por trás do biombo romântico da "formação de uma ampla aliança pela libertação nacional, incluindo os operários, camponeses, intelectuais e a pequena burguesia", opunha-se, mais em aparência que no essencial, a profecia de Plínio Salgado, chefe da AIB – herdeira do ativismo da Ação Social Brasileira, da Ação Patrianovista Brasileira, da Legião Cearense do Trabalho e do Partido Nacional Sindicalista – de que o Brasil "vai para o estado integral, para a unidade absoluta da pátria, para a concepção cristã e totalitária da vida", pisando sobre os escombros resultantes da "extinção das oligarquias, dos regionalismos, da hediondez da política dos estados".

No plano militar, o farol da ANL piscará o olho para inferiores e oficiais de patente modesta, a cartilha da AIB reservando seu fascínio para coronéis e sobretudo generais. E será na onda dessa cisão política do Exército entre postos baixos e altos da hierarquia que aparecerá, pelas mãos dos primeiros, daqueles *tenentes* que vinham de uma ação particularmente buliçosa entre os anos de 1924 e 1927, o que se professou de mais incendiário nas propostas da corrente de esquerda.

Foi então que a ANL esquentou ao rubro o discurso contra o imperialismo, exigindo a suspensão do pagamento da dívida externa, clamou pela encampação de empresas estrangeiras, propôs reforma agrária geral, as terras devendo ir para as mãos dos trabalhadores rurais, defendeu o mais largo associativismo trabalhista e popular, timbrando na tese de que o fascismo representava a ameaça internacional mais séria às liberdades públicas democráticas. Foi então – resume um estudioso da quadra aguda – que a ANL "buscou mobilização popular em massa".[8]

As organizações populares de fundo messiânico também não seriam deixadas de lado na ação política insuflada pela outra face da moeda: o estado policial existente pré e pós Estado Novo. É onde se contam as histórias dos beatos José Lourenço Gomes da Silva e Severino Tavares, condutores de experiências de colonização imoladas a ferro e fogo, com perda de grande parte de sua gente, no altar das teocracias a que tinham dado vida com sacrifícios de toda ordem: Caldeirão dos

Jesuítas, no lado cearense da Serra do Araripe, e Pau de Colher, no Riacho da Casa Nova, Bahia, cerca de dez léguas para Petrolina, Pernambuco, respectivamente.

Lourenço, um negro reconhecidamente disposto para o trabalho, mãos cheias de calos, encarnando por inteiro a divisa beneditina do *ora et labora*, deixa a Paraíba natal, na energia dos vinte anos, e se fixa no Juazeiro por volta de 1890, atraído pelo prodígio da beata Maria de Araújo, de 1889. Vendo no padre Cícero a figura de Deus na terra, recebe deste todo apoio para trabalhar, antes e depois de ter sido escorraçado dos campos de Baixa d'Anta, que arrendara um deserto e transformara em área agrícola modelar. Em meio a mais um dos violentos ataques de ira do prefeito de fato do Juazeiro, Floro Bartolomeu, Lourenço se vira acusado de culto religioso totêmico, em torno de um touro de raça zebu com que o padre o ajudara no empreendimento, sendo obrigado a deixar Baixa d'Anta, com sua gente, sob ameaça de morte, em dias de 1925. No ano seguinte, o padre o encaminha, ainda uma vez cercado das ovelhas militantes, para uma das muitas propriedades que costumava receber em doação, um fim-de-mundo pedregoso e vincado de grotas, nada de chãs, conhecido como Caldeirão dos Jesuítas, nos contrafortes da serra que domina o Cariri.

Dando asas ao ideal de evangelizar pelo trabalho – com que cobria piedosamente os passos de São Bento, vale repetir – Lourenço leva dez anos para domar os campos selvagens do lugar, organizando meticulosamente seus seguidores, a Ordem dos Penitentes, na linha da propriedade coletiva das fontes de riqueza econômica. Todos de preto, disciplina duríssima, ascetismo absoluto, ao estilo dos padres-mestres de outrora, à frente Ibiapina.

Em 1936, quem varava a porteira do Caldeirão deparava-se com um quadro urbano amplo e calçado com pedras, presentes todos os elementos de arquitetura necessários à boa ordem do empreendimento. Estavam ali a igreja; o cruzeiro, de testa; a casa-grande ou *estação*; a *casa dos padres*, porta conservada aberta para a hierarquia da Igreja; o paiol; os caldeirões de pedra; o cemitério e as moradias do povo. Dois açudes distribuíam vida. No auge da experiência, a vitoriosa cidade de Deus regurgitava com cerca de cinco mil agregados, vendendo produtos e serviços, arrendando mão de obra excedente a sitiantes vizinhos, convertida em pomar. Laranjeiras, limeiras, limoeiros, jaqueiras, mangueiras, abacateiros, mamoeiros, bananeiras, coqueiros e cafeeiros, para não falar do básico, do algodão, do feijão, do milho, do capim, da palmatória, tudo aclimatado ali com perseverança digna dos cristãos das catacumbas. Sem mexer com ninguém. À sombra de Deus, ao que cuidavam os obreiros sem nome, sem rosto, atados a anonimato perfeitamente medieval.

A poesia sertaneja empregaria superlativos para traçar-lhe o perfil de homem superior, na palavra de José Bernardo da Silva, com o folheto *A Santa Cruz do Deserto*, de 1935:

O beato José Lourenço
No trabalho, é um leão
É um Jó na paciência
No saber, um Salomão
É um Daniel na fé,
Um Moisés, na oração.

Não se pode distinguir
Este beato quem é,
Eu digo que é um homem
De ânimo, coragem e fé,
Humanitário profundo
Em conselhos, um Noé.[9]

Não lhe acudiriam as virtudes exageradas pelo poeta. Para não ir longe no relato, depois de missões de espionagem seguidas de ameaças de dissolução à força, o reduto é atacado por uma pequena volante de polícia do Ceará, de apenas dezoito soldados, a 9 de maio de 1937, espalhando-se os penitentes pela serra do Araripe, para os lados da Mata dos Cavalos e do Curral do Meio. Porque a volante teve quatro mortos no ataque, o comandante entre estes, um famigerado tenente de polícia do Ceará, abatidos a golpes de foice, a população tangida do Caldeirão finda por ser metralhada por três aviões do Exército, deslocados especialmente para o Cariri pelo ministro da Guerra, general Eurico Gaspar Dutra. Cem mortes se registram como resultado da incursão aérea, aproximadamente. Lourenço escapa, com mais uns trinta dos seus, e é amparado por admiradores no município de Exu, Pernambuco, onde morrerá na cama, como bom cristão, somente em 1946, confirmando não ter alimentado propósitos de luta em qualquer tempo.

Severino Tavares, ou um outro dos acólitos de Lourenço de temperamento menos tolerante, foge com o grosso da irmandade para o sul, terras do noroeste baiano próximas a Petrolina como vimos, tomando por novo reduto o lugar Pau de Colher, onde vem a ungir quatro beatos locais para auxiliá-lo: Senhorinho, Ângelo Cabaça, Quinzeiro e José Camilo. Aí, no meado de janeiro de 1938, serão alcançados por uma coluna de veteranos da polícia de Pernambuco a serviço do Governo Federal, recheada com a flor dos militares endurecidos na luta de anos contra o cangaço, e dizimados, cacimba do reduto envenenada, moradias incendiadas, depois de dois dias de combates absolutamente sem quartel. As mortes elevam-se a 400 penitentes.

Contra espingardas de caça, pás, estrovengas, enxadas e foices, a volante pernambucana emprega, além dos fuzis alemães Mauser tradicionais, duas armas automáticas de última geração, uma destas a metralhadora de mão norte-americana Thompson, carregador circular de cinquenta tiros, capaz de despedir oitocentos projéteis por minuto.[10]

Vendo as nuvens de chumbo se fecharem sobre tantas cabeças menos pecadoras, Benjamin procura sair de cena. Refugia-se no Recife, hóspede da matriarca dos Elihimas, dona Wadia, e do primo Francisco, na casa nº 579 da Avenida Rui Barbosa, bairro das Graças.

De 5 a 9 de fevereiro, brinca o carnaval, esbaldando-se ao som do *Mamãe eu quero*, sucesso imediato de Jararaca. Segue o corso em carro de capota arriada, sob nuvens de confete e serpentina. Como bom recifense adotivo que se considera, dança no Clube Internacional todas as noites. E escapa de ser atropelado pelo bonde da Rua Nova na quarta-feira ingrata. Culpa da cerveja, confessa ao sobrinho Aziz.

Notas e referências

1. Aziz Francisco Elihimas, entrevista ao Autor, Recife, 1990 a 1992; Antônio Afonso Albuquerque, entrevista ao Autor, Fortaleza, 1979.

2. A *Nota*, Rio de Janeiro, apud O *Povo*, Fortaleza, edição de 12 de abril de 1937.

3. A *Tarde*, Salvador, Bahia, edição de 10 de dezembro de 1937.

4. Lourival Coutinho, O *general Góes depõe*, p. 347. Francisco Brochado da Rocha, A *Constituição de 1937*, p. 7.

5. Gilberto Freyre, Inimigo da gente de cor, in *Crônicas do cotidiano: a vida cultural de Pernambuco nos artigos de Gilberto Freyre*, p. 136. Exagero de Gilberto, notoriamente desafeto de Agamenon? A palavra a Luís Delgado, professor catedrático da Faculdade de Direito do Recife e secretário de Estado de 1934 a 1937, em seu livro *Carlos de Lima Cavalcanti: um Grande de Pernambuco*, p. 122 "Contrariando embora certas bem fundadas fórmulas, ele [o Estado Novo] trouxe, por algum tempo, antes de se desacreditar, uma tranquilidade que seria injusto esconder. Em Pernambuco, no entanto, singularizou-se pela perseguição política e pela truculência administrativa. Aos vícios do sistema de mando pessoal, acrescentou-se a particular capacidade de ódios e de vinditas de que era portador o seu representante no Estado". Agamenon chegou mesmo a ter o nome arrolado pelo serviço secreto inglês, em março de 1942, dentre aqueles que dificultavam as ações de segurança levadas a efeito contra agentes e simpatizantes do nazismo em Pernambuco, segundo Stanley E. Hilton, *Suástica sobre o Brasil*, p. 265.

6. Frederico Pernambucano de Mello, *Tragédia dos blindados: a revolução de 30 no Recife*, p. 49 a 50, passim. Dizíamos ali: "O fazendeiro, herói social na visão das forças políticas do perrepismo, e a fazenda, tomada por esses conservadores como o lar do brasileiro por excelência, cediam passo à ascensão da pequena burguesia urbana, e até mesmo da casa de vila operária, desde que o herói metido nela fosse o urbanita. Vem daí a distorção que, apoucando a vida rural ao extremo, pela recusa dos meios necessários à qualidade de vida, e deificando, com a outra mão, a existência em cidade, à qual não negava tais meios, permitirá a formação das megalópoles brasileiras do presente, consideradas por tantos verdadeiras bombas de pavio aceso". Valem aqui as indicações de leitura constantes da nota 5 do capítulo sexto.

7. José Almino de Alencar, Deus está nos detalhes, *Revista Brasileira*, Rio de Janeiro, fase VII, ano XV, nº 60, julho a setembro de 2009, p. 158 a 160; Frederico Pernambucano de Mello, *Guerreiros do sol: violência e banditismo no Nordeste do Brasil*, p. 337-8.

8. *Diário de Pernambuco*, Recife, edição de 29 de julho de 1937; Dario Canale, Francisco Viana e José Nilo Tavares, *Novembro de 1935: meio século depois*, p. 30, 64 e 124, passim. A disposição da ANL de se lançar em busca da mobilização popular em massa está no agudo O *movimento tenentista: intervenção militar e conflito hierárquico (1922-1935)*, de José Augusto Drummond, p. 264.

9. Boa síntese da história de vida de José Lourenço acha-se em Nertan Macedo, *Floro Bartolomeu: caudilho de beatos e cangaceiros*, p. 49 a 61, especialmente por transcrever o testemunho erudito e penetrante de José Alves de Figueiredo, frequentador do beato, famílias amigas, publicado originalmente no jornal O *Povo*, de Fortaleza, edição de 7 de junho de

1934. Para uma apreciação travadamente acadêmica, reveladora, em todo caso, da linha predominante nas ciências sociais brasileiras sobre episódios do tipo, ver Luitgarde Cavalcanti Barros, *A terra da Mãe de Deus*, p. 299 a 305. A história do beato José Lourenço está em todas as biografias escritas sobre o padre Cícero. Os versos panegíricos fomos colher em Tarcísio Marcos Alves, *A Santa Cruz do Deserto*, p. 105. Por lapso, Tarcísio altera o nome do poeta José Bernardo da Silva, o bem conhecido cordelista e editor do Juazeiro, além de amigo íntimo do beato, colocando em cena um estranho José Bernardo Batista.

10. Marilourdes Ferraz, *O canto do acauã*, p. 469 a 481 e 491. Além de transcrever documentos essenciais, Marilourdes se baseia nas memórias de seu pai, o coronel da polícia de Pernambuco, Manuel Flor, subcomandante da coluna que moveu o ataque. Que a despeito da condição de sertanejo do riacho do Navio e de veterano da repressão ao cangaceirismo, considerava o combate verificado no Riacho da Casa Nova o mais encarniçado de que participou em qualquer tempo. Do antigo soldado rastejador da polícia de Pernambuco, Oseas Rodrigues da Silva, o Nego Oseas, baiano de Chorrochó, ouvimos histórias pavorosas sobre o desmanchar em sangue do reduto do Pau de Colher. Oseas participou do combate principal, dia inteiro de fogo, em que foi tomada a cacimba do arraial, ponto único de abastecimento sob o sol causticante.

CONVERSANDO COM CANGACEIROS

A brisa, a planta, a folha, a rosa, o fim,
a brasa, a vela, a dança, a nuvem, o ar,
a vaga, a ilha, a selva, o lago, a cinza,
o promontório, a pluma, o voo, a asa,
a forma, o Sol, e novamente a brasa,
a voz do amor, o cósmico marfim.

A *Oriental Safira*, 13ª sextilha

Novamente secretariado pelo jovem Aziz – o sobrinho postiço com quem já vimos ter sido muito pegado – Benjamin Abrahão distrai o juízo, chegada a quarta-feira de cinzas, ocupando-se do que está à mão. Da papelada que trouxera da missão sertaneja, socada na tranqueira de viagem. Repassa a caderneta de campo, os apontamentos curiosos que colhera das conversas com Lampião e outros cabras no sossego do coito, consolando-se com o pensamento de dar início ao livro com que acenara para a imprensa, tão logo fosse possível.

Sobre os pés de pau da caatinga, por exemplo, o cangaceiro lhe ditara uma lista comprida de nomes. Alguns conhecidos. Outros, menos. De uns poucos, jamais ouvira falar. Juazeiro não é sertão. Está mais para brejo. Mas não havia dúvida: a relação seria um ponto de partida importante para o livro. Afinal, a vegetação é farmácia, fonte d'água, de alimento, obstáculo à penetração do litorâneo, policial ou cobrador de impostos, e trunfo para a ocultação necessária. Do sertanejo em geral e dos bandos de cangaço, em particular. Confere a escrita. Está tudo nas páginas da caderneta miúda, na seção "matas", nomes arrolados na ordem em que os foi ouvindo no acampamento, tudo em português, inclusive o conteúdo dos parênteses que cravou: angico, quixabeira, juazeiro, baraúna, jucá, umbuzeiro, pau-ferro, aroeira, catingueira, sipaúba, pereiro, freijó, sassafrás, sacatinga, cedro, mucunã (cipó), bom-nome, salgueiro, marmeleiro, pau-d'arco, bálsamo, umburana, barriguda, embira, calumbi, rama-branca, jurema, jurubeba, mororó, rasga-beiço, rompe-gibão, pau-piranha, caroba, feijão-brabo, faveira, maçaranduba, tingui, quinaquina, pau-santo, oiticica. Os "espinhos", essenciais para a composição do ambiente natural da caatinga, também estão lá: xiquexique, mandacaru, coroa-de-frade, quipá, facheiro, macambira, caxacubri (agreste), alastrado, rabo-de-raposa. E as "palmeiras", por fim, duas apenas, alegria dos macacos que lhe comem a carne dos coquinhos: ouricuri e catolé.

Ao lado da embira, um registro em árabe: "fio para corda". Irrepreensível. Do mesmo modo, o calumbi se vê associado a "assobio, apito". Quem sabe não quis assinalar que a madeira se presta para a lavra de bons apitos para a caça. Chamas de rolinha, de lambu, de codorna. A rama-branca, que "não há no Oriente", guardaria semelhança com o "pé de azeitona".

Está aí o perfeito inventário vegetal declarado pelo capitão-mor do cangaço em conversas espichadas. Empirismo de vida inteira. Revelador de um chamego pouco menos que panteísta do guerreiro com as espécies que o cercavam. Junto às quais ia buscar alimento, remédio, proteção em geral nos momentos de paz e de guerra. Estão aí o angico, adstringente e cicatrizante poderoso; o rompe-gibão, também conhecido por bom-nome ou carrasco, de infuso precioso nos males do fígado, rins, bexiga e no controle da tensão arterial, madeira indicada para pilão, pião, canga e estaca, e de que se extrai um carvão apreciado; o pau-piranha, defensor das vias urinárias; o feijão-brabo, a oferecer os melhores palitos para a higiene da boca, alvos e flexíveis, a raspa moída e atritada do juazeiro dando complemento à limpeza como pasta de dentes, sem esquecer seu papel no combate à bronquite; o sassafrás, valioso contra o sarampo; a umburana, de efeito diurético apreciável e madeira sem rival para a lavra de gamelas e colheres; a quinaquina, com emprego eficiente nas sezões e febres em geral; a jurubeba, aliada do fígado desde sempre; o mororó, vermífugo poderoso, além de purgativo e purificador do sangue; a mucunã e a macambira, a darem socorro ao sertanejo na seca braba com massa de toxidez aliviada pela lavagem em muitas águas, a primeira, à segunda, bromélia de espinhos terríveis, cabendo oferecer uma farinha grosseira extraída da raspagem da "sapata". Cardápio de emergência de que fazia parte também a farinha de bró, esmigalhada do ouricuri. Por fim, a quixabeira, de uso certo para acudir ferimentos de bala e de faca, traumatismo, contusões em geral, diabetes, e ainda como tônico, verdadeira farmácia de portas abertas na chã da caatinga, serventia louvada em "laudo médico" delicioso pelo repentista alagoano Joaquim Jaqueira, ainda no século XIX:

> Quixabeira é um pau santo
> Engorda bode e *oveia*
> E o cabra que leva peia,
> Se tomar chá do entrecasco
> Desse mato abençoado,
> Engorda e fica corado,
> Vira o homem do lugar...
> Sem ser preciso tomar
> Nenhum remédio de frasco!

A ele se atribui também uma quadrinha entoada no riacho do Navio desde a seca pavorosa de 1877, em se gabam as virtudes de duas ordens de proteína consideradas inesgotáveis nas caatingas oceânicas daquele tempo, uma destas, a macambira:

O povo da Fuloresta
Por seca, não se arretira,
Porque tem o refrigério
Do preá e da macambira

Dentre as árvores mais conhecidas da área seca do Nordeste, nativas ou que se ambientaram ali, fica de fora da lista apenas a craibeira. Sem que se possa atinar com o motivo da omissão por parte do cangaceiro. Presença importante na caatinga, nenhuma outra a ultrapassa no porte. Certamente também não na beleza, sobretudo quando se cobre de ouro na despedida da quadra das chuvas, fins de julho, emendando com agosto. É a maior árvore do sertão. Esperta em dar linha na margem de rios secos, onde sempre se conserva alguma umidade, casca boa contra febre, boa também para abrigo de papagaios e araras na reprodução, madeira insuperável para fundo de canoa do rio São Francisco – por ser a única resistente à ação de broca do gusano, um molusco daquelas águas – além de fonte à mão para um fogo de boa quentura. Útil para tudo. Benjamin não lança na caderneta porque o capitão não declara. Injustificável. Estranha premonição do cangaceiro sobre a fonte da sombra em que se dará sua morte meses à frente, poderão pensar os mais crédulos nessas coisas do encantado. A barraca de Lampião foi armada pela vez derradeira ao abrigo de um desses gigantes verdes do sertão...

O sírio lembra-se bem do dia em que o capitão lhe atendera a indagação e enumerara, um a um, os ferimentos que recebera no jornadear do cangaço, tudo lançado na caderneta, memória de jato, sujeita a deslizes: "1919 – ferimento a bala no braço e na virilha, ambos transfixantes, no Taboleiro, município de Conceição do Piancó, Paraíba, com tratamento conduzido por médico, doutor Mota; 1924 – ferimento a bala no dorso do pé direito, transfixante, na serra do Catolé, município de São José do Belmonte, Pernambuco, tratamento médico a cargo dos doutores José Cordeiro de Lima e Severiano Diniz;

1926 – ferimento a bala na omoplata, leve, no Tigre, município de Floresta, Pernambuco, com tratamento caseiro; 1930 – ferimento a bala no quadril, leve, no município de Pinhão, Sergipe, tratamento também caseiro". Cochilo apenas na primeira das datas, sabido que a encrenca do Tabuleiro não se deu antes de fins de 1920.

Vêm a seguir as cidades que o bandoleiro conhecera por bem ou por mal, conservadas a ordem do ditado e a nomenclatura de época: "Bahia – Queimadas, Bom Conselho, Tucano, Cumbe, Ribeiras; Sergipe – Capela, Aquidabã, Dores, Saco do Ribeiro, Boca da Mata; Alagoas – Mata Grande e Água Branca; Pernambuco – Triunfo, Belmonte, Custódia, Cabrobó e Leopoldina; Paraíba – Cajazeiras e Souza; Rio Grande do Norte – Mossoró".

As ribeiras baianas declaradas seriam a do Pombal e a do Amparo, que lhe conheceram os passos notoriamente. Assinale-se a perspicácia de omitir cidades que frequentava disfarçado, sob a proteção do chefe local, a exemplo de Bom Conselho, Pernambuco. Ou Propriá, Sergipe. Ou mesmo Aracaju, pelas mãos do coronel Hercílio de Brito. Seria esse o motivo da omissão completa de lugares do Ceará?

Os dois registros seguintes parecem corresponder ao desejo do chefe de averbar para a história passagens de que se orgulha. Momentos de brilho especial de sua estrela de comandante. "Lampião foi cercado em 1931, no Pau-d'Arco, município de Uauá, Bahia, pelo tenente Menezes, com noventa praças, sendo sete, com metralhadoras. A força recuou, deixando os dezessete cangaceiros saírem do cerco, morrendo um soldado e ficando dois, baleados", reza o primeiro. As "metralhadoras" da menção – na verdade fuzis automáticos Hotchkiss repassados pelo Exército para as polícias estaduais havia cinco anos – de que os soldados de Manuel Campos de Menezes dispunham em quantidade surpreendentemente elevada no episódio, começavam a exigir mais da cabroeira em armas naquele início de década.

O segundo registro: "Em Curral dos Bois, Bahia, também em 1931, Lampião cercou o sargento Deomelino, da volante do tenente Arsênio, com vinte cangaceiros, na fazenda Lagoa do Mel. A força era de 21 soldados, com o sargento, morrendo onze praças. O sargento morreu. O tenente recuou". Em outro ponto, a frase parece encerrar um lamento de Lampião quanto ao destino sumário do coiteiro que lhe fornecera as posições para o ataque, atraiçoando a força de polícia: "José Pretinho, preto, foi queimado". Mas não logo. Primeiro foi "pendurado num pé de pereiro, próximo à povoação de Varzinha, morto e esquartejado".

A prisão de Volta Seca, de que a imprensa se ocupara ruidosamente em 1932, não deixa de merecer registro: "Volta Seca foi preso pelos irmãos Adão e Artur, civis, na fazenda Barro Vermelho, município de Santo Antônio da Glória, Bahia, e foi entregue à polícia".

O chefe cangaceiro mostra isenção de ânimo surpreendente ao reconhecer a ação policial efetiva de José Lucena de Albuquerque Maranhão, comandante-geral das forças volantes alagoanas na ocasião do depoimento, mesmo sendo um de seus maiores inimigos, a quem atribuía a morte do pai no primeiro dos anos que menciona. "Major Lucena combateu Lampião de 1921 até 1929, deixando o Estado de Alagoas livre de bandidos profissionais e de criminosos", recolhe o sírio na folhinha amarela, quase a se desmanchar. Não pode ter deixado de perceber que o depoente não se escala em quaisquer dessas categorias, não se reconhecendo como bandido profissional ou como criminoso, vendo-se, isto sim, na condição tradicional e bem mais elevada de cangaceiro. De entidade do cangaço, para ser mais preciso no reproduzir a autoimagem dos chefes de bando. A surpresa de Benjamin ante o reconhecimento de mérito que Virgulino concede ao desempenho militar de algoz por tantas vezes declarado inimigo figadal – a segunda figura mais odiada, no estribilho de queixas, abaixo apenas de José Saturnino – o leva a confirmar em árabe ao pé da declaração recolhida: "Foi Lampião mesmo quem disse isto".

A mesma cisma quanto à existência de possível canal à sombra, a amortecer, de algum modo, a intensidade da relação de ódio que se controvertia ruidosamente entre o chefe cangaceiro e o comandante militar alagoano havia quinze anos, parece ter tomado conta do rabiscador muitos meses antes do registro acima, ainda no ano de 1935, como resultado da observação que faz da entrada em Mata Grande do oficial famoso, "no dia 12 de julho", a bordo do "automóvel de chapa 988-Alagoas", depois de cruzar as caatingas mais perigosas do Nordeste, de Santana do Ipanema acima, no rumo do poente, com passagem obrigatória por lugares empestados de cangaceiros, a exemplo dos ermos de Maravilha, Poço de Trincheiras, Olho d'Água do Chicão e

Capiá, na companhia tão somente "dos auxiliares, capitão João Fernandes, tenentes João Bezerra e Anacleto Marinho, e sargento Pinajé".

Em que se confia o comandante de todos os *macacos* do sertão de Alagoas, para além da coragem proverbial, ao se permitir viajar com segurança tão exígua, parece indagar o anotador incansável, apalpando um tipo de questão que findaria por levá-lo à morte. A suspeita não era nova. Surgia aqui e acolá, dando conta de uma suposta *entente cordiale* celebrada na caatinga entre a polícia de Alagoas e o chefe cangaceiro. E que, a ser procedente, com base na cisma de Benjamin, incriminaria do mesmo modo o comandante supremo da corporação, coronel Teodureto Camargo do Nascimento, um oficial superior do Exército, que transitava pelo sertão da mesma maneira despojada, segundo depõe em livro Valdemar de Souza Lima. "Vi-o, por vezes, cruzando, quase sem escolta, a zona convulsionada, sujeito a cair, de um instante para o outro, nas malhas da *gang* sanguinária", eis o testemunho visual do memorialista de Palmeira dos Índios.[1]

O que Teodureto e Lucena tomavam em conta como cálculo exato é que o Lampião do meado dos anos 30, já quase de todo um frio homem de negócios em quem os traços espontâneos do cangaceiro à antiga pouco restavam, nenhum interesse teria em conturbar uma situação que lhe era de todo em todo favorável. Favorável ao seu rendoso Cangaço S/A. De maneira que nada de gesto espetacular, como seria a morte de um comandante. O que, de resto, interessaria apenas à produção dos poetas de cordel. Mas essas questões o leitor encontrará esmiuçadas no capítulo final, surpreendendo-se de ver como o grande cangaceiro evoluirá, em poucos anos, da condição de combatente ferrenho das estradas de rodagem, para a de beneficiário da modernidade irreversível do transporte rodoviário, para avançar um exemplo.

Sobre oficiais em serviço volante, ao menos um registro de outra natureza se mostra claramente incriminador: o que envolve o capitão Liberato de Carvalho, também do Exército, a serviço da polícia da Bahia, tendo chegado ao comando geral da chamada repressão ao banditismo em seu Estado, depois no Nordeste inteiro, atingindo o generalato no final da carreira. Está lá: "Liberato, o comandante, matou um policial para que os companheiros deste não se levantassem contra ele". É fato à sombra na história do cangaço, mas que foi objeto de comentários pelo sertão, sobretudo nos arredores de Jeremoabo, onde ficava o comando das volantes, findando por estourar como denúncia pelo jornal *A Tarde*, de Salvador, a 9 de abril de 1934. A vítima, um soldado volante de Pernambuco, contratado pela polícia da Bahia, certo José Marinheiro, natural de Arcoverde, teria se insurgido contra o atraso de sete meses no pagamento do soldo aos provisórios e se levantado contra o comando, à frente de dezessete companheiros. Todos presos naquela cidade, Marinheiro teria sido retirado do xadrez pela madrugada e "sangrado como um porco", no afã de afogar o motim, como alarmava o jornal. Lampião não perde a oportunidade de mostrar que muitas vezes o soldado se vê levado a agir como cangaceiro. Que a lei do sertão podia contagiar até mesmo um isento oficial do Exército. Para revelações desse tipo lhe serviriam os ouvidos e as mãos de Benjamin.

Não perde a deixa para debochar da credulidade do tenente Arsênio Alves de Souza, no episódio que vimos. Ao lado do nome deste em português, lê-se em árabe: "O que foi enganado por José Pretinho, que destroçou sua força na Bahia".

Uma nota lírica quebra o cinzento das demais, ditada a Benjamin por Corisco, ou pela mulher deste, Dadá: "Realizou-se o batizado do filho de Corisco em Santana do Ipanema, Alagoas, a 25 de janeiro de 1936, sendo padrinho o padre Bulhões e madrinha, Nossa Senhora". O registro em português sofrerá retificação de data em árabe, páginas à frente: "O filho de Corisco foi batizado mesmo no domingo, 26 de janeiro de 1936".

Outra nota, também ingênua, dá a medida da admiração dos subordinados por Lampião: "Os cangaceiros debulham as cartucheiras, espalham as balas e formam o nome do chefe". Carinho que se estende ao lugar-tenente do bando: "Os cangaceiros penteiam os cabelos de Luís Pedro e de sua mulher, enquanto este lava os dentes". E novamente sobre o chefe, projeto de imagens, ao que parece: "Lampião dormindo, acordando, lendo, lavando a boca e trabalhando em uma bata, na máquina de costura". Um registro poético: "Noite de luar na caatinga". Teria conseguido filmá-la?

Há um rol de "perguntas para Lampião", dezesseis no conjunto, todas em árabe, a exemplo da que motivou a declaração sobre os ferimentos. A maior parte não mereceu resposta, ou esta se extraviou.

Muitas páginas da caderneta se perderam, não custa repetir. Confirmam o propósito do interrogante em escrever um livro, como alardeou pela imprensa. Giram em torno do "coronel João Nunes"; de Ângelo Umbuzeiro, indagando "se este teria passado pela cadeia durante a viagem"; do "irmão Antônio"; da "viagem a Mossoró"; da "ida ao Juazeiro"; de "quantos matou"; de "como terminou Sabino"; de "mortes feitas pela tropa e jogadas sobre os cangaceiros"; de "oficiais de polícia que o perseguem". Todas previsíveis. Algumas muito circunstanciais, como a que pede notícias de Moita Braba, convalescendo de ferimento. Outras enigmáticas: "sobre o padre que vive perto do rio". Ou sobre "a sua doença", indagando "se já deixou esta vida". No árabe popular, é comum registrar a cessação de algum mal de saúde dizendo que este deixou a vida. Seria sobre a afecção recente na vista que restava ao cangaceiro, a pergunta lançada?

Não é de estranhar a indagação sobre Ângelo Umbuzeiro, patriarca da ribeira do Navio, ligado às famílias principais dos campos quase sem-fim que se espalham derredor da antiga Caiçara dos Órfãos, depois Betânia, a leste do município de Floresta, sangue misturado de Menezes, de Ferraz, de Nogueira, de Gomes de Lima. Homem aguerrido, atuando como chefe de cangaço por períodos, assim lhe impusesse o aparecimento de questão. Nada de desaforo para casa, no melhor estilo navieiro. Na paz, situado desde novo com fazendas de criar, cuidava de traquejar as reses em soltas, mangas e currais bem feitos, em meio a amigos fiéis, gente de sangue no olho, irmanada pela bebida em comum das águas do São Brás e do riacho do Meio.

Lá um dia de janeiro de 1900, chega à porta do patriarca uma grande força de polícia comandada pelo tenente Joaquim Frederico Soares, cercado da fama de ter saneado à bala e pranchadas de sabre os municípios de Pesqueira e Alagoa de Baixo, hoje Sertânia, a partir de 1898, limpando-os de criminosos. Chegara a vez de Floresta, declara o tenente a Ângelo, seguindo-se o convite para que este acompanhasse a força para indicar os principais redutos de cangaceiros do município. Ante a negativa compreensível, o convite se transforma em voz de prisão. O detido é montado em um burro choutão, seguindo encabrestado ao cavalo de um soldado, sob vigilância estreita. Durante o trajeto, alguém comete a injúria de amarrar umas galinhas na carona da sela do velho. Que reclama e é espancado, sofrendo o deslocamento do queixo. Com um lenço em volta do rosto, e ainda na companhia das galinhas, chega à fazenda Ema, onde o tenente entra em confabulações com o proprietário, o major da Guarda Nacional João Gregório Ferraz Nogueira, que se alarma com o quadro.

Atento àquela humilhação de todo em todo inaceitável à luz dos padrões da terra, durante a ceia, boquinha da noite, em meio a travessas de cuscuz, tapioca, batata-doce, farinha de milho torrada, dos coalhos adoçados com rapadura e do café quente invariável, o major julga de seu dever servir ao chefe da volante um prato amargo: "Seu tenente, vosmecê não sabe com quem buliu!". O tenente sorri e blasona: "Ah, major Nogueira, o sertão todo por onde viajo sabe que não aliso homem nem ando com fumo para dar à caipora". O fazendeiro quase desanima, mas volta à carga, agora sombrio: "Talvez que as emboscadas da família já estejam na frente...". Não viria assim tão logo o cumprimento do vaticínio. Mas viria.

A 18 desse mesmo janeiro, parentes e amigos da vítima se reúnem para deliberar. Nesse ponto, a cena transcende da história e invade a sociologia política, a confirmar que nosso país não foi colonizado pela Coroa ou pelo Altar, mas pela família patriarcal, como timbrava Gilberto Freyre. E vem a ser dessa expressão mais ilustre de poder ancestral, reintegrada de súbito nas prerrogativas avoengas que um dia delegou à instância pública em formação, que partirá a sentença de morte contra o agente do Estado. O braço em armas da família injuriada não tarda a dar cumprimento ao acórdão rude, sendo de quatro membros dos Menezes e dois, dos Umbuzeiro, à frente de catorze cangaceiros de confiança, quando não mesmo parentes, o grupo de vinte homens, dos melhores da ribeira, arvorados em carrascos.

Quando cavalgava nas pedreiras do São Brás, a 17 de fevereiro, o tenente leva um tiro de longa distância no ouvido. Explica o disparo caprichoso a crença espalhada no sertão de que o militar fazia uso de uma cota de malha de aço, não adiantando alvejar-lhe o peito. A força debanda. A cabroeira risca em cima. E arrebata das mãos do tenente o primeiro rifle de repetição Winchester de que se teve notícia no Pajeú. Que vai para as mãos de Ângelo Umbuzeiro como traço palpável da reparação moral absoluta, e logo é dado por este a um sobrinho muito estimado: o cangaceiro Cassimiro Honório, que estivera à frente da ala de cartucheira e chapéu de couro. Em décadas de elaboração mítica, a alma vingativa do povo da ribeira se encarregaria de amarrar umas galinhas ao lado do corpo sem vida do tenente Frederico.[2]

Compreende-se que Benjamin ansiasse por essa história para seu livro. Nada mais emblemático das relações de poder no sertão primitivo. Nada mais relatado de pai para filhos, netos e bisnetos na ribeira do Navio, de que se fez processo-crime circunstanciado na comarca de Floresta, onde se conserva. Viremos a página.

Pela posição na caderneta, parecendo referir-se à operação de socorro ao subchefe Sabino Gomes, baleado no fogo da fazenda Piçarra, noite alta de 26 de março de 1928, há registro bem-composto, parte em português, parte em árabe: "Estavam com Lampião, e seguiram com ele, Vicente Feliciano, Luís Sabino, Moreno, Português, Chiquito Nunes e João Paulo, para as Abóboras". Trata-se do feudo do coronel Marçal Florentino Diniz, encravado nos municípios de Triunfo, Pernambuco, e Princesa, Paraíba, de quem o baleado era filho natural, e João Paulo, um dos administradores. Depois do nome de Luís Sabino, afilhado do ferido, vem o registro de seu tipo: cafuz. Em favor da coerência do arrolamento, lembrar que havia um Moreno no bando na ocasião, certo Manuel Antônio, irmão de Cocada, como havia um pouco conhecido Português, o primeiro, primo de Jararaca. Sobre Vicente Feliciano, vulgo Rio Preto, reproduzamos o perfil curioso que lhe traçou esse mesmo Jararaca, em depoimento publicado pelo jornal paraibano A *União*, de 26 de junho de 1927: "Negro velho sarado, da Paraíba, valente e acostumado a receber balas nas alpercatas e não entrarem".

Tão inacreditável quanto a façanha de levar Lampião a desenvolver nada menos que uma performance publicitária em torno do cartaz de Cafiaspirina, como ficou visto no capítulo sexto, é a medição detalhada que Benjamin consegue fazer do corpo do grande cangaceiro, e sumária – compreensivelmente – no de sua mulher, Maria Bonita. Toda a habilidade do sírio novamente se vê à prova e passa no teste galhardamente. Examinemos os dados, lembrando não haver indicação mínima do modo como as medidas foram colhidas: "Lampião – peito: 98; canela: 23; batata da perna: 35; comprimento da perna: 83; arco: 39; altura: 1,74". Logo em seguida: "Altura de sua mulher – 1,56".

Não parece haver dúvida quanto a ter sido o centímetro a unidade empregada. Não haveria razão para ser diferente. Peito, canela – que parece referir-se a tornozelo – e batata da perna estão em português claro, e guardam coerência entre si quanto às medidas apontadas. As demais indicações estão em árabe. De maneira que subsiste dúvida quanto ao que desejou dizer com a palavra estrangeira que corresponde literalmente ao nosso vocábulo arco. A extrapolação biológica nos remete ao diâmetro do pescoço. Seria compatível com as demais medidas. Harmônico.

Um metro e setenta e quatro centímetros, eis finalmente a altura confiável do capitão Lampião, a ingressar na história passados 74 anos de sua morte e 114, do nascimento. Dados de que se ocuparão os esotéricos. Em plano menos nebuloso, a medição confirma o que nos disse certa vez o coiteiro Manuel Félix, quanto a ter sido o chefe de bando "homem de pouco corpo". Vazado, lazarino, falto de carnes, delgado de talhe e de membros, nos seja permitido traduzir a apreciação poética do velho protetor de cangaceiros. As fotografias não dizem outra coisa.

A indicação da altura de Maria Bonita não destoa da que sugerem os dois vestidos que deixou para a posteridade. Ao contrário: ambas as peças a confirmam com a precisão possível. Resta sem uma palavra de esclarecimento apenas o modo como a medição foi levada a efeito nas condições limitadas da caatinga, como alertamos acima, sem que nos seja dado exigir as cautelas próprias de um gabinete de antropometria, no particular. Seria pedir além do razoável a quem estava fazendo tanto pela história da região com o auxílio de uma simples fita métrica, ao que podemos supor. Por se tratar de instrumento à mão na caixa de costura de ambos os mensurados. Importa, isto sim, além de recomendar a cautela natural de ciência na recepção dos dados, à luz das circunstâncias em que foram colhidos, antever que a façanha de Benjamin irá irradiar-se doravante sobre biografias do cangaceiro escritas por tantos autores – e sobre aquelas em elaboração, de modo especial – impondo revisões. Não há indicação mais eloquente sobre a essencialidade da aventura desse investigador verdadeiramente das arábias. Uma aventura por vezes empinada em missão de ciência.

Dois registros não inteiramente claros, mas a não ficarem à sombra no mosaico sertanejo que o sírio vai montando, parecem dar conta de crueldades praticadas por índios. De possíveis restos de rodeleiros teimando em viver entre o nordeste da Bahia e o Pajeú pernambucano, núcleo do orgulhoso sertão de Rodelas, a se afunilar outrora até o Piauí; ou de cariris ou quiriris, em Mirandela; ou de caimbés, em Maçacará; ou ainda dos temíveis pancararés, na orla do Raso da Catarina, que o sertão ainda abrigava depois das tantas dizimações levadas a efeito pelo colonizador branco. Difícil saber. Os registros farão sentido para as famílias vitimadas, a essa altura do tempo? Garrafa ao mar: "Eugênio Macário, Lagoa da Moita, Jeremoabo, Bahia, seus filhos, Antero e Manuel, foram espancados pelos índios até morrer". O segundo: "Queimada do Milho, município de São Paulo, Sergipe, nove índios molestaram até a morte um menino de dezessete anos chamado Aymuth". São Paulo hoje é Frei Paulo. O nome da vítima sugere que seria índio também. Fica a angústia de Benjamin diante dos acontecimentos. E a comprovação do quanto se espalhou nas andanças do período, pois que segue daí para Carira, no mesmo Estado, onde dorme "em casa de Miguel José dos Anjos, a 28 de outubro de 1936", entrando na Bahia no dia seguinte. Um viageiro insaciável.

Por fim, sob o título "Para o livro", sete passagens mais longas, anotadas inteiramente em árabe, caneta de tinta negra, não mais a lápis, confirmam ainda uma vez que o projeto da publicação não era brincadeira. É onde se acha o cerne da memória que deixou. Por cima de reflexões pessoais e de registros nem sempre claros da atividade a que estava entregue, prevalece um conjunto de denúncias candentes, recolhidas principalmente das conversas com Lampião e seus homens, que a paciência da tradutora Adélia Alliz vai desvelando à nossa curiosidade, sob o crivo de segurança posterior de Amin Seba Taissun, professor de árabe. Vamos examiná-las:

> *A bebida, a fome, a miséria, a diferença entre a terra, as árvores e os povos, sua alimentação, sua maneira de viver. A terra, que tem nela o inverno e o verão. A cidade, sua grandeza vem da luz. As estradas. O telégrafo. A balança do algodão. Outras coisas que acontecem no interior. Os soldados matam o povo do interior, queimam-nos e levam seu gado. Compram fiado, roubam as moças e perseguem as senhoras casadas. Alguns deles cobram resgate. Dão nos pobres e, dos ricos, sabem de coisas, mas não lhes*

fazem nada. Os ricos, os mais poderosos, descontam nas costas dos mais fracos. Os pobres abandonam suas casas e seus trabalhos sem razão, porque os soldados os obrigam a assim proceder. Os grandes da terra querem que os pequenos abandonem a terra.

Sobre os muitos abusos praticados contra os sertanejos, o desterro a pulso dos mais humildes em especial, encontramos registros em pontos esparsos da caderneta que lhes servem de abono. "Segundo chassi, 1° de fevereiro de 1936, uma cena e meia – o povo pobre retirado da caatinga para uma povoaçãozinha, Capiá", um destes. Outro: "A família de João Andrade, de Riacho do Olho d'Água, Mata Grande, Alagoas, em retirada para o Chicão, por ordem do tenente João Bezerra, a 3 de junho de 1935". Outro mais: "Força do tenente João Bezerra, Alagoas, levando presos os homens de onde os bandidos estiveram". Ou: "Homens trabalhando na estrada de rodagem entre Candunda e Caboclo, Pão de Açúcar, a 25 de julho de 1935, guardados pela polícia, não recebem diária, somente a boia". Outro, ainda: "Notícia dos bandidos perto de Maravilha, Alagoas, 11 de agosto de 1935 – paisanos e soldados seguem com urgência em perseguição, montados em cavalos requisitados aos paisanos na feira". E este, por fim: "Uma família sendo retirada para a povoação, a 25 de junho de 1935".

No quadro do despotismo das forças policiais, um comandante de volante dispunha do poder de desterrar famílias inteiras, sem ouvir a quem quer que fosse, decretando-lhes a perda súbita do patrimônio de toda uma vida. Com o apoio do superior, ia além, chegando a despovoar áreas completas de uma ribeira. Roças abandonadas. Gado ao léu.

Voltemos ao relato, em sua segunda passagem, intitulada "os inimigos", uma catilinária não menos pungente:

Os grandes botam capangas em vários lugares. Compram terrenos baratos, algodão e outras coisas. Suas amizades da cidade servem para que se enriqueçam do comércio. É preciso mudar os tenentes e algumas pessoas da terra onde têm inimigos. Os soldados matam as gentes sem razão. E enviam telegramas para o governo dizendo que mataram um cangaceiro. E o governo promove a sargento o soldado que faz isso.

A terceira parte mantém o diapasão:

Tem gente no interior que tem medo de andar atrás dos cangaceiros, apesar de subordinada aos tenentes e ao governo. Porque os cangaceiros danificam os bens e matam seus parentes. Na divergência entre a polícia e os cangaceiros, os soldados que têm inimigos no interior, matam-nos e dizem que eram amigos dos cangaceiros. Os soldados levam as armas do povo, boas armas, e as vendem para outros. Os soldados vestem-se como cangaceiros. Compram punhais grandes, fiado, e não pagam. Comem gado, carneiro, e a maioria não paga. Os soldados ordenam aos parentes dos cangaceiros que abandonem suas terras e sumam. Os soldados matam diante do povo.

Segue-se uma parte com o título de "na Bahia":

Os tenentes não pagam aos soldados seus vencimentos e, por isso, os soldados hoje são outra coisa que não policiais. Tem tenentes que recebem dinheiro dos cangaceiros. Os tenentes fazem negócios com pessoas ricas para que as escondam, e estas dão dinheiro aos tenentes. Os ricos, a grande gente, fazem medo aos pequenos para que guardem com eles o dinheiro e o resultado do trabalho: algodão, gado e outras coisas. Os soldados pedem aos pequenos que lhes deem notícias de cangaceiros. Depois disso, os soldados dizem tudo aos ricos para que os cangaceiros matem os humildes.

A quinta parte, sem título, não inova:

Os soldados, quando desejam matar alguém que sabe de alguma coisa entre os soldados e os cangaceiros, mandam-lhe recado para vir até os arredores da cidade porque "o tenente o mandou chamar". No caminho, os soldados matam o homem e espalham a notícia de que os cangaceiros o mataram.

A sexta parte revela isenção. Mostra a violência do outro lado. Sugerindo o final óbvio de um delator, sem precisar declará-lo:

Em Campo Formoso, Bahia, a cinco léguas da fazenda onde estavam os cangaceiros. O doutor mandou telegrama dizendo para os soldados que os cangaceiros estavam no terreno dele. E que podiam vir persegui-los. Os soldados estiveram na fazenda. Os cangaceiros levaram o dono da casa, de noite, para lhes mostrar o caminho.

A parte final resenha o filme. O título, bem longo, não promete outra coisa: "O filme que eu mandei no sétimo mês, em 1936":

Corisco, sozinho e com sua mulher. Atirando, sozinho. Andando no mato com seus companheiros. Palavras para o jornal: Elias com sua mulher e com um outro. Enoque anda com Elias no mato, com os companheiros. Lampião com o jornal A Noite. Rezando, no domingo. Matando a vaca e estendendo a carne. Queimando os ossos da vaca. Distribuindo com os homens os remédios do Rio de Janeiro. Fazendo as tendas. Acamando folhas de árvore nas tendas para dormir. Matando de frente e pelas costas. Lampião no cavalo com luneta, com dois companheiros. Um, sozinho, com a mulher penteando o seu cabelo. Com Luís. Outro, puxando o punhal e mostrando o caminho e as montanhas. Um deles chegando para avisar que os soldados estão perto. Lampião dá ordem para eles irem ver e recolher os feridos. Juriti, alegre, mostrando o chapéu de Lampião.[3]

Que o leitor não se alarme: o "matando de frente e pelas costas" é cena que existe. Que sobreviveu para a história em película de boa qualidade. Mas não vai além de simulação. Com Lampião e Luís Pedro à frente, uma fração do bando avança atirando freneticamente em direção à câmera. E recua, atirando de costas, arrastando Gorgulho, convincente no papel de ferido. O ar de galhofa dos simuladores é perceptível.

Está aí o núcleo da memória colhida por Benjamin, não custa repetir. Ou talvez se possa dizer com maior precisão: do que restou desta, porque há indícios de páginas arrancadas na caderneta, também já o dissemos. Tudo em árabe de caracteres muito bem desenhados, nesse núcleo assim candente. Cautela compreensível ante o despotismo das forças policiais. Memória do que viu nos sertões do nunca mais, como diria o poeta, com os olhos que a terra há de comer. E memória do que ouviu, caderneta à mão, encostado nas figuras principais da corte reinante na caatinga em 1936. De um Pancada, de um Moderno, de um Corisco, de um Luís Pedro, de um Canário, de um Português, de um Moita Braba, de um Gato, de um Lampião. Histórias de vida, mescladas com racionalizações de desculpa, tecidas no tempo sem relógio de um sertão ainda pouco devassado. Memória bruta, a ser lida com toda cautela. Sobretudo pelo historiador. Não é tudo.

Por sobre os problemas próprios de toda tradução, em que o domínio virtuoso das duas línguas parece não bastar – o produto podendo ressentir-se da falta de familiaridade com os dados circunstanciais de espaço e de tempo por parte do tradutor – estamos diante do mais direto conjunto de denúncias sobre as iniquidades presentes na sociedade rural em que prosperou o cangaço. Um quadro de Goya. De Guéricault, por vezes. Tanto mais valioso quando não se esgota no tema da crueldade policial – que é velhíssima, como disse Gustavo Barroso em 1930, repetindo observação de Henry Koster de 1816 – porque enquadra a ação do agente da ordem como peça no exercício dos direitos, costumes e práticas da elite patriarcal estabelecida no sertão desde o último quartel do século XVII, responsável pelo extermínio progressivo dos inúmeros ramos da nação tapuia, gulosa no reivindicar datações de sesmarias, com que se disseminaram os currais de gado finalmente civilizadores, e revestida de poderes por meio de patentes de capitão-mor outorgadas pela Coroa. A radiografia do mandonismo no Nordeste nada tem de opaca. E não se deixe de acrescer ao quadro a resultante econômica dramática que o enchia de sombras por fim. A palavra a uma vítima. O sertanejo O. Florêncio escrevia para a *Gazeta de Alagoas*, de Maceió, denúncia publicada na edição de 3 de dezembro de 1937, em que punha a nu o lado econômico desse mal-estar crônico que se abatia sobre os residentes da caatinga:

> *Se Lampião, de um lado, os espreita para o traiçoeiro bote, do outro, o receio de ser tido como coiteiro os apavora. Resultado: descem para o pé de serra ou para a rua, onde ficam a estiolar-se as energias que significavam riqueza e fartura para os municípios. A consequência do êxodo atinge em cheio o comércio. O reflexo não demora a chegar à capital. E a situação é essa que se vê, de crise, de quase miséria, em pleno mês de safra.*

Benjamin, um estrangeiro alheio à herança que impregna o homem da terra – e que o deforma por vezes, levando-o a tomar partido sem examinar as razões – veste-se de uma isenção que lhe permite atiçar os cangaceiros para que deponham sobre suas próprias condições de vida, amarguras, ressentimentos, razões de luta, destampando um mundo quase irrespirável de injustiças sociais. Nesse sentido, ele recoloca a questão no centro da cena em que se controvertem imemorialmente as motivações para o cangaço, chamando de volta a quantos no Brasil se filiaram à tradição do individualismo romântico, aplicada ao tema por Schiller, em 1781, com o drama *Bandidos*. De forma tão arrebatadora que, "em vários pontos da Alemanha, muitas associações de rapazes se formaram com a intenção de ir viver no fundo das florestas, e tornar-se juízes e punidores de uma sociedade culpada", como constatou Enrico Ferri. Tal a força da saga do capitão Carlos Moor, pintada por Schiller, apresentado com seu irmão e lugar-tenente Francisco, e os "cabras" Spielberg, Ratzmann, Schufterte, entre outros. "Eu não sou um ladrão, não manobro nas trevas contra pessoas adormecidas, não me introduzo em casa delas furtivamente. Dou o mal pelo mal, e a vingança é a minha profissão", bate no peito o chefe Moor, no quarto ato, cena final. Estava cunhada a fórmula do bandido desculpável em meio a uma sociedade culpada. Atraente caminho romântico que as notas em árabe de Benjamin certamente irão reconduzir à mesa das ciências sociais, ao que estimamos.[4]

Não é de estranhar que o perfil traçado pelo então jovem poeta alemão tenha-se convertido em "modelo de todos os retratos de bandidos, quase inteiramente convencionais e românticos, que pulularam nos dramas", ainda uma vez nos mostra Ferri. Ao que arriscaríamos apontar, lista inteiramente aberta, como correspondências brasileiras de realce, em graus distintos de intensidade da bandeira ética desfraldada, o romance *O Cabeleira*, de Franklin Távora, de 1876; o também romance *Os Brilhantes*, de Rodolfo Teófilo, de 1895; o romance de costumes *Os cangaceiros*, de Carlos Dias Fernandes, de 1914, e os dramas *Lampião*, de Rachel de Queiroz, em cinco quadros, de 1953, e *Cabeleira aí vem*, de Sílvio Rabelo, com a mesma estrutura, de 1965. Todos esses autores tomariam as notas do sírio como subsídios valiosos à argumentação que desenvolveram, caso as tivessem conhecido.

Para o adensamento das nuvens que pairam ameaçadoras sobre o projeto de Benjamin, há de ter contribuído a mudança na visão do oficialismo sobre o Rei do Cangaço. De bem-visto aos olhos do Governo Federal na República Velha, por ter-se apresentado aos agentes de Artur Bernardes como voluntário na caça à Coluna Prestes, como vimos, Lampião passa a malvisto no período Vargas, desde quando, sem nem mesmo tomar conhecimento, vem a ter sua legenda apropriada pela Aliança Nacional Libertadora. A partir de março de 1935, entra a efervescente ANL a se declarar "herdeira da tradição revolucionária brasileira", reivindicando, como "precursores" de sua ação extremada, a "Antônio Conselheiro, mártir do assalto federal a Canudos nos primeiros dias da República Velha", e ao "cangaceiro Lampião". Ícones imantados de fúria que a ANL opõe aos valores e vultos bem-comportados que inspiram, do outro lado, a Ação Integralista Brasileira: os jesuítas, os bandeirantes, a civilização tupi, o publicista Rui Barbosa, o duque de Caxias, confessando-se devedora da tradição católica do Brasil, o que a leva a escolher como lema o conhecido "Deus, pátria e família". Bonomia fingida contra que a esquerda levanta de pronto um encapelado "Pão, terra e liberdade", na guerra de *slogans* berrados em comícios e assembleias, ao ritmo dos punhos agitados em pedra. Não esquecer que a ANL terá vida brevíssima, caindo na ilegalidade antes de que findasse o mês de julho de 1935. Ela e os signos do jacobinismo caboclo que desfraldara.[5]

De todo modo, é menos a antipatia dos que ascendem em 1930 quanto a símbolos de insurgência nativa, que as providências unitaristas adotadas pelos homens de Vargas no sentido de derrubar a todo custo a autonomia federalista de que gozavam os Estados, oriunda do espírito da Constituição de 1891 – exacerbado no quadriênio Campos Sales, de 1898 a 1902, pela chamada "política dos governadores" – que irão levantar obstáculos ao banditismo. Abalando essa autonomia passo a passo, no afã de banir as oligarquias da cena política nacional, até chegar praticamente a extingui-la em 1937, o governo da revolução perseguia dois objetivos que se revelariam indiretamente importantes para a extinção do clima social favorável ao cangaço. O primeiro destes, dizendo respeito à relativização do valor da fronteira interestadual, aliada decisiva da criminalidade por conta dos embaraços político-jurídicos que opôs sempre à ação policial, enquanto que o segundo de tais objetivos desdobrava-se na esfera intraestadual, minando, corroendo e, a partir do Estado Novo, espatifando a inviolabilidade do latifúndio, fator criminógeno identificado de longa data, e combatido, com vigor mais retórico que efetivo, desde os tempos de ministro da Justiça do conselheiro Nabuco de Araújo, no Segundo Reinado, portanto.

Por outro lado, quando voltamos a atenção para o segmento tenentista que esteve fervilhando nos passos iniciais do movimento tornado poder em 1930, para daí a pouco se ver engolido pela autofagia saturnina peculiar às revoluções, e retornar sublimado em ideário norteador da vertente mais pura da ação de Getúlio Vargas – sobretudo no chamado Governo Provisório, de 1930 a 1934 – não podemos deixar de refletir sobre o que disse Virgínio Santa Rosa, um dos bons cronistas da corrente política cultivada nos quartéis: "A essência do movimento tenentista consistiu no seu papel ligado ao processo de ascensão da burguesia brasileira, em luta contra o absoluto domínio exercido pela classe latifundiária".[6]

Aí nos acode a pergunta que há de ter assaltado os grandes donos de terra do Nordeste: como seguir em frente acoitando cangaceiros, e destes se beneficiando em coações ao eleitorado, em demonstrações violentas de poder e mesmo em transações comerciais rendosas – Lampião pagava proverbialmente bem aos seus sócios e fornecedores – se o reduto patriarcal já não se mostra mais inviolável e qualquer sargento de polícia se sente forte para atravessar-lhe a porteira?

Notas e referências

1. Valdemar de Souza Lima, *Lampião e o IV Mandamento*, p. 16.

2. O processo-crime sobre a morte do tenente Frederico acha-se no arquivo do Fórum de Floresta, Pernambuco. Informações adicionais devemos a Napoleão Ferraz Nogueira, também de Floresta, neto do major João Gregório, da Ema, e a José Guilherme de Lima, da antiga Gameleira do Buíque, hoje Vila Moxotó, de Buíque, Pernambuco. Ulysses Lins de Albuquerque tangenciou o tema no livro de memórias *Um sertanejo e o sertão*, p. 44-5. Assim como Jorge Luiz Mattar Villela, em *O povo em armas*, p. 159 a 161.

3. Caderneta de campo de Benjamin Abrahão, coleção do Autor, Recife. Tradução das partes em árabe: Adélia Alliz, Recife. Filha de Bechara Sales Asfora e de Emilia Ananias Asfora, naturais de Jerusalém, Palestina, Adélia Bechara Sales Asfora nasce no Recife a 27 de janeiro de 1923. Por casamento com Abrahão Carlos Alliz, nascido em 1900, também na cidade de Jerusalém, e vindo para o Brasil em 1918, vem a tomar o nome de Adélia Asfora Alliz. Cercada de árabes nativos, Adélia cedo se interessa pela língua de origem de sua família, que passa a dominar graças a lições recebidas das pessoas mais preparadas da colônia. Seus pendores para a leitura e para a composição de textos a levam a publicar dois livros: *Moedas e desejos: crônicas de viagens*, Recife, Dep Graf Emp Jornal do Comércio, 1965, e *A saga na serra*, Recife, Ed Bagaço, 1999. A supervisão de controle da tradução atribuímos ao professor de língua árabe Amin Seba Taissun, também professor de Direito Internacional Público, igualmente radicado no Recife.

4. Gustavo Barroso, *Almas de lama e de aço*, p. 55. Henry Koster, *Viagens ao Nordeste do Brasil*, p. 133, passim. Enrico Ferri, *Os criminosos na arte e na literatura*, p. 91 a 98, passim.

5. Robert Levine, *O regime de Vargas: os anos críticos, 1934-1938*, p. 122; Frederico Pernambucano de Mello, *Guerreiros do sol: violência e banditismo no Nordeste do Brasil*, p. 311 a 313 e 337-8.

6. Virgínio Santa Rosa, *O sentido do tenentismo*, p. XVII.

Créditos da nacionalidade

O Tempo ao mundo vai ficando espesso,
a suave luz do mar no mar se oculta
e o canto muda em notas de aspereza,
Eneias busca a gruta de Sibila,
a precisão do Oráculo destila,
a flecha acerta Dido no arremeso.

A *Oriental Safira*, 10ª sextilha

Todo esse quadro político em evolução rápida, movido por um complexo de estratégias de verticalização do poder, de atitudes modernizadoras no plano da representação simbólica e de providências bem palpáveis na área da segurança pública, nos permite compreender como o cangaço chega à segunda metade dos anos 30 na condição de anacronismo intolerável. Estigmatizado – acertadamente, diga-se de passagem – como uma das projeções mais visíveis e perniciosas do poder oligárquico remanescente no Brasil profundo. Nesse conjunto de coisas, o filme de Benjamin punge não menos que um nervo exposto. Para o qual a Bayer certamente não tinha remédio... Uma janela aberta para alguma coisa que o governo revolucionário procurava cobrir a todo transe. Como se pode emplacar o discurso do Brasil Novo com Lampião espiando do terreiro, por trás dos óculos professorais?

De maneira que os mais bem informados, leitores dos jornais em fase das melhores da imprensa brasileira, a despeito da censura que se instalara a partir de 1935, e ouvintes do rádio, coqueluche do momento, à frente a Rádio Nacional, do Rio de Janeiro – que transmitia para todo o país, e até para o estrangeiro, em ondas curtas – não se surpreenderam com a notícia que o jornal *O Povo* deu em manchete de primeira página, com uma grande fotografia do sírio ladeando o casal real, no sábado, 3 de abril de 1937: "Não poderá ser exibido o filme de Lampião!".

No corpo da matéria, o jornal arrola todas as intervenções recentes, desde a crônica de João Jacques, de 28 de dezembro, passando pelo verdadeiro painel ilustrado do dia seguinte, enorme, ou pelo registro de 31, com a imagem de Maria Bonita. O crescendo empolgante, que agora mergulhava em anticlímax amargo. As figuras da época com as quais conversamos fizeram questão de registrar o sentimento de frustração que se apossou de todos, sertanejos ou litorâneos, à vista da notícia de 3 de abril. Mas ela estava ali, na parte final do relato jornalístico:

> *Conforme veiculou ontem o* speaker *da Hora do Brasil, o dr. Lourival Fontes, diretor do Departamento de Propaganda do Brasil, cuja repartição é subordinada ao Ministério da Justiça, telegrafou ao chefe de Polícia do Ceará, autorizando-o a fazer a apreensão imediata de todo o material do filme sobre Lampião, o qual não*

poderá ser exibido nos cinemas do país, por atentar contra os créditos da nacionalidade.

Benjamin sonhava com créditos bem mais palpáveis. Também Ademar Albuquerque, toda uma carreira em banco inglês tradicional, boas relações lá fora. Não faziam segredo quanto ao propósito de venda de cópias da película para o estrangeiro. Inclusive pela imprensa. No Brasil, a massificação da imagem do cangaço estaria a cargo da Bayer, conforme previsto. Sem prejuízo de outros aproveitamentos. Um destes, a projeção em salas de cinema de todo o Brasil. Um fato à sombra serve de abono a essa última proposta comercial ensaiada.

Passado o carnaval, estando ainda no Recife, o sírio procura Francisco Elihimas – que se recusa de pronto – em seguida, Farid Aoun, também conterrâneo e comerciante estabelecido na praça, e pede que o acompanhe à Sétima Região Militar, onde tentaria obter "uma licença do general para exibir o filme em cinemas públicos". Outra negativa. "Escusei-me por não ter conhecimento com o pessoal da farda", revelaria Aoun em livro de memórias. Benjamin não desiste. "Resolveu ir sozinho ao quartel, onde apresentou sua pretensão", prossegue Aoun. E dá o resultado da sondagem canhestra procedida sobre o universo militar: "A oficialidade exigiu o exame do filme e, ao assistir à projeção, achou que o documentário era vergonhoso para o Brasil, ficou irritada, rebentou o filme e o projetor, e Benjamin foi maltratado e detido por uma semana".[1]

Não surpreende. À frente da Região Militar achava-se o general Newton Cavalcanti, militar de linha-dura muito cortejado pelo Integralismo, um antigo e permanente chefe de escoteiros preocupado em difundir exemplos que pudessem despertar na juventude o gosto pelos temas edificantes da pátria. O mesmo se diga do coronel Amaro Azambuja Vilanova, chefe de seu estado-maior, presença quase diária na imprensa pernambucana à frente de campanha de arrecadação de fundos para a compra de um novo *destroyer* para a nossa Marinha de Guerra. Difícil dizer qual dos dois era mais ativista em favor de causas patrióticas em ebulição naquele 1937.

Quando a quadra é de adversidades, até as vitórias parecem vir em prejuízo. Dias antes do carnaval, Benjamin fora muito bem recebido pela direção do *Diário de Pernambuco*, a que levara uma proposta de contrato de exclusividade para o fornecimento aos Diários Associados de fotografias colhidas no coito de Lampião, a serem publicadas por todo o país, sempre com uma vinheta de humanização do dia a dia da existência do bando. Esse o compromisso. Nada mais original, nada mais interessante, nada mais jornalístico enfim, depois de tantas décadas de demonização do cangaço pelos veículos de imprensa. Havia pessoas, finalmente, debaixo dos chapéus de couro enfeitados, gostássemos ou não. E nada do que fosse humano se poderia reputar alheio à rudeza daqueles seres, na fidelidade da fórmula terenciana. Negócio fechado, o projeto floresce também de forma incomum: de 12 a 21 de fevereiro, com poucas interrupções, o jornal publica diariamente, com destaque, matérias ilustradas segundo a estratégia do ajuste.

Nunca o cangaço recebera massificação tamanha. Coisa que não estava acontecendo, naquela dimensão, nem mesmo com os temas quentes do momento, como a Guerra Civil Espanhola. Com os avanços da infantaria do general Miaja, ou com o voluntariado para a guerra aérea abraçado romanticamente pelo escritor André Malraux, à frente de um punhado de marxistas sonhadores. Ou com a marcha de barbáries indizíveis do exército imperial japonês sobre Nanquim e outras cidades de uma China já de crista baixa.

A 12, Lampião abre a série em alto estilo, rezando com o bando; empertigado, usando o óculo-de-alcance; sendo penteado por Maria Bonita e costurando na máquina Singer, tudo em fotografias de qualidade mediana. Coisa de amador, como era o caso. A matéria não desdenha da oportunidade de despertar a curiosidade do público sobre a película cinematográfica em preparo, "que será brevemente exibida no Rio de Janeiro e nos Estados, de perto de dois mil metros". Não fica nisso. Anuncia também um livro sobre a vida dos cangaceiros, destinado a ser "a maior e mais completa reportagem já feita em torno de Lampião".

A matéria de 14 traz o caso dramático de uma cangaceira reputada azarenta, Joana Gomes, "cozinheira e parteira de um dos bandos", condenada à morte com base na cisma. Aparece ao lado de Canário, Gato e Inacinha, na ilustração. Sua história é tragicômica. Depois de enviuvar de dois cangaceiros mortos em combate em questão de meses,

Cirilo de Engrácia e Jacaré, os companheiros concluem que dava azar. Corisco se insurge contra a sentença de morte já passada. E ela é liberada para entregar-se à polícia, o que faz em Mata Grande no começo do ano. Uma janela aberta para valores e sentimentos capazes de gerar fricções no seio do grupo combatente. Um prato irresistível para a sociedade pacífica derredor, sobretudo a litorânea. Para os compradores de jornal, no que interessava aos editores.

Os dias 15 e 16 passam em branco. A 17, o jornal se esmera na manchete: "Maria do Capitão, a Madame Pompadour do cangaço", sobre a foto de Maria Bonita que já comentamos, sentada entre os dois cachorros do marido. "Têm aí, os nossos leitores, uma pose feita com toda a dignidade cinematográfica de uma Greta Garbo, pela famigerada Maria Oliveira, vulgo Maria do Capitão, companheira do famoso bandido Lampião", diz o repórter, antes de detalhar-lhe o guarda-roupa caprichado: "Porta o seu *ténue* domingueiro, cabelos alisados a banha de cheiro, meias de algodão, sapatos *tressés* e vestido azul claro de linho". Dos cachorros, Guarani e Ligeiro, como vimos, ela confessa a queda pelo segundo, café-com-leite na cor, escuro nas extremidades. Apesar de todas as pomadas de amaciamento, o repórter fecha o texto com a advertência de que se trata da "senhora de baraço e cutelo dos sertões nordestinos".

No dia seguinte, o brinde ao leitor é a carta de autenticação do trabalho de Benjamin que já conhecemos, passada de próprio punho pelo Rei do Cangaço, e novamente publicada em fac-símile. As palavras do chefe não paravam por aí: traziam uma garantia original de exclusividade passada em favor do repórter, cobrindo passado e futuro.

A 19, Benjamin, Maria Bonita, Cristina, Lampião e Cacheado aparecem alegremente sob uma quixabeira, "na primeira refeição do dia". O jornal renova que os Diários Associados detêm a exclusividade sobre a série. Benjamin aproveita para declarar-se "sírio-brasileiro".

"Lampião: leitor de Edgard Wallace e Georges Simenon" é a manchete do dia 20, encimando fotografia do chefe sentado com um livro nas mãos. Trata-se de cena do filme em preparo, esclarece o repórter, enaltecendo o gosto do bandoleiro pelos romances policiais de maior voga no período.

Por fim, no dia 21, a série recebe fecho à altura: "Cena idílica na caatinga". Na foto, aparece o cangaceiro Salamanta, lugar-tenente do chefe e o mais antigo de seus auxiliares, recebendo os carinhos da mulher, a cangaceira Neném, que lhe arruma a cabeleira basta e rebelde.

Não é preciso fazer qualquer esforço para entrar na pele do leitor de 1937 e concluir pelo estado de excitação em que este deveria se encontrar, passados os oito dias de bombardeio constante de matérias pelo mais importante jornal da região, com dois domingos incluídos na jornada. Devia estar com o dinheiro contado no bolso para assistir ao filme dentro de semanas. O danado é que a vitória espetacular da armação publicitária veiculada pelo *Diário de Pernambuco*, vinda à luz com Benjamin detido no Exército, não podia deixar de ser creditada pelos militares na conta sombria de provocações reiteradas a não ficarem sem resposta. Não foram poucos os caminhos que desaguaram na apreensão da película. Em sua interdição completa, cerrada, inapelável.

Voltemos a Fortaleza. Ao 3 de abril. A reportagem sai à procura do chefe de Polícia, capitão Cordeiro Neto, que faz o possível para não ser localizado. Quando isso acontece, diz não ter recebido o telegrama, não podendo pronunciar-se a respeito do acontecimento rumoroso. De fato, a confirmar os tempos modernos, a notícia parece mesmo ter antecedido o instrumento formal da apreensão. Tanto mais que vinda pelo rádio, antes de se materializar em papel. Somente a 7 do mês, o *Correio do Ceará*, também de Fortaleza, estampa o telegrama fatídico:

> *Secretário Segurança Pública Estado do Ceará – Fortaleza*
>
> *Tendo chegado conhecimento Departamento Nacional de Propaganda estar sendo anunciado, ou exibido na capital ou cidades do interior desse Estado, um filme sobre Lampião, de propriedade da Aba-Film, com sede na Rua Major Facundo, solicito vos digneis providenciar no sentido de ser apreendido imediatamente o referido filme, com todas as suas cópias, e respectivo negativo, e remetê-los a esta Repartição, devendo ser evitado seja o mesmo negociado com terceiros e enviado para fora do País.*
>
> *Atenciosos cumprimentos – Lourival Fontes, Diretor do Departamento Nacional de Propaganda do Ministério da Justiça*

No dia 22 de junho de 1979, passados pouco mais de quarenta anos do episódio da apreensão do filme, estamos diante da casa térrea, de linhas arquitetônicas modestas, alvejada na cal, do já então general reformado do Exército Brasileiro, Manuel Cordeiro Neto, em Fortaleza. Do homem que só não fizera chover no Ceará dos anos 30, como secretário da Segurança Pública, chamado mais comumente de chefe de Polícia, por conta da sobrevivência da nomenclatura da República Velha. E que chegara a prefeito da capital, no auge da vida pública, honra para um menino apenas remediado, nascido no também remediado município de Russas. No bolso, uma apresentação que nos passara o diretor da Aba-Film, Antônio Afonso Albuquerque – um dos "meninos" de 1934, para quem fora criada a empresa pelo velho Ademar – a quem ouvíramos na véspera, no endereço da Heráclito Graça, no final da tarde. Em seguida a nos determos pela segunda vez – a primeira tinha sido em 1973, como dissemos acima – no conjunto de nº 650 da Rua Major Facundo, origem da Aba-Film, examinando as instalações que acolheram Benjamin, pelas mãos de seu assistente designado, e finalmente amigo, Joaquim Rodrigues de Souza. Animadíssimo com a nossa presença, "por encontrar finalmente quem se interesse por essas velharias". Suprido nos lapsos de memória naturais pela solicitude da funcionária Ondina Rocha Neves, também veterana na empresa e nossa anfitriã na primeira visita. Uma jornada de lamber os beiços para qualquer historiador. E que não se deteria por aí na estada em Fortaleza.

O general nos recebe de modo cortês, linho branco dos pés à cabeça, calça e camisa, em contraste com o tom avermelhado da pele. Cabelos lisos, alvíssimos. A seu convite, sentamos no terraço de entrada. O único da casa. Lida a apresentação, a conversa flui sem calor. De saída, declara o receio de não poder nos ajudar no volume esperado, porque "naquele tempo, a atuação das autoridades da segurança pública estava presa a determinações vindas do alto, do Governo Federal, que baixava diretrizes centralizadoras a toda hora". Ignorava, assim, o motivo real da apreensão de que se fizera executor. Mas isso, oficialmente. Dos rumores, especialmente dos que chegavam do então Distrito Federal, de colegas de farda lotados ali, sabia que o nó da questão estivera amarrado no propósito dos proprietários da película de vendê-la para o estrangeiro. "Não podia ser aceito", endurece.

E a Aba-Film "não fazia segredo de estar empenhada nisso". Propostas tomando chegada, "vindas da França e dos Estados Unidos", segundo lhe entrara pelos ouvidos. A ideia da exibição pelos cinemas, país afora, também não agradava. E estava sendo objeto de queixa da parte das corporações policiais. O filme estava na contramão do tempo, numa palavra. Um risco no cartão-postal atraente que Lourival Fontes se esmerava em pintar do governo Vargas.

Tinha também o seguinte, interrompe o general tomado de ânimo repentino, nos segurando pelo braço: "Lampião era muito pidão. Já ouviu isso? Habituou-se muito cedo a pedir tudo a todo mundo. Justificava, nos bilhetes, que o governo não deixava ele trabalhar. Pediu muita coisa a Ademar, que corria para me dizer. Binóculo, *flash-light* [lanterna elétrica de mão], pilhas de reposição, cortes de brim e de mescla, lenços de seda, essas coisas. Tudo eu autorizava. Não tinha nada demais. Até a confecção de cartões de visita com retrato dele, veja só! Benjamin era o correio. A coisa azedou quando veio o pedido de munição para pistola. Mandei parar. Que é que poderia vir depois disso, não é? Não sei como a empresa se justificou ao cangaceiro".

Sobre a película em si, aspectos que continha, qualidade, duração, saiu-se com uma resposta oblíqua: "Se nada do conteúdo do filme ficou na minha lembrança de maneira viva, é porque as cenas a que assisti, em exibição especial que solicitei, ao lado de um conjunto de autoridades, eram triviais, coisa doméstica". Considerava impossível ter visto "cenas cruéis ou selvagens, ou de situações de combate ou perigo, e não me lembrar". A confirmação de que se tratava realmente do cangaceiro – porque "podia ser uma falsificação" – veio de uma moça de Brejo Santo, cedida para trabalhos de datilografia na repartição. Conhecia pessoalmente o bandido, "que frequentava a casa do pai dela". Houve a confirmação. O general se mostra satisfeito em poder encerrar a entrevista salientando esse ponto revelador de tirocínio policial. Agradecemos e nos retiramos. Mãos quase vazias.[2]

A exibição especial a que fez referência o depoente aconteceu, de fato, no dia 10 de abril, um sábado, às cinco da tarde, no Cinema Moderno, rival do Politeama, onde estava em cartaz a segunda parte da série *Os bandoleiros do Vale do Fogo*. No Odeon, outro cinema rival, levava-se *O sertão desaparecido*. Coincidências.

De repente, a realidade crua afastava a ficção hollywoodiana e entrava portas adentro do Cinema Moderno, para ser vista pelo secretário do Interior, pelo juiz federal de Fortaleza, pelos comandantes do 23° Batalhão de Caçadores do Exército e da Força Pública do Estado, pelos delegados de polícia da capital, por número elevado de militares, pelos representantes de "jornais citadinos" e de "empresas telegráficas". E, é claro, pelo chefe de Polícia, o jovem capitão Cordeiro Neto, anfitrião da jornada.

Uma voz se alteia do fundo da sala e surpreende a todos com pregão bem sincopado, ao estilo dos *briefings* da caserna: "Quinhentos metros de filme, mudo e sem legenda". Volta à carga, depois de ouvir cochicho: "O restante, com as mesmas dimensões, ainda não está devidamente preparado". A sala mergulha na escuridão. Rola a fita. Ouve-se apenas o giro do carretel. Começa, por assim dizer, um segundo julgamento do suor de Benjamin derramado no sertão. Aberto e coletivo dessa vez. O oposto do que fora o primeiro. Acha-se ali, afinal, uma representação luzida das classes dominantes, ao crivo do capitão Cordeiro Neto.

Quem sabe aí, nessa metade jamais vinda à luz, pudesse estar contida a segunda parte do verdadeiro "sertão desaparecido". Aquela que a censura talvez tenha deixado que se perdesse definitivamente para a história, ao permitir fossem tomadas pela ferrugem ao longo de vinte anos, antes mesmo da revelação, as latas em que os rolos ficaram depositados em repartição de polícia de Fortaleza, ao que se disse. Porque a porção exibida no Moderno parece ter sido salva em grande parte, Deus louvado!

Cerca de quinze minutos de projeção – quinhentos, dos mil metros que a Aba-Film fizera praça de dispor através da imprensa – matriz acautelada presentemente na Cinemateca Brasileira, em São Paulo, a partir de cópia escondida providencialmente no laboratório de Alexandre Wulfes, no Rio de Janeiro. Bem pertinho de Vargas, por ironia. Objeto de aproveitamento em três curtas e em um longa-metragem, pelo menos, o leitor já sabe. Filmes brasileiros. Bons documentários. Com ou sem o recurso a passagens teatralizadas como entremeio. Ou a entrevistas com veteranos do cangaço e das forças volantes, como pode ser visto em produções recentes.[3]

Convém não deixar de tomar em conta, na via oposta à da lamentação que nos permitimos desfiar aqui, a imperícia que Benjamin confessou ao repórter cearense em trecho mostrado acima, dando-se como responsável, ele mesmo, pela perda de boa quantidade do produto da primeira visita a Lampião, "que se estragara em grande parte". Que passagens teriam sido perdidas nessa ocasião? Resposta praticamente impossível a essa altura do tempo, com a precisão desejável. Ao menos a reportagem sobre o combate de Piranhas pode ser chorada na lista de perdas. Como as cenas em que aparecem policiais. Ou o grosso das cenas com o bando de Corisco, das quais restou apenas o instante fugaz em que este e Dadá se apresentam a Benjamin, caderneta em punho, para que o subchefe mais famoso do bando fosse entrevistado. Constatações aproximadas, em todo caso. Nada preto no branco.

Examinemos o conteúdo apresentado para as autoridades e para a imprensa. A anotação viva feita pelo repórter d'O *Povo*, publicada na edição de 12. Cotejemos com o prometido por Abrahão em sua caderneta, passagem transcrita acima. Pode ser revelador na linha da busca de perdas. Que o leitor fará conosco. Eis o relato da tarde do sábado em Fortaleza:

> *Inicialmente, se apresenta no filme uma localidade do hinterland nordestino. Logo mais, aparece o Rei do Cangaço armado até os dentes e seguido de cerca de vinte bandoleiros, trajando a mesma indumentária de couro. Noutra cena, vê-se o bando acampado e Virgulino Ferreira, recostado a uma árvore, a ler uma edição da folha carioca* O Globo. *Como a película não é sonorizada, perde-se ótima oportunidade de ouvir a voz do chefe, em atitude exaltada, dando ordens a seus subservientes, que o ouvem em sepulcral silêncio. Um tanto alheada às atitudes belicosas do grupo, a mulher de Virgulino, também armada e cheia de joias, goza das delícias da mata, cercada de dois valentes perdigueiros. Benjamin Abrahão, o herói filmador de Lampião, apresenta-se em cena e aperta cordialmente a mão do Terror dos Sertões, em perseguição do qual as polícias dos Estados nordestinos despendem, há anos, munições e dinheiro, sem resultados práticos. Virgulino Ferreira, noutra cena, distribui cédulas, equitativamente, por todos os seus atiradores. Vem a seguir uma cerimônia religiosa campal e Lampião, seguido*

de todo o bando, faz o "em nome do Padre", em atitude contrita. A película encerra-se com um combate simulado.

O repórter não deixaria passar a oportunidade de mexer com o pessoal da censura, ironizando o motivo da apreensão da película: "Constando somente dessas passagens, não sabemos em que o filme possa ser atentatório à dignidade nacional".

O general de 1979 mostrou estar mais certo do que o capitão de 1937. Que atirou no que não viu e matou o que todos viram na sessão do Moderno: um filme politicamente inofensivo, embora dotado de valor etnográfico singular. Mas, ordens são ordens, e a autoridade pública não estava aberta a contemporizações naquele final de década de tantas sombras aqui e no mundo.

Notas e referências

1. Farid Aoun, *Do cedro ao mandacaru*, p. 164; Antônio Afonso Albuquerque, entrevista ao Autor, Fortaleza, 1979; Aziz Francisco Elihimas, entrevista ao Autor, Recife, 1990 a 1992.

2. Manuel Cordeiro Neto, entrevista ao Autor, Fortaleza, 1979.

3. Das produções recentes em documentário cinematográfico, na linha que mencionamos aqui, uma palavra seja dada sobre o longa-metragem de Wolney Oliveira intitulado *Os últimos cangaceiros*, Fortaleza, Ceará, Bucaneiro Filmes, 2011 – que referimos na nota 8 do capítulo O efeito mágico – para enaltecer a serventia histórica de ter dado voz ao casal de cangaceiros Moreno e Durvinha, de destaque no bando de Lampião. Nonagenários lúcidos, puderam esclarecer pontos importantes da história do cangaço, o que inscreve o filme de Wolney na melhor tradição arrolada na nota 11 do capítulo A morte do Padrinho, a que remetemos o estudioso.

Tempo de vaquejada

Como no palco as vozes vão subindo
e o semblante do coro vai baixando
até que da plateia chega o aplauso...
Assim sobe na morte o sol futuro
e baixa as duras pedras deste muro
quando da vida o tempo for fugindo!

A *Oriental Safira*, 12ª sextilha

A penetração formal dos sertões do Nordeste partiu de ano caprichoso, 1699, teimava o velho Capistrano de Abreu, aferrado à primeira carta régia de provimento de capitães-mores e juízes de paz na caatinga que lhe caiu nas mãos de historiador incansável. À margem do esforço de datação, não ignorava que os aventureiros de sangue no olho e os clérigos de olho na Bíblia, notadamente capuchinhos e jesuítas, tivessem devassado o espaço bem antes disso, plantando os sinais da civilização que a Igreja militante espalhava pelo mundo. Brandindo a ferro e fogo o compromisso com a expansão da fé e do Império, expresso no Padroado de 1452, que reuniu à mesa o papa e o rei de Portugal. Optando pela referência política, pelo marco oficial, o mestre cearense se mostrou fiel ao estilo do tempo em que escreveu.[1]

Por três eixos essenciais escorreu essa penetração, brotados do Recife, de Salvador e de muito, muito mais ao sul, da vila de São Paulo, então muito pobre. Desse último centro, os bandeirantes saíram empurrados pela falta de oportunidade econômica local, salvo a preação e a escravização de índios para venda a empreendedores carentes de mão de obra bruta. Depois de muito caminhar no rumo do poente, desviaram para o norte e foram escalando as vastidões pré-brasileiras até atravessar o Piauí e se fixar no Piancó paraibano, de onde se irradiaram por toda a região. Um vasto mundo deixavam para trás. E tomavam por terra de adoção a um outro mundo não menos vasto, só que mais seco. Cheio de espinhos. Uma troca do verde pelo cinzento salubre para o gado, no rastro de sorte econômica menos avara.

O movimento de penetração partido do Recife selecionou homens não menos brutais, oriundos do desemprego a que a Restauração de 1654 remetera o exército luso-brasileiro, responsável pela expulsão dos holandeses depois de quase trinta anos de guerra braba. Gente familiarizada com o sangue de massacres e de extermínios sem fim, e de adestramento necessário no uso das armas brancas e de fogo. Gente temerária, a quem o rei de Portugal, finda a guerra, procura acalmar a golpes de pena – solução bem nossa – assinando uma infinidade de doações de terras devolutas agreste e sertão adentro, vez que a mata litorânea já estava partilhada entre os senhores de engenho afidalgados, alguns descendentes de famílias aportadas aqui com o donatário Duarte

Coelho. Para se imitir na posse da terra recebida, tratam de afastar o índio ocupante em primeiro sedimento, e se metem em nova guerra: a da reocupação cruenta da caatinga pelo branco dito civilizador, em nome do cristianismo, do mercantilismo e do compromisso português de universalização desses valores, firmado com o papa. Tudo valia para premiar pré-brasileiros responsáveis pela derrota do melhor exército do mundo à época, o dos enriquecidos Países Baixos Setentrionais, junção de províncias dirigidas por políticos orgulhosos quanto ao desfraldar pioneiro de uma revolução burguesa ocorrida ainda em fins do século XVI, e que somente nos anos seiscentos lograria se espraiar por uma Europa aristocrática, quando não feudal em tantos de seus aspectos.

Foi dessa maneira que muitos pernambucanos foram deixando Olinda para trás e avançando, passo a passo, na direção da terra desconhecida, ganhando o rumo velhíssimo do Cabrobó, de onde tomaram a margem esquerda do São Francisco para subir ao arrepio da corrente. Quando deram de si, bebiam a água do Carinhanha, na divisa com as Minas Gerais. Outros, orientando-se para o norte, subiram o Pajeú até ganhar os sertões da Paraíba, a montante. O Arquivo Histórico Ultramarino, das fontes portuguesas principais de nossa memória, conserva a carta patente de confirmação de André Pinto Correia no posto de capitão-mor das Ordenanças da Freguesia e Povoação dos Rodelas, datada de 17 de outubro de 1684. Referência pioneira de data que nos permite dar um balanço na duração do rompante colonial para oeste, com as cautelas naturais. E baixar a data de Capistrano em quinze anos, à luz das investigações, também incansáveis, do historiador José Antônio Gonsalves de Mello.[2]

O terceiro eixo, ativado a partir de Salvador, por iniciativa das casas fidalgas da Torre e da Ponte, dos Garcia d'Ávila e dos Guedes de Brito, foi ganhando o vale do São Francisco, na linha do poente, até esbarrar no Piauí. Os vaqueiros senhoriais incumbidos de situar currais de gado e banir, a ferro e fogo, a agricultura incipiente que os religiosos tinham disseminado entre os indígenas. Também aqui, uma crônica de sangue descreve a afirmação da pata do boi sobre o roçado, sem que a Coroa descesse do muro em favor de clérigos agricultores ou dos assentadores de currais a serviço da fidalguia. Um alvará no cravo, uma ordem régia na ferradura.

O sacrificado da saga cruenta da penetração da caatinga foi o vaqueiro. O protagonista da contribuição mais aguda prestada à disseminação das fazendas de gado, base de futuras povoações. Herói social sem recompensa, comendo o pão grosseiro do esforço em favor do patrão distante, arejado na amenidade do litoral. Herói pobre, ao lado de outros heróis despojados que o catingueiro elegeu em sua alma simples de caboclo, a exemplo do matador de onça, do amansador de burro brabo, do cantador de viola, do cego rabequeiro de pátio de feira, do poeta de cordel. E ao lado de herói de outro tipo, este sim, rico por excelência, chegando ao perfume de França e ao uísque escocês: o cangaceiro.

O cantador Pinto do Monteiro vai ao encontro da curiosidade do leitor sobre os quefazeres do vaqueiro em seu dia a dia, aproveitando para mostrar a incompatibilidade entre o "feijão" do traquejo com o gado e o "sonho" da cantoria de viola de que foi mestre sem rival. Não exagera. As mil ocupações de que se integra o ofício do vaqueiro impuseram-lhe sempre uma vida de sobriedades extremas. Um ascetismo sem escolha. Pobreza opaca, além de tudo. Trato da mão para a boca. Existência que o aproximava do homem medieval. Muita luta e pouco samba. Mão calejada em pedra. Cachaça uma vez perdida. Ao retrato:

Ser vaqueiro é pegar touro,
Amansar bezerro e vaca,
Cortar pau, fazer estaca
E preparar bebedouro,
Comer queijo e beber soro,
Curtir couro e fazer sola,
Fazer freio e rabichola,
Tirar leite e capar bode:
Quem é vaqueiro não pode
Ser cantador de viola...

Ser vaqueiro é se ocupar de tudo quanto Pinto nos põe diante dos olhos e muito mais. "Do quebrar da barra ao sol se pôr, se internam no espinho da caatinga no afã de rastejar uma rês tresmalhada, de rever o gado de sua vaqueirice, de beneficiar um animal mais necessitado, de encurralar um boi para o marchante, de enchocalhar uma novilha amojada ou de apascentar uma vaca parida", acrescenta o olhar clínico de Oswaldo Lamartine de Faria, testemunha e protagonista amador do ofício no Seridó de seus anos verdes.

Poderia ter falado do aboio, canto dolente e sem letra na forma primitiva, que transforma o vaqueiro em psicólogo do gado, cuidando da alma do bicho no ermo dos campos, quando em viagem da manada ou na condução desta até a porteira a cada roda do sol para se pôr. Um sedativo.

Foi o ofício pastoril que se impôs sobre os demais na geração de riqueza no interior do Nordeste, notadamente sobre o plantio dizimado ainda tenro nas ipueiras, nas ilhas de fertilidade, nas vazantes de açude, nos pés de serra. Riqueza doméstica, alongada em economia de exportação vivaz com o algodão, no meado dos oitocentos. E urdida também sobre o couro do bode, no ocaso do século, ao olhar de gênio do coronel Delmiro Gouveia, suas ordens sendo cumpridas com a mesma precisão na vila da Pedra como no porto de Nova York.[3]

A quem possa tomar o ciclo do gado e do couro na conta de primo pobre em meio aos demais que sedimentaram a riqueza do país, cumpre lembrar que os ciclos econômicos do açúcar e da mineração não teriam vingado sem o aporte do couro, das carnes curadas ao vento e da energia do boi, o braço do negro podendo muito, mas não alcançando tudo.

Foi o gesto do vaqueiro na derrubada do boi com o aguilhão primitivo, a *vara de ferrão* ou *guiada* do falar dos antigos, em desuso desde fins do século XIX, ou com o tranco dado na *bassoura* da cauda do boi, a *mucica* bem conhecida – processo de derrubada que se isolou como único em nossos dias – nem sempre se livrando de pau baixo, de morrote de pedra, de tabefe de rama de espinho largada pelo *cabeceira*, que decretou a lei pecuária por toda a chã da caatinga, averbando-a no pasto comum – garantido pelo *ferro* e o *sinal* da tradição avoenga – depois nas soltas, nas mangas, nos currais, para findar dando vida a uma das mais expressivas etapas econômicas do processo de colonização. Multissecular e ainda atual nos grotões. Uma saga. Ofício brasileiro a ser preservado por seus cantos, contos, mitos, lendas, ditos, crenças, superstições, mal-assombrados, estética, culinária. Pelo aboio, pelo choro do carro de boi, pela promissória a fio de bigode, pelo tilintar do chocalho e da campainha de garupa de sela, pela reza de morte contra a bicheira do gado, balbuciada no rastro, ou para livrar o pasto de cobra, ou para curar o *nervo torto* de um companheiro, encanar-lhe o *osso rendido*, tirar-lhe o *sol da cabeça*. Até pelo silêncio dos campos varridos pelo vento, onde qualquer som é mais triste do que o próprio silêncio, como poetizou Gustavo Barroso. Campos em que o arame divisor de patrimônios somente fará sua estreia – sem convite senão do grande senhor de terras – já bem avançado o século XX, introduzindo no universo rural a noção de posse alheia. A imagem do limite, no achado não menos poético de Câmara Cascudo.

A organização daquele mundo coube aos chamados *homens bons*, aos *principais* da terra, aos capitães-mores de Ordenanças, desde os primórdios da colonização, e aos coronéis da Guarda Nacional, a partir de 1831, que não eram senão os cavalheiros mais bem sucedidos no empreendimento colonial por sua face privada, cedo hibridizados em instâncias de poder local, a um tempo, privado e público, pela habilidade de uma Coroa que se reconhecia pobre de capitais e de agentes, mas certamente não de astúcia. Não daquele pragmatismo eficiente que tantos cronistas proclamam, com inteira procedência, ter permeado os dois primeiros séculos da exploração do Brasil. Vitoriosamente hábil, essa Coroa com os pés no chão – o térreo do Paço de Lisboa era um grande armazém de especiarias – sobretudo no modo de colonizar um território gigantesco. E de se expandir em onipresença secular quase mágica, de explicação difícil para o intérprete da história ainda hoje.

O passar dos anos, aprimorando a administração pública, vai permitir ao Estado ir mostrando o rosto em todos os rincões do país, da pancada do mar ao grotão mais arredado. A morte do coronel, como linha cinzenta de utilidade secular comprovada, disposta em meio aos estratos público e privado – cevado pelas energias de ambas as esferas – estaria fadada a ocorrer pela perda natural da utilidade ainda no final do Império. Morte por inanição. Lenta. Inexorável.

Não foi o que se deu. É certo que caberá à República barrar momentaneamente os passos do coronel nos dias que se seguem à Guerra de Canudos, de 1897, de agitação a custo controlada, no afã de afirmar o poder civil sobre militares sequiosos de mando político. Um mando decaído com a cirrose fatal de Floriano Peixoto, em meio ao choro das tantas viúvas partidárias, ariscas à investidura de Prudente de Morais. Mas logo no ano seguinte Campos Sales afirma a tendência oposta, olhos voltados para a Constituição de 1891, federalista *à outrance*, descentralizadora, favorecedora da autonomia local na vida política, e arranca de artigos, parágrafos e alíneas a sua "política dos governadores", como ficou conhecida. A partir de 1898, o que se vê é o presidente da República delegar poder político quase absoluto aos chefes estaduais, e estes, aos chefetes municipais, quase todos coronéis graduados da Guarda Nacional. Contrapartida sagrada: votar com o presidente. Sem perguntas. E a República Velha vira pasto dos coronéis, a se espalharem livres de canga e corda até 1930, quando sentem o primeiro golpe com o movimento revolucionário espalhado por todo o país. Aguentam. Adaptam-se. Fingem-se de mortos, em alguns casos. E lá estão de volta com a Constituição de 1934, que põe fim ao Governo Provisório de Getúlio Vargas com uma das mãos, e o devolve ao poder, com a outra, ungido presidente constitucional por mais quatro anos. Mandato que o gaúcho de São Borja multiplicará por quatro, graças às astúcias de quem conhecia a alma humana em profundidade, sobretudo as fraquezas inerentes a esta, apenas sendo apeado a pulso da sela republicana já em dias de 1945.

O paraíso do coronel era aquele Brasil de 35 milhões de habitantes, 70% morando no campo, 60% de analfabetos, em que o presidente da República era eleito por menos de 3% dos sufragantes, é claro. Em que o voto não era secreto nem feminino. E as eleições, uma farsa. O Estado Novo, nascido do Golpe de 1937, prometia reaquecer os ideais perdidos da Revolução de 1930. Pois que se chegara, enfim, a um estado cerradamente autocrático, de feitio corporativo. Ditadura sem rebuços. Os coronéis sobrevivem. Alguns chegando a dar cartas incrivelmente até os anos 60, ultrapassando olimpicamente a redemocratização constitucional de 1946.[4]

Nos sertões do Nordeste, o poder dos coronéis esteve sempre montado sobre a pata do boi, cabendo ao vaqueiro o papel mais pesado – e certamente o mais essencial – no desdobramento vitorioso da civilização pecuária, foi dito e não custa repetir. Mas esse foi sempre um esforço sem reconhecimento, o vaqueiro ficando à sombra nas proclamações de mérito, como nas recompensas materiais. A cultura toda própria do homem encourado não merecendo mais que a sombra.

Um dos esforços de superação dessa injustiça histórica se dá precisamente no ano que estamos comentando: 1937. De uma forma curiosa. Como reflexo da disseminação dos valores mesclados do modernismo e do regionalismo entre nós, de que era um dos próceres máximos o poeta Ascenso Ferreira. Uma tomada de posição da juventude intelectual mais ativa do Recife da ocasião, à frente Ascenso, de braços dados com lideranças pecuárias do município de Surubim, no agreste de Pernambuco, celeiro de carne, leite, couro, manteigas e queijos, conseguindo trazer para a capital a primeira vaquejada de que se teve notícia por aqui. E não foi para qualquer lugar. Para qualquer várzea de subúrbio. Foi para o Prado da Madalena, da melhor tradição na cidade.

Fazia dias que um incidente bizarro interrompera os trabalhos no Tesouro do Estado, que ficava ao lado do Palácio do Governo de Pernambuco, na Praça da República, enchendo de fúria o diretor da repartição. Sem aviso, o poeta irrompera portas adentro, de volta do lanche deferido a todo servidor – ele era um destes – e soltara um aboio longo e plangente a plenos pulmões. E que pulmões! Ascenso tinha perto de dois metros de altura, cheio do corpo, metido de hábito em paletó claro de linho riscado, gravata comprida, ensebada, vozeirão de dar medo. Um chapéu de palha, abas larguíssimas, fechava a figura pelo alto. Era assim o gigante que tanta impressão havia causado em Mário de Andrade na excursão cultural de fins de 1928 pelo Nordeste. Um Adamastor que não fazia cerimônia com nada, fumando seu charuto fedorento, arrotando, soltando peido, assim lhe viesse na vontade.

A reportagem do *Diário de Pernambuco* acorre ao local, atraída pelo susto dos funcionários. A redação não ficava distante. O poeta deixa claro ter planejado todo o incidente, inclusive o socorro do jornalista amigo. Somente criando um caso conseguiria chamar a atenção da imprensa para o absurdo que estava ocorrendo no país: o do apoio que o futebol vinha recebendo da parte do governo, quando não ia além de uma coisa passageira e estranha, segundo lhe parecia. Mas que "já está sendo jogado até em Caruaru, o que para mim é uma tristeza". Mais calmo, senta, organiza o pensamento e se abre para o repórter, desdobrando toda uma plataforma de ação cultural voltada para o interior. "Como seria interessante que, em lugar desse esporte, todo de fora, cuidássemos daquilo que é eminentemente nosso, como a derrubada do boi e a apartação do gado", sustenta de seu verde-amarelismo radical. Prometia ação. Não ficaria parado. Cabia aos artistas agir como antenas do povo. Defender as tradições autênticas. A lúdica do homem do campo, herói esquecido. "Poderíamos promover, nesse sentido, reuniões interessantíssimas em nossas fazendas, o que viria a contribuir para a perpetuação dos costumes da terra, de capítulos os mais expressivos da história nordestina", acrescenta entusiasmado. O jornal publica a matéria na edição de 7 de agosto, afetando simpatia pela causa. Pondo-se à disposição dos arautos da chamada vida de gado. O *Diário de Pernambuco* aceitava a convocação, mas não se reconhecia entre os omissos. Os merecedores da crítica afobada de Ascenso. Não faltava razão à folha da Pracinha.

No começo do ano, o *Diário* estivera muito bem representado na vaquejada da fazenda Varjadas, em Limoeiro, agreste setentrional de Pernambuco, feudo do poderoso chefe político regional, coronel Francisco Heráclio do Rego, o Chico Heráclio, que tinha ali para mais de duas mil cabeças de gado, distribuídas entre raças de procedência suíça e indiana. Leite e carne. A delegação do jornal fora encabeçada pelo diretor em pessoa, o jornalista Aníbal Fernandes, e por Eugênio Coimbra Júnior, chefe de redação, homens de letras de talento reconhecido. Cronistas dos melhores da terra. Não podia ser mais luzida a comitiva da imprensa. À altura da recepção impecável dispensada aos convidados. Além do coronel Chico e esposa, recepcionavam os visitantes os irmãos deste, Antônio e Jerônimo, várias irmãs e o sobrinho Ernesto. O governador de Pernambuco em 1922, Severino de Queiroz Pinheiro, também ex-prefeito de Limoeiro, dava o nível das presenças, ao lado de Alfredo Duarte e de Lauro Montenegro, secretários da Fazenda e da Agricultura do Estado, do deputado Mário Lira, do prefeito do município, Raimundo de Moura Filho, dos senhores de engenho e usineiros Belarmino Pessoa de Melo, Alfredo e Arquimedes Bandeira de Melo, dos políticos e técnicos Osvaldo Gonçalves de Lima, Aurino Duarte, Régis Velho, Sá Pessoa, Armando Arruda e Cícero Xavier de Morais, dos empresários rurais João Borba Maranhão, Pessoa de Luna, Geneton Carneiro de Morais, Otelo Bezerra, e do futuro prefeito do Recife, Antônio Pereira de Lucena. O padre Nicolau Pimentel abençoava tudo, não se esquecendo de rezar na abertura do "lauto almoço regional", servido ao meio-dia em ponto daquele 27 de maio. Porque já às duas da tarde, estavam todos em volta da pista cercada, chapéus-de-sol abertos, leques, abanos e ventarolas a mil, assistindo às derrubadas em meio a nuvens de poeira.

O jornal publica todo o movimento na edição de 29, com duas fotografias de tamanho grande. Abria-se ali, com toda pompa, a sucessão de eventos que faria de 1937 o ano de esplendor das vaquejadas em Pernambuco. A dar como frutos palpáveis a fundação de uma cooperativa de produtores em Limoeiro, a realização de uma Semana Agropecuária e o lançamento das bases para a criação da poderosa Sociedade Nordestina dos Criadores.

Benjamin Abrahão baixa o jornal sobre a mesa do alpendre de dona Wadia, onde se refugiara mais uma vez, e se anima com a convocação lançada por Ascenso Ferreira na edição de 7 de agosto. Vê em tudo aquilo um filão. Alguma coisa com que se pegar para sair da melancolia compreensível em que estivera mergulhado desde que o filme do cangaço fora proibido no começo de abril. Melancolia atenuada em parte com a publicação a 2 de junho, ainda uma vez pelo *Diário de Pernambuco*, do artigo *O reduto do Caldeirão do beato José Lourenço*, que escrevera no intuito de lavar a testada diante das autoridades de segurança, cedendo à fraqueza de bajulá-las por meio da reprodução contra o beato da Santa Cruz do Deserto – uma figura ilibada a toda evidência – dos mesmos argumentos preconceituosos de fundo regional que tinham lastreado o processo de apreensão policial do filme sobre o cangaço. Preço da sobrevivência pública e do regresso de seu nome ao brilho da imprensa, confessou ao sobrinho Aziz.

Lourenço vem pintado no artigo de circunstância como alguém que fomentava o culto religioso ao boi Mansinho – um zebuíno de estirpe, presenteado ao padre Cícero por um coronel Delmiro Gouveia agradecido pela autorização de uso do nome do religioso na propaganda de certa linha de coser que produzia pioneiramente no sertão de Alagoas, ao que se comentava no Juazeiro – que o cronista afiança fora sempre tomado pelo beato como milagroso, e que por isso Lourenço não se cansava de enfeitá-lo com fitas coloridas do casco ao chifre, ao tempo em que residira no Sítio Baixa Danta, do padre Cícero.

Do assistente, Severino Tavares, é dito que tinha os pés lavados sensualmente pelas beatas, "mulheres e moças", sempre ao cair da tarde, durante estada de ano inteiro no povoado Caboclo, do município de Pão de Açúcar à época, no sertão de Alagoas, o líquido sendo recolhido à guisa de água-benta, remédio para males diversos e veículo de unções. Caricaturas passadas como verdades. Muito bem recebidas pelos próceres da segurança política do regime.[5]

Todo o empenho da inteligência policial em efervescência no período – seja feito o registro de complemento – voltava-se para caracterizar os focos do chamado fanatismo religioso, de modo particular os quistos do Caldeirão e de Pau de Colher, como recidivas interioranas da irrupção comunista ferida em Natal em fins de novembro de 1935, no âmbito da Intentona Comunista. Partia o pessoal da ordem política do pressuposto, nunca demonstrado de maneira cabal, de que um contingente expressivo de vermelhos tinha deixado a capital do Rio Grande do Norte, com a imposição final das armas legais, no rumo da área sertaneja, deslocamento em que foram alcançados e fustigados por jagunços a serviço dos coronéis legalistas Dinarte Mariz e Quincas Saldanha, de prestígio no Estado. Fragmentados pela ação da milícia de chapéu de couro, parte dos rebeldes tinha chegado finalmente a destinos certos no Ceará e depois na Bahia, ali vindo a ser assimilados nos tais focos de fanatismo. Disfarce e esconderijo perfeitos, cismavam os homens da lei.

Para comprovar as suspeitas alongadas em hipótese de trabalho policial, as autoridades fizeram pesquisas entre as legiões de beatos, levantaram procedências, origens, vinculações, razões de deslocamento, nem sempre se atendo à verdade no afã de comprovar a conspiração marxista que lhes tirava o sono. Em linha de ação complementar, cumpria desmoralizar as lideranças dos beatos, despindo-as das vestes seráficas e lhes grudando chifre e rabo de seta. Não esquecer que o telegrama-espoleta do juiz de Direito de Petrolina, Vulpiano Machado, de 10 de janeiro de 1938 – parece haver sempre um desses despachos de magistrado em episódios do tipo, tal como se deu em Canudos – de que resultou a pesada mobilização militar contra o arraial do Pau de Colher, não dava conta apenas da ocorrência de "grande número de trucidamentos e assaltos, com toda sorte de selvagerias", como balanço da ação dos fanáticos. Ia além na denúncia e, afetando ares de mistério, alvejava em cheio a figura máxima de inspirador de toda a militância religiosa popular na região, o beato José Lourenço, que "vem sendo, segundo informes, industriado pelo perigoso comunista Sodré Viana, aqui processado". Que mais esperariam as forças da ordem para massacrar o reduto do Pau de Colher, na manhã de 19 de janeiro?

O executor do ataque, capitão Optato Gueiros, à frente de uma coluna de noventa homens da polícia de Pernambuco escolhidos a dedo, com o apoio tático do 19° e do 28° batalhões de caçadores do Exército, e das polícias da Bahia e do Piauí, falando aos Diários Associados, desenvolvia um silogismo tortuoso para demonstrar a presença de "elementos exóticos" nas hostes beatas. Vale a pena examiná-lo: "Todos os fanáticos acreditavam que ressuscitariam. Na luta, se haviam atirado como animais selvagens, aos gritos, contra as balas dos soldados. O fato de terem fugido alguns, leva a crer que não existiam apenas fanáticos no acampamento. Estes, não fugiriam, pois não temem a morte. Antes a recebem como redenção. Daí a hipótese da interferência de elementos estranhos. Segundo ainda me informaram, havia intelectuais entre eles".[6]

Ao pingar na vertente da maledicência com seu escrito, Benjamin engrossava o esforço oficial de satanização dos humildes religiosos leigos, nos moldes do que se dera à larga em 1897, ao longo da escalada de etapas do episódio de Canudos. O artigo há de ter alegrado casernas, delegacias e carceragens. Voltemos para o começo de agosto de 1937.

Apresentando o jornal ao sobrinho Aziz, Benjamin esclarece que "uma das vaquejadas mais tradicionais é a que se dá na fazenda Barra Formosa, no Pau Ferro de Águas Belas, corrida há muitos e muitos anos", segundo ouvira de pessoas sérias do lugar. Dos velhos da terra. Se o jornal acordara para as vaquejadas, o homem certo estava ali. Era ele. Junta a troçada, bate mão do equipamento da Aba-Film, que não devolvera, e pega o trem para Rio Branco. Alcança o Pau Ferro com dois dias de viagem, graças a uma carona no caminhão da Fábrica da Pedra, que cruzava verticalmente os sertões de Alagoas e Pernambuco a cada dia, unindo a vila operária do finado coronel Delmiro Gouveia à ponta do trilho da Great Western of Brazil Railway, em Rio Branco, como vimos e não custa repetir.

Chega a tempo de se engajar nos preparativos da próxima festa de apartação e de pega do boi, prevista para o começo de novembro.

Corrida ali – importa esclarecer – com os vaqueiros "metidos nos couros" e "por dentro dos paus" da caatinga, obrigados a mergulhar nas *soltas* eriçadas de espinhos da imensa e quase selvagem fazenda Barra Formosa, do coronel Audálio Tenório de Albuquerque, conhecido de Benjamin de meses atrás, e não em pista de areia fofa delimitada por estacas de madeira, como se dera em Limoeiro. Para o homem do sertão, vaquejada era aquela e só aquela. A da mata e do agreste seria apenas uma doce "corrida de mourão", debochavam. Todos se alegram com a perspectiva de virem a figurar no cinema, à simples divulgação de que o sírio ultimava o orçamento para a filmagem da festa bruta, a ser submetido ao chefe do lugar.

Enquanto isso, em Surubim, município vizinho ao de Limoeiro, preparava-se a maior vaquejada do Estado por tradição, corrida não em um dia, mas a ocupar quase uma semana, com força para atrair encourados das sedes municipais das proximidades. De Vertentes, de Bom Jardim, de João Alfredo, e de Limoeiro, é claro, desceriam vaqueiros, ávidos por inscrever o nome na crônica do lugar. E até da Paraíba, orgulhosa dos campeadores que iria enviar do Umbuzeiro, de Cabaceiras, do Mojeiro, de Campina Grande e dos arredores secos do importante centro regional.

É a festa de Surubim que irá arrancar os vaqueiros do anonimato, da condição de uns como que artistas medievais, de identificação de obra mantida seraficamente afastada da luz, sem que sua arte merecesse assinatura, autoria definida, paternidade enfim. Era como as coisas se davam até ali, com poucas exceções. Ao aparecer no *Diário de Pernambuco* de 18 de agosto de 1937, agitando a promessa de realização entre os dias 22 a 26, a corrida de Surubim já acenava para os apreciadores com performances de *griffe*. Estilos. Prometia individualidades no desempenho do homem e de sua montada inseparável. Quer ver José Horácio? Estará lá. E Maximino? Também. E Genuíno, e Xiquexique, e Caburé, e Pinguruta, e Juvenal? Todos lá em Surubim. Não deixe de vir!

Havia ainda a promessa de conjuntos que se tinham notabilizado no tempo. De equipes. Times cheios de orgulho. O da fazenda Espinho Preto, em Limoeiro, de José Pessoa Guerra, um desses. Os cavalos saíam do anonimato da mesma maneira, expostos ao sol seus nomes sugestivos. Venha ver Cortiço, Apara-Choque, Ribeirão, Araripe, Regalia, Gaipió, Quebra-Facheiro, Espinho Preto, Carrapicho, Baraúna, Mojeiro, o jornal dava asas ao pregão tradicional em curso na mata seca e no agreste setentrional de Pernambuco havia meses. Presidente da comissão de honra: Ascenso Ferreira! Ao seu lado, como secretário, o acadêmico de Direito Paulo Pessoa Guerra, que chegaria ao governo do Estado quase trinta anos depois.

A vaquejada de Surubim suplanta a de Limoeiro no volume, sem surpresa, e se consagra como o acontecimento de maior destaque no calendário dos esportes regionais de Pernambuco. Uma festa telúrica e autêntica, como a imprensa erudita cansou de destacar, selecionadora de heróis do cotidiano no universo da pata do boi. Na civilização do couro. E que nem por ser estilizada, em comparação com a corrida aberta que tinha por palco a caatinga, deixava de se enrijecer em barreira contra a glorificação desatada do trabalhador de cidade pelo regime posterior a 1930. Tendência que vimos ter-se acentuado com a renovação de propósitos servida no cardápio do Golpe de 1937. De maneira que aqueles centauros castanhos e seus pregoeiros findam por contribuir para o equilíbrio da representação do homem do trabalho no mosaico nacional, pondo para girar, a partir do arção da sela – ou da repartição do Tesouro – o caleidoscópio getulista emperrado no vidrinho que mostrava o trabalhador de cidade. Parece haver muito de reação deliberada ou intuitiva, ou ambas, no afã de tantos em favor da vaquejada no ano-chave que estamos visitando. Como se o sertanejismo de Euclides da Cunha, que se impusera ao país de 1902 até pelo menos 1922, fincasse pé em favor da "rocha granítica" caldeada no caboclo dos grotões, reagindo, ainda uma vez, contra a ousadia "dos mestiços neurastênicos do litoral", que pareciam finalmente livres do "raquitismo exaustivo" que os condenara. Liberdade devida a Getúlio Vargas e seus ideólogos, ainda que o presidente, autoproclamado Primeiro Trabalhador do Brasil, jamais desse as costas à condição de estancieiro dos campos de São Borja.

Ascenso não espera a poeira baixar em Surubim. De volta ao Recife, trata de resenhar a festa para os inspiradores declarados de sua carreira literária, Manuel Bandeira e Mário de Andrade – o oculto, e talvez mais forte, era Gilberto Freyre, embora não houvesse simpatia entre ambos – dando conta do sucesso das festas de gado. Germinais, épicas, o homem se afirmando sobre a besta – como fizeram estilo tantos cronistas na imprensa da ocasião – criando cultura, valores, riqueza, civilização, forjando instituições finalmente, a reeditar etapas filosóficas da existência humana que Foustel de Coulanges soubera recuperar no seu *A cidade antiga*. A afirmação do *logos* sobre a relativização do *mythos*.

Não há risco em supor que uma das composições de maior seiva do poeta de Palmares, uma das mais buliçosas na alternância de estrutura dos versos, ritmopeia digna de um Gonçalves Dias, tenha chegado ao papel nessa fase de excitação pecuária. O título diz tudo: A pega do boi, publicado em 1939, no livro *Cana caiana*:

A rês tresmalhada
ouviu na quebrada
soar a toada
de alguém que aboiou:

– Hô – hô – hô – hô – hô,
Vaá!
Meu boi Surubim!
Boi!
Boiato!

E, logo, espantada,
sentindo a laçada
no mato embocou...

Atrás o vaqueiro,
montando o Veleiro
também mergulhou...

Os cascos nas pedras
davam cada risco
que só o corisco
de noite no céu...

Saltaram valados,
subiram oiteiros,
pisaram facheiros
e mandacarus...

Até que enfim...

No Jatobá
do Catolé
bem junto a um pé
de oiticoró
já do Exu
na direção...

O rabo da bicha reteve na mão!

(poeiriço danado e dois vultos no chão)

Mas, baixa a poeira
a rês mandingueira
por terra ficou...

E um grito de glória no espaço vibrou:

– Hô – hô – hô – hô – hô,
Vaá!
Boi!
Boiato!

Metido até o pescoço na pele de divulgador das vaquejadas, Ascenso bate à porta de Mário Melo, jornalista experiente, historiador dos fastos de Pernambuco, de influência na imprensa e no severo Instituto Arqueológico, Histórico e Geográfico Pernambucano, guardião máximo das tradições do Estado. Uma casa com barbas brancas que vinha de 1862. Veneranda, como tantos gostavam de elogiá-la. Mário dispunha de poder sobre a vida cultural que se agitava na cidade do Recife. Poder real, posições arrebatadas, chegando à contundência na ênfase com que as brandia sobre opositores, sem cortar caminho a polêmicas. Fosse valor pernambucano, convinha ouvi-lo ou mexer em casa de marimbondos. Pernambuco devia a ele as campanhas contra a colocação do nome de pessoa viva em logradouro público e pela mudança dos topônimos municipais para a língua tupi. Um Policarpo Quaresma recortado da ficção. Conversam sobre o tema. A afinidade é imediata. Ascenso não ignorava estar diante do mais ferrenho inimigo do futebol que já houve em Pernambuco. Para quem "o tal do esporte bretão" nunca passou de "uma cachorrada". Apoio garantido.

Sai da visita e se dirige para o *Jornal do Comércio*, rival do *Diário*, que já estava na causa desde o início, onde obtém a adesão de Waldemar Lopes, secretário de redação e sonetista apreciado. No cavaco da Rua do Imperador, depois no Café Lafayette, alicia jovens muito bem lançados na cultura e na política do Estado, alguns professores, um Nilo Pereira, um Costa Porto, um Carlos Rios, um Cleofas Nilo de Oliveira, um Israel Fonseca, um Fernando Mota. Todos na causa. Do *Diário*, faltava alguém: Gomes Maranhão, articulista de temas regionais e futuro prefeito de Aliança. Amigo de Assis Chateaubriand, condestável dos Diários Associados. Tudo resolvido. A também poderosa Rádio Clube de Pernambuco entra na linha de fogo do animador obsessivo. Tiro certeiro. Apoio de seu diretor, fundador e alma do empreendimento, o pioneiro da radiodifusão no Brasil, Oscar Moreira Pinto, rival de Roquette Pinto na conquista. Importa dizer que a Academia Pernambucana de Letras possuía em seu quadro de imortais, ou possuiria anos à frente, seis dos dez nomes escolhidos a dedo para o projeto.

Qual era o prato que Ascenso estava servindo na mesa de tantas figuras importantes da inteligência de Pernambuco, àquela altura já compostas em lustrosa comissão de apoio? A Primeira Vaquejada do Recife. Para que a capital, seduzida pelo esporte autêntico, afirmasse a pureza dos valores do interior e voltasse as costas para o esporte que não fazia segredo de ser bretão: o futebol. Todo de fora, como Ascenso gostava de repetir. Mas não havia vaqueiro nem gado no Recife, além das matrizes sonolentas das vacarias suburbanas. Chegara a hora de voltar a Surubim.

Desce do trem em Bom Jardim, município vizinho, e parte em busca do fazendeiro Jerônimo Cavalcanti de Arruda, o Jeni Arruda, que o havia impressionado pela liderança, por ocasião da corrida de

Surubim, e também por contar com facilidades que no interior são deferidas de maneira ainda mais forte ao membro de uma família tradicional. Não perde a viagem. Desafio aceito pela família Arruda, nucleada na fazenda Independência, um condomínio rural que as dimensões e a fertilidade das terras permitiam que desenvolvesse atividade rentável, atenta ao trinômio proposto por Gilberto Freyre no Congresso Regionalista de 1926: região – tradição – modernidade. O agreste setentrional de Pernambuco se projetaria sobre o Recife.

A estação de Bom Jardim amanhece ocupada por novilhos, cavalos, vaqueiros e suas vestes pesadas. O cheiro forte do couro curtido à feição tradicional, na golda do angico e da jurema preta, uma vez depilado com cinza e cal virgem, toma conta de tudo. O placar na parede assinala: 13 de novembro de 1937. Com pouco mais, o trem apita. Os homens se abalam para embarcar o gado teimoso pelas rampas improvisadas, corre daqui, corre dali, poeira subindo, suor em bicas. A experiência dos vaqueiros atenua a dificuldade que sempre há no traquejo com o gado. Mas não havia precedente na transposição de toda uma festa de gado, de um lugar para outro. Ninguém detendo o saber circense que a situação exigia, todos pagam o preço do pioneirismo. Não desistem.

No dia seguinte, o *Diário* abre manchete de bom tamanho: "A vaquejada de amanhã no Prado da Madalena". Dá os nomes prestigiosos da comissão e enaltece o esforço de Ascenso Ferreira. A festa vem a se desdobrar por todo o dia 15, com êxito completo, plateia apinhada, gibão e chapéu de couro substituindo o fraque e a cartola exigidos no *sweepstake* que a arena editava a cada ano, momento de confraternização tradicional da melhor sociedade do Recife. Quem disse que o modernismo não tem lições para os assuntos simples do cotidiano? Consagrar a prática nativa, de formação colonial secular, impondo-a sobre o resíduo de presença estrangeira por vezes pomposa ou inadequada ecologicamente, uma dessas lições. Inclusive para o traje. Como todos puderam ver no Prado da Madalena. Antropofagicamente.

Na edição de 17, o jornal destaca o papel de Jeni Arruda, em meio a três fotografias grandes com detalhes do acontecimento. Conclui batendo o martelo sobre o pioneirismo de todos os responsáveis pelo "espetáculo inédito para o Recife". A vaquejada estava promovida.

O futebol, golpeado. Esforço enorme. Alegria breve. A Copa do Mundo de 1938 aproximava-se a galope...

No sertão, por esse tempo, início de novembro – antes, portanto, do acontecimento de Surubim – uma outra façanha documental do sírio se dá sem que haja luzes para consagrar a ousadia de seu autor. A vaquejada bruta do Pau Ferro passa à história como o primeiro espetáculo do tipo a ser filmado em Pernambuco. E bem filmado: em 35 mm. A mesma câmera que devassara o cotidiano do cangaço, desnuda agora a existência do vaqueiro, no momento em que este se entrega ao seu esporte por excelência, que nada mais representa que o alongamento minimamente organizado das correrias do cotidiano. O mesmo autor por trás da cena: Benjamin Abrahão. Um homem e dois documentos cinematográficos: o do cangaço e o da vaquejada. Notáveis, ambos, sob qualquer olhar.

Dois tipos humanos de relevo no panorama da cultura da região restam captados e salvos para o futuro, em instantes expressivos de sua etnografia ainda pouco conhecida pela opinião pública do litoral. Dois heróis do povo, de sagas averbadas pela gesta, perpetuados por um herói da documentação ao crivo tardio da posteridade. Isso, para não considerarmos façanhas menos exaustivas, mas de não menor significado, como a filmagem por Benjamin, ainda no Juazeiro dos anos 20, do beato Elias arrastando a sua cruz, e dos três mil obreiros do beato José Lourenço entregues à faina, não menos que piramidal, de reconstruir com as mãos a igreja matriz. Com as cenas do cortejo fúnebre do Padrinho, sobre que já falamos no capítulo cinco, e outras colhidas diretamente pelo produtor cearense Ademar Albuquerque – que vimos ter sido o orientador de Benjamin para a atividade cinematográfica – como as da Escola Normal Rural do Juazeiro, tudo findaria enfeixado em um longa-metragem – em seis partes, como se apresentava à época – de título *Juazeiro do padre Cícero e aspectos do Ceará*, produzido pela Aba-Film para exibição pública nos cinemas da região, no ano de 1934. Importa reconhecer que alguma coisa da vida do vaqueiro do sertão já tinha recebido tratamento cinematográfico doze anos antes, precisamente em 1925, no Ceará, graças ao pioneirismo desse mesmo Ademar Albuquerque em abrir uma janela para a vaquejada no documentário institucional que dirigira para a Federal Film, em cinco partes, de título O *Nordeste brasileiro*, patrocinado pela Inspetoria Federal de Obras Contra as Secas.[7]

O *Diário de Pernambuco*, confirmando a fidelidade ao compromisso, dá conta da vaquejada do Pau Ferro na edição de 13 de novembro. Pede desculpas pela demora na publicação: a corrida se dera nos primeiros dias do mês. Compensa o leitor com o destaque que dá a quatro fotografias de cenas da festa, "feitas pelo nosso colaborador, sr. Benjamin Abrahão". Assinala ainda que se revestira de sucesso compatível com o ano de esplendor que as vaquejadas estavam vivendo por todo o Estado, "tendo acorrido à festa tradicional da fazenda Barra Formosa cerca de oitenta vaqueiros". Voltaremos ao assunto no capítulo seguinte. E porque compromisso chama compromisso, a jornada profissional de Benjamin pelas caatingas do vale do Ipanema finda por levá-lo a cruzar a fronteira de Pernambuco e a enveredar pelo agreste de Alagoas, onde uma nova missão já o esperava: a filmagem da "pega do boi na fazenda Lagoa Queimada, município de Quebrangulo, a 23 de novembro", como reza sua caderneta, ao lado do lançamento, também em boa letra, de um outro compromisso de menor porte na fazenda Riachão, do mesmo município, a 25, "atendendo a chamado do coronel Frederico Rabelo Maia".

Amizades feitas de Fortaleza aos sertões de Sergipe e da Bahia, os convites de trabalho começam a chegar à base montada no Pau Ferro. Onde dois olhos negros, redondos e doces tinham se aliado, nos últimos dias, às razões negociais de permanência do nosso homem de cinema na vilazinha progressista.

Notas e referências

1. Capistrano de Abreu, *Caminhos antigos e povoamento do Brasil*; Manuel Correia de Andrade, *A terra e o homem no Nordeste*. José Antônio Gonsalves de Mello retificou posições de Capistrano, op. cit, no opúsculo *Três roteiros de penetração do território pernambucano: 1738-1802*, cuja leitura recomendamos. O Padroado Real está em Charles Boxer, *A Igreja militante e a expansão ibérica: 1440-1770*, p. 98, passim.

2. José Antônio Gonsalves de Mello, *Tempo de jornal*, p. 108-9 e 116 a 118, passim.

3. Oswaldo Lamartine de Faria, *Encouramento e arreios do vaqueiro do Seridó*, p. 25. Sobre Delmiro, cabe a leitura de Tadeu Rocha, *Delmiro Gouveia: o pioneiro de Paulo Afonso*, e de Frederico Pernambucano de Mello, *Delmiro Gouveia: desenvolvimento com impulso de preservação ambiental*. A lição de Pinto do Monteiro fomos buscar em Normando Vasconcelos, *Cantiga de viola*, p. 38.

4. Para o estudo do coronelismo, recomendamos Vítor Nunes Leal, *Coronelismo, enxada e voto*; e Marcos Vinícios Vilaça e Roberto Cavalcanti de Albuquerque, *Coronel, coronéis*.

5. A estada de ano inteiro de Severino no povoado Caboclo é real e está documentada. Deu-se no ano de 1932. Ano de memória triste, em que se abateu sobre o sertão uma das últimas grandes secas desassistidas. Ou ainda pouco assistidas por empenhos de governo. Aldemar de Mendonça, no registro nº 217 do seu *Pão de Açúcar: história e efemérides*, dá conta dos passos de Severino e do desfecho pouco feliz da vilegiatura do assistente de José Lourenço por terras alagoanas, que tantas fez que findou preso e agredido pela autoridade policial do município, a mando de fazendeiros ainda escaldados com o episódio de Canudos, de pouco mais de trinta anos passados então. Com a palavra, o meticuloso agente de estatística do município: "É preso no povoado Caboclo, deste município, o beato Severino de tal, procedente do Juazeiro do Ceará. Na cadeia local, constrangeram-no a raspar a barba longa, que lhe dava um aspecto místico. Em liberdade, logo depois, regressou para o Juazeiro".

6. Marilourdes Ferraz, *O canto do acauã*, p. 489-90 e 497 a 499, passim; Optato Gueiros descreve a ferocidade dos combates, de parte a parte, no seu *Lampião: memórias de um oficial ex-comandante de forças volantes*, p. 147 a 157, passim, arrolando o armamento privilegiado da força legal. Na p. 170 de seu livro, Optato admite dramaticamente: "Comandei verdadeiras feras. Tínhamos o direito, às vezes, de alistar civis sertanejos, que depois, apesar de serem efetivados como soldados, nada conheciam de disciplina, nem qualquer outra instrução, a não ser o manejo do fuzil, para atirar. Uma tropa composta dessa gente, naqueles tempos, só não era o mesmo cangaceiro porque não se consentia que matassem e furtassem, mas o desejo de fazer tudo isso alguns deles tinham". Seu depoimento de época aos Diários Associados foi transcrito pelo *Jornal Pequeno*, Recife, edição de 2 de fevereiro de 1938, bem assim por Marilourdes Ferraz, op. cit.

7. O retorno de Benjamin ao Pau Ferro para cobrir a vaquejada local nos foi relatado por Antônio Paranhos, entrevista, Pau Ferro [Itaíba], Pernambuco, 1967, que o recepcionou. O mesmo ouvimos de Aziz Elihimas, entrevista, Recife, 1990 a 1992, que o acompanhou ao embarque na Estação Central da Great Western. Luitgarde Cavalcanti Barros, *A terra da Mãe de Deus*, p. 177, reproduz o cartaz da película de 1934, em que se anunciam os conteúdos apanhados sobretudo no Juazeiro coberto de sépia daquele ano. O filme O

Nordeste brasileiro está resenhado na revista especializada *A Cena Muda*, v. 4, nº 200, de 22 de janeiro de 1925, p. 4, a sinopse acenando para o público com "os usos e costumes do sertão e do litoral nortista, as vaquejadas, a pesca da baleia, a pesca em jangada". Sem omitir a joia da coroa: "A figura veneranda do padre Cícero". O filme de 1934, procurando satisfazer às pressas o clamor nacional por informações, gerado pela morte do padre Cícero, tratou de reaproveitar boa parte das cenas apanhadas em 1925.

Noite dos punhais

Se a vida foi ao homem consentida,
as coisas que as virtudes aniquilam
vivê-las plenamente todos querem...
Mas quem foi para a morte destinado
e o mais que fez fiou no já passado
a vida pouco vale em ser vivida!

A *Oriental Safira*, 20ª sextilha

O ano de 1937 estava destinado a surpreender ainda uma vez o público que acompanhava do litoral as correrias dos cangaceiros. Olhos que se tinham multiplicado nos últimos tempos, por conta da recorrência de notícias de feitio novo que o *Diário de Pernambuco* oferecera praticamente a cada dia do mês de fevereiro, filtradas de imagens e relatos vivos apresentados por Benjamin. Responsáveis, uns e outros, por lançar luzes insuspeitadas sobre a intimidade do bando de Lampião. Sobre o cotidiano surpreendentemente calmo do grupo central no ano anterior, beirando o modorrento. Aos homens em volta do capitão Virgulino restando entregar-se basicamente às caçadas de bode para o alimento do dia, o cozimento se dando sobre trempes, ou com as carnes acondicionadas em batata de raiz de umbuzeiro ocada e finalmente enterrada sob fogo de quarenta minutos deitado por cima, suficiente para resultar em guisado subterrâneo delicioso; à coleta de água nos caldeirões de pedra aflorados na caatinga, passada de grandes jarras de barro fornecidas pelos coiteiros, para os cantis, cabaças e borrachas da condução a tiracolo; à costura em pano e em couro, com emprego da máquina Singer de mesa, nos cuidados de criação ou recuperação de equipamentos; ao bordado, em cores profusas, de bornais, lenços e luvas, com a mesma máquina providencial; ao jogo de cartas; às orações do dia, de solenidade reforçada aos domingos, quando o coito se adornava em igreja a céu aberto; às conversas intermináveis, de dia e de noite; ao jogo de cartas sem-fim.

Nenhum projeto de futuro na cabeça da cabroeira pouco mais que juvenil em regra, nos garantiu Candeeiro, devolvido em pensamento à idade de 22 anos de sua vida debaixo do chapéu de couro estrelado. Apenas a certeza de um passadio de bucho estofado, de bebida larga, de arrasta-pés fogosos e de criação da legenda de nome guerreiro pela gesta, para os que tivessem interesse em subir na hierarquia do bando. Nada daquilo mudaria, pensavam todos. Não, ao menos, enquanto Lampião vivesse, eis a crença geral. E quem pensava que Lampião pudesse morrer um dia? Foi quanto Benjamin pôde ver e documentar com suas lentes bisbilhoteiras.

O cangaço ia bem. Muito bem até. Menos guerreiro, mais organizado e discreto, nem de leve menos eficiente nos saques, ao ritmo do envelhecimento do chefe máximo. Importa constatar que o objetivo estratégico de Lampião, o domínio pelo terror do universo rural do Nordeste, um objetivo não estatuído e menos ainda alardeado, mas perceptível ao olhar do analista de hoje, seguia sendo alcançado havia quase duas décadas. Ninguém que pretendesse varar o sertão, fosse simples paisano, caixeiro-viajante ou agente de governo, deixava de considerar a variável cangaço no plano de viagem. Para se munir de uma das garantias possíveis. Que iam do bilhete de coiteiro, uma cortesia nem sempre desinteressada, ao acordo negocial com empresa de peso, à base de pedágio organizado, gerador de salvo-conduto precioso.

No atacado, no plano dos grossos capitais, houve o caso exemplar da fábrica de tecidos da Pedra, em Alagoas, cujo caminhão somente teve a jornada diária garantida, as cargas não mais deixando de atingir a ponta do trilho da Great Western em Rio Branco, Pernambuco, a cada dia, quando o gerente, José Borba, despiu-se dos escrúpulos e sentou à mesa discretamente com Lampião, lá mesmo na vila alvíssima do finado coronel Delmiro Gouveia, em meio a goles de uísque. Onerada a folha da empresa em um conto de réis por mês, o sossego fez-se total. Negócio bom é o que interessa a ambos os lados, devem ter pensado industrial e cangaceiro.[1]

Como houve o caso do poder público submetido ao mesmo vexame, nada de muito diferente se passando em comparação com a extorsão a que se sujeitavam as casas comerciais situadas no sertão ou que transacionavam com praças dali. Mais da metade do secretariado do Governo de Pernambuco na gestão Carlos de Lima Cavalcanti, precisando deslocar-se em comitiva à cidade de Águas Belas em missão oficial, no ano de 1937, à frente o titular da pasta da Fazenda, Alfredo Duarte, e tendo a secundá-lo o da Agricultura, Lauro Montenegro, e o de Viação e Obras, Lafaiete Bandeira, tiveram a ingenuidade de litorâneos abalada quando o governador lhes recomendou candidamente que não partissem sem procurar o chefe político de Bom Conselho, coronel José Abílio de Albuquerque Ávila, obtendo deste o salvo-conduto da praxe. E assim foi feito.[2]

Dispondo, desde o ano anterior, de quantidade elevada de cartões de visita e postais com a própria foto no anverso – ao resguardo de falsificações, portanto – cedo Lampião põe em prática o projeto que o levara a solicitar da Aba-Film que os confeccionasse, operação intermediada por Benjamin. É quando o varejo da venda de salvo--condutos se ergue em rotina, numa reprodução farsesca – não fosse dolorosamente real – de formas embrionárias de cobrança de impostos na Idade Média, tendo por fato gerador o puro trânsito pelas terras do senhor feudal. O Rei do Cangaço se institucionalizava.[3]

Exagero? Ouçamos o mais valoroso e experiente oficial em serviço volante da polícia de Pernambuco à época, o tenente Luís Mariano da Cruz, sertanejo de São José de Belmonte, que apanhara o penacho de glórias militares de um outro oficial sertanejo, o também tenente Manuel de Souza Neto – este último, retirado voluntariamente da ação volante em janeiro de 1936 – em entrevista dada ao *Diário de Pernambuco* de 24 de novembro de 1937: "Lampião faz uso dos seus retratos como salvo-conduto, que ele autentica com sua firma e entrega às pessoas que lhe pagam determinado tributo e ao grupo, e que lhes prestam completa lealdade e obediência. Com tal ressalva, os seus possuidores poderão atravessar sem medo a caatinga. Esses retratos privilegiados estão sendo usados por centenas de pessoas que transitam nas zonas infestadas pelos bandidos. Todos os coiteiros de Lampião possuem um retrato desses, principalmente aquelas pessoas que conduzem elevadas importâncias, como os viajantes de casas comerciais".

Não é tudo, no plano da política tributária do capitão Virgulino, em efervescência de aprimoramento no período. Há dois casos documentados, ao menos, de compra e venda de propriedades rurais taxadas por um arremedo de imposto de transmissão. Um, em Sergipe, figurando como "contribuinte" certo senhor Ávio Brito, outro em Pernambuco, abatendo-se a cobrança sobre político de ação regional intensa em Garanhuns e arredores, Antônio Souto Neto, a denotar que se estava diante de tributo regional.

Voltando à fala do tenente Mariano, cumpre lembrar que é na data da entrevista que se devem buscar os motivos da revelação à opinião pública de temas sensíveis pela boca de militar de tamanha experiência, uma vida inteira condicionada à discrição da caserna. Não esquecer que seu batismo de fogo contra Lampião se dera em 1922, lá mesmo em Belmonte, no revide que se espichou por manhã inteira ao ataque dos cangaceiros de que resultou a morte do comerciante Luís Gonzaga Gomes Ferraz, episódio bem conhecido na trajetória de Virgulino Ferreira. De maneira que estava na linha de frente da ação policial havia dezessete anos, somados os dois anos iniciais como praça. E um tanto decepcionado, para dizer o mínimo. Cansado de assistir ao favorecimento do cangaço pelos poderosos da política.

Acontece que o país não era mais o mesmo naquele 24 de novembro de 1937, contavam os crédulos. Fazia pouco mais de uma semana que a politicagem de governo tinha vindo por terra com o advento do Estado Novo, uma ditadura constitucionalizada é certo, mas a que não faltavam unhas e garras. Com estas, o bafejo ao "poder nefasto" dos coronéis sertanejos, aliados tradicionais do cangaço, começava a se esgarçar, ao que se dizia nas rodas a partir do Catete. O que soava como música aos ouvidos de militar sério do tenente Mariano, animando-o a tirar da sombra fatos graves na entrevista-bomba concedida à folha recifense. Em essência, uma plataforma de repressão, calcada na verticalidade discricionária do novo poder federal. E uma candidatura discreta a algum posto de comando na ordem em ascensão, sabe-se lá.

Um dos relatos momentosos do oficial dava conta de que "o grupo de bandidos é atualmente superior aos cem homens". Unidade de combate nada desprezível. Outro, inquietava por trazer à luz que, "nas travessias do rio São Francisco, entre as cidades de Pão de Açúcar e Piranhas, o bandido faz uso de canoas de sua propriedade, dispondo de exímios canoeiros". Pouca coisa diante do que ainda estava por vir.

Com o preâmbulo de que o chefe cangaceiro, "nesses últimos tempos, vem desenvolvendo, cada vez mais, grandes e novas astúcias no desempenho de sua tenebrosa profissão", Mariano nos apresenta nada menos que um Lampião rodoviário. Afinal, "os nossos sertões estão varados por estradas de rodagem, sendo que Virgulino aproveita essa via de transporte, fornecendo grandes somas em dinheiro aos seus amigos para comprarem caminhões e automóveis, e explorá-los, de sociedade, com o fim de utilizá-los no transporte de mercadorias compradas para seu uso e de seus grupos. Assim, ele as recebe em pontos certos, às margens das rodovias onde vivem esses coiteiros". Novidade resultante disso "é o fato dos bandidos não mais atacarem automóveis e caminhões nas estradas, a não ser em zona oposta ao campo de ação dos mesmos, para, com mais segurança, evitar que novatos no grupo ataquem os citados veículos e o alvejado seja de propriedade de Lampião ou de gente sua".[5]

O analista de hoje, com a segurança do acesso a depoimentos dados por ex-cangaceiros depois de extinto o cangaço, nota ser irretocável a geografia do bando traçada por Mariano para o meado dos anos 30, na longa entrevista concedida ao jornal recifense. Ouçamos suas palavras: "Lampião, nesses últimos tempos, tem-se embrenhado nas caatingas do Estado de Sergipe e se demora principalmente nos municípios de Porto da Folha, Simão Dias, Aquidabã, Gararu e Frei Paulo, sendo neste último município que o bandido-chefe fez, com uma certa segurança, o seu quartel-general. De quando em vez, Lampião, à frente de uma parte de seu grupo, invade a Bahia, entrando ali pelos municípios de Jeremoabo, Cícero Dantas e Paripiranga, que separam os Estados da Bahia e Sergipe. Nessas excursões, pratica grandes roubos e depredações, e retorna aos lugares que lhe servem de coito, onde descansa por meses oculto, guardado por coiteiros de sua absoluta confiança".

Mariano dá um segundo roteiro que se abria à ação do bando, obrigado a praticar "volantes" periódicas de pilhagem, no afã de alimentar a pesada logística com que se debatia. Atravessando discretamente o rio São Francisco entre Pão de Açúcar e Piranhas, como vimos, Lampião entra em Alagoas e se embrenha nas caatingas desses dois municípios, e mais nas soltas de Água Branca, Mata Grande e Santana do Ipanema, espalhando-se pelos ermos do serrote do Carié, riacho do Canapi, Aroeiras, vargens de Dona Joana, Gravatá, e pelos trançados quase impenetráveis derredor das serras do Ouricuri e do Caboclo. Praticamente todos nessas áreas o protegem. O que lhe permite boas etapas de descanso, a receber a visita de poderosos. Enquanto isto se dá, "os grupos de Corisco, Luís Pedro, Ângelo Roque, Moreno, José Sereno, Moita Braba, Chumbinho, Pedra Rocha e outros, matam, roubam, promovem incêndios, praticando, enfim, toda sorte de misérias". Para fechar o roteiro, antes do regresso à amenidade das estações d'água em Sergipe, "o bandido cruza a fronteira pernambucana e procura ser visto no município de Águas Belas, onde esconde depois os rastros para promover confusão e desorientar os pequenos troços desorganizados de volantes que o perseguem".

Está aí o GPS dos caminhos recorrentes de Lampião por toda a segunda metade dos anos 30 – no que seria a visão cibernética de um jovem de hoje – revelado por quem sabia do que falava, com responsabilidade e fé de ofício para fazê-lo. Vida mansa que poderia ter escorrido por mais vinte ou trinta anos, balizada por Águas Belas, ao norte, e Frei Paulo, ao sul, Pernambuco e Sergipe respectivamente, feudos de coronéis poderosos encravados em ambos os polos – Audálio Tenório, pelo alto, Napoleão Emídio fechando o lado de baixo – não fora o afiamento dos dentes do Estado Novo no início de 1938, levando os coronéis das extremas, e praticamente todos os demais, a revogarem o apoio rentável que liberalizavam em favor do cangaço havia décadas, na preocupação repentina de salvar a própria pele. Era chegado o tempo do vira-casaca. O "tempo de murici", do dito dos antigos, em que cabe a cada um "cuidar de si". O murici agora é Getúlio, devolvido à farda restaurada de 1930, os bolsos da túnica cheios dos ideais perdidos do movimento revolucionário daquele ano, assim um artista poderia ter alegorizado o momento com precisão. Ao qual voltaremos mais abaixo. Pela implicação direta que tem no trucidamento de Benjamin Abrahão a 7 de maio de 1938. Mas ainda estamos no ano anterior, de quando data o depoimento valioso do tenente Mariano. Em que chega a agravar colegas de farda, omissos diante do cangaço – quando não cúmplices deste – ao fazer coro com "o clamor do povo sertanejo que, exausto de sofrer, chega a acusar alguns militares das polícias de coiteiros de bandidos, que eles, por isso, eram pobres e ficaram ricos no serviço da campanha contra o banditismo, quando são muitos os militares honestos, que só arranjam sofrimentos e desprestígio". Não fica no abstrato. "O que mais impressiona o povo é verificar que os bandidos estão armados até os dentes com mosquetões Mauser novos, dos últimos modelos usados pelas forças armadas, dispondo também de munição fabricada no ano de 1932, tão novas que parecem retiradas naquele dia dos cunhetes de armazenamento".

Importa contrastear aqui as balas faiscantes de novas, empregadas pelos cangaceiros no período – um dos quinhões do orgulho fabril de São Paulo, de sua Fábrica Nacional de Cartuchos e Munições, a FNCM, de São Caetano do Sul, em apoio à revolução constitucionalista daquele ano – com as balas frias usadas pelas forças policiais que os perseguiam, datadas de 1912, da velha DWM, a Deutsche Waffen und Munitionsfabriken, decaída com a Alemanha kaiserista na Primeira Guerra Mundial, de que se queixavam os soldados por conta da falha de dois disparos a cada cinco.[6]

Onde a fala de Mariano não alcançou as palmas da originalidade foi na questão do despovoamento visível com que o sertão se debatia no momento, por força da seca não acudida e do cangaço, menos ainda. Muita gente estava preocupada com isso, denunciando a sangria de braços para o trabalho que o Nordeste seco vinha sofrendo ultimamente. Aos dois males vistos acima – e a multiplicar-lhes as consequências negativas – estava se somando o aliciamento organizado que as autoridades públicas do Estado de São Paulo levavam a efeito, com agentes oficiais plantados no Recife, em Maceió e outras capitais do Nordeste, agindo às claras em nome da Diretoria de Terras, Colonização e Emigração, órgão da Secretaria de Agricultura, Indústria e Comércio do Estado de São Paulo. Do hotel em que se hospedava em Maceió, depois de dirigir preleção aos agentes que seguiriam para o interior, o chefe da Seção de Emigração, Alcides Lemos, falava à reportagem da *Gazeta de Alagoas*, esclarecendo o objetivo que o trazia à cidade, conforme publicado na edição de 25 de agosto de 1937: "Convém explicar que os trabalhadores não têm, desde sua procedência até sua localização na lavoura bandeirante, a menor despesa. Tudo é por conta do governo paulista: transporte, alimentação etc, desde que o futuro colono se desloque com toda a família". Avançava os valores prometidos: "Diária de cinco ou seis mil-réis, para área aberta, e de oito mil-réis, para zona nova", todos vindo a se empregar "na cafeicultura ou na lavoura açucareira". Zona nova significava mata a ser derrubada antes da fundação das culturas.

Como é diferente a história real do êxodo maciço de famílias nordestinas em benefício da pujança agrícola do grande Estado produtor do Sudeste, da que contam hoje os paulistas em tom de queixa, a afetar ares de nação invadida pela pobreza indesejável. Quando o certo é que trouxeram para o Brasil setentrional verdadeira máquina de aliciamento de braços produtivos. O jornal de Maceió já alarmara a 14 de julho: "Continua, de modo assustador, o embarque de alagoanos para o Sul". A 20, voltava à carga: "Despovoa-se o sertão alagoano". Os navios não cessavam o fluxo, como veículo principal dos deslocamentos em massa. "A bordo do Afonso Pena, duzentos sertanejos emigrando para o Sul", a folha bradava desde 6 de junho.

A imprensa das capitais, a grande imprensa, vociferando naturalmente os interesses da elite agrária do Nordeste, de usineiros, de senhores-de-engenho, de fazendeiros, do patronato sensível à escassez de mão de obra às portas, finda por tomar um susto quando um repórter menos atento – ou mais arguto – dá voz a um tabaréu, na edição de 2 de junho do mesmo jornal, colhendo, além da defesa da emigração, nada menos que uma denúncia social expressiva do quadro em sua base: "Esse povo fala de São Paulo, mas, ai de nós se não fosse São Paulo! Os governo daqui, seu moço, não liga pra matuto. Matuto não serve pra nada. Avalie que eu conheci um senhor-de-engenho que me dizia não trocar um boi por cinquenta caboclos. Dizia com soberba... Mas os culpados são esses governos do Norte. Uma terra rica como a nossa, só falta é trato pra dar tudo. Veja o São Francisco. Aquilo dá um arroz de rachar. Quando a gente reclama, inventam um negócio de comunista e mete a gente na cadeia, quando não manda matar. Isso vai assim até quando Deus quiser...".

Passados quase três meses, a 29 de agosto, o jornal agitava ainda uma vez o assunto com matéria analítica de qualidade, acenando na manchete com o motivo da inquietação do patronato: "Há falta de braços na lavoura alagoana". Na mesma linha, e pela mesma fonte, o sertanejo Antônio Feliciano, de Garanhuns, Pernambuco, pronto para emigrar à frente de duzentos vizinhos que aliciara, pergunta ao jornalista que lhe criticava o propósito: "Vosmecê me diga como pode um cristão viver aqui com a cuia de farinha a 15 e 18 mil-réis?".

Em Pernambuco, a situação não era diferente, como se vê. Um dos cronistas mais lidos do *Diário de Pernambuco*, Manuel Gomes

Maranhão, publicava a 11 de julho o artigo *Matulão da miséria*, em que protestava contra "certa medida recente do governo de Pernambuco, proibindo o embarque de roceiros pernambucanos para São Paulo".

Enquanto isso, o ministro do Trabalho do governo Vargas, o pernambucano Agamenon Magalhães, conhecido do leitor, visitando os sertões de berço na margem esquerda do São Francisco, não somente constatava o vazio demográfico em curso avançado, como ampliava a denúncia do *malaise* para incluir os animais de criação e uma outra modalidade de emigração igualmente nefasta para a zona sertaneja: a que tinha por destino a faixa verde próxima à pancada do mar, sem que o desertor deixasse o Nordeste. Não se furtava a dar as razões: "Vê-se que o sertão está despovoado. As populações emigram para o litoral, onde encontram trabalho, meio de vida mais fácil, salário mais ou menos compensador". Confessava a angústia de "atravessar léguas e léguas sem ver um boi", num quadro de decadência que doía ao contraste inevitável com as recordações de menino. E pregava: "É preciso restabelecer o sertanejo são-franciscano em sua vida pastoril".[7]

Outro peso nas costas do sertão, pondo-o para baixo na quadra difícil que estava atravessando, tinha que ver com o produto de exportação que lhe restara, o algodão, depois da queda relativa de importância do delmiriano couro de bode da virada do século XIX para o XX. Sim, o "ouro branco" dos discursos de políticos, de intelectuais e de fazendeiros, a denotar o apreço de todos por uma fonte de renda nada desprezível, aclimatada com sucesso na caatinga desde o meado do século XVIII. Mas que decaía, naquele 1937, sob os maus invernos dos dois anos anteriores e principalmente por conta da produção mundial excessiva, aliada à especulação das casas compradoras estrangeiras, como denunciava pela imprensa do Recife o secretário de Agricultura de Pernambuco, Lauro Montenegro, no início de outubro.[8]

Somados os fatores sociais e econômicos que visitamos, fica claro: enquanto o cangaço ia bem, o sertão ia de mal a pior. Fernando de Barros, observador especial enviado ao interior pelo *Diário de Pernambuco*, resumia o quadro na edição de 25 de julho: "Banditismo e seca, dois diabos a torturarem o sertanejo: quando um abranda, o outro castiga".

A opinião pública começa a se inquietar, a se mexer em protesto. Os tempos são outros, todos podem ver. Outras as possibilidades de clamar contra iniquidades. Bater à porta de poderosos do governo. Estão aí os jornais. O sertão não está mais incomunicável como no passado recente. Até mesmo os segredos da área tombam ao olhar de uma imprensa arguta. Quem imaginava poder ver retrato de cangaceiro costurando, escrevendo carta, lendo jornal, revista e até livro, sendo penteado pela mulher, se perfumando, dançando, tocando gaita de beiços, usando óculo de alcance? E toda essa intimidade fora mostrada por Benjamin Abrahão na série de reportagens do *Diário de Pernambuco* que vimos acima, escorrendo por todo o mês de fevereiro de 1937.

Estoura uma polêmica. Na edição de 9 de julho da *Gazeta de Alagoas*, "pessoa de conceito social, de regresso da nossa hinterlândia", como pintava o jornal, fazia ver que "uma certa retração do banditismo", comemorada pela autoridades pública, de modo especial pelo major Lucena Maranhão, comandante da unidade sertaneja da polícia de Alagoas, não ia além de "uma maneira de agir" adotada pelos bandidos. Variante de conduta a denotar arejamento de práticas. Adaptação ao tempo. Porque, "quando menos se espera, surgem as mesmas misérias e os mesmos ataques". Lamentava que, "não obstante as providências tomadas, não há tranquilidade nem segurança no interior", havendo, sim, "o desencanto dos sertanejos, pois não acreditam na extinção do banditismo". Para o informante, que se assinava Sertanejo, "as providências falharam, como sempre têm falhado, esgotando a paciência daquela gente laboriosa, e as esperanças se foram". Azedava a queixa perguntando "quando o banditismo será extinto no Nordeste" e "até quando os sertanejos serão vítimas da ação de perigosos bandidos que desgraçam aquela zona". Fechava as declarações atirando a luva: "Estas interrogações exigem uma resposta".

Atordoado, o major Lucena contesta apenas na edição de 5 de agosto, admitindo que os cangaceiros "se encontram naturalmente nos coitos, amparados e recebendo munições", mas que isto se dá graças à ação de poderosos que os protegem e à omissão geral dos sertanejos que "de modo algum prestam auxílio à polícia". Dessa forma, as forças volantes sob seu comando "trabalham com uma única esperança: a casualidade".

A 8, pela mesma fonte, o Sertanejo volta à carga, reafirma tudo quanto dissera e lamenta que o major lançasse a culpa do fracasso da polícia sobre as costas do residente das caatingas. Três dias depois, sem deixar clara a razão, um certo Odilon Canuto pede que o jornal desminta ser ele o Sertanejo das solicitadas. Mas, entrando no clima da polêmica, finda por corroborar as denúncias, admitindo, mesmo entre arrodeios, "que alguma coisa de lamentável venha ocorrendo no policiamento feito por alguma volante".

Polícia fora do sertão? Não é outra a proposta do Sertanejo no ataque de 12: "O matuto, o que não pode é continuar entre dois fogos, porque um só já é demais. Em último recurso, retirem ao menos a polícia do sertão e deixem aquela gente entregue à sua própria sorte".

Lucena elevara o tom na véspera em telegrama ao coronel Teodureto Camargo do Nascimento, que a folha de Maceió publica a 13, na íntegra. E vale transcrever, retrato perfeito da quadra quente que encerra:

> *Sipanema – Pls. 93-91, Data 11, Hora 11h10, Cel. Teodureto – Reg. Policial Militar, Maceió*
>
> *Estou posse recorte jornais contendo acusações ação força contra banditismo. Não me admiro isto parta Mata Grande, onde há maiores coitos bandoleiros. Vislumbro bem quais responsáveis artigos, os quais, antes 1930, acoitavam cangaceiros e hoje, mais criminosamente ainda, o fazem. Tais autores deviam, antes mentir, se preocuparem com misérias deles próprios. Fique, pois, digno comandante, tranquilo que saberei cumprir meu dever. Vou responder artigos jornais, pois estou disposto aceitar luta. Saudações – José Lucena de Albuquerque Maranhão, major comandante II Batalhão.*

O Sertanejo ressurge a 18, sem perdão para ninguém. A Odilon Canuto, diz saber que "as suas fazendas são preservadas pelos bandidos, mas as de outros, não". A Lucena, um conselho: "devia estar em Mata Grande, com seu batalhão, não em Santana do Ipanema". Sobre "criminosos de antes ou de depois de 1930, que tudo seja apurado!".

O major se desespera. Em longa carta que o jornal publica a 21, desenvolve as razões postas no telegrama, especialmente contra a elite política de Mata Grande, principal interessada na saída da polícia do sertão, "pois ficariam com o campo vasto e sem nenhum empecilho, com o direito de cometerem, em acordo com os bandidos, toda sorte de misérias". Sobre possíveis pecados de seus auxiliares, admite que "quem luta com quatrocentas naturezas espalhadas em todo o sertão, por mais que seja rigoroso, será surpreendido, vez por outra, com irregularidades de subordinados", cabendo ao comandante promover "prisões e exclusões, como estamos fazendo".

Para ele, o cangaço dava provas de estar no fim, uma vez que "os bandidos de ontem não são como os de hoje: aqueles, saqueavam, queimavam, matavam, trucidavam", o que não se vê no presente. Em que "estes têm se limitado a viver ocultos nos coitos de confiança, pedindo dinheiro, e raramente a polícia sabe quem sejam os recebedores e mandantes". E "quando aparecem em qualquer ponto, empregam toda sorte de artimanhas para não deixarem pistas". Um canto de cisne estaria sendo entoado no sertão pelos homens do chapéu de couro quebrado, do fuzil e da cartucheira, no otimismo do major.

Deixando transparecer a violência adquirida pelo convívio com o crime desde o início dos anos 20, Lucena perde a moderação no desafio que lança aos adversários ocultos: "Há um recurso para que fiquem os meus acusadores com o campo livre e evitem que os desmascare, na medida em que forem aparecendo os artigos: confabulem com os grupos de cangaceiros e me embosquem, pois viajo sempre. Advirto-os, porém, de uma coisa: não percam a partida, pois saberei aonde ir bater e ajustarmos conta". Dando a medida da disposição completa para a luta, culmina a matéria com aviso sombrio: "De uma coisa fiquem cientes os mentirosos, estou disposto a tudo. Não pensem que retrocedo. Mesmo que termine na cadeia, irei como homem, não como desmoralizado".

Agosto chega ao fim com o diálogo de aço suspenso por meio de trégua não declarada, prenunciando um setembro de silêncio que finda por acontecer de fato. O governador Osman Loureiro tranquiliza a opinião pública somente em outubro, em nota oficial que a nossa

Gazeta de Alagoas publica a 12: o II Batalhão não deixará a zona sertaneja, seguindo firme em Santana do Ipanema, sem troca de comando. Lucena respira.

No dia seguinte, a folha trará nova razão de alívio para o major: o presidente Vargas confirma o nome de Loureiro como executor do estado de guerra em Alagoas, conferindo ao governante musculatura política adicional. E calando a crítica à ação administrativa do governo, inclusive a que mirava o plano da segurança.

No Pau Ferro, o destino começa a armar o golpe final contra Benjamin Abrahão. Depois de semanas de espera, um carro de boi despeja em sua porta o pacote pelo qual ansiava. Vinha de Fortaleza, da parte da Aba-Film, via Juazeiro, em transbordos de trem e de caminhão, passando pelo Recife antes de ser finalmente reembarcado pelos Elihimas para a vilazinha. Agora está ali, chegado da maneira a mais tradicional possível. Aberto o embrulho, Benjamin testa a força comercial do conteúdo com os amigos que o cercam. Nada mal. Em volta da mesa, o que se vê são queixos caídos com o espetáculo de centenas de fotografias de cangaceiros dos diferentes grupos do bando de Lampião, em tamanhos variados, predominando o cartão-postal. Um documentário completo. Memória palpável das semanas de risco e de privações extremas que passara em dois ou três dos covis do cangaço.

Para o autor da encomenda, era chegado o momento de recuperar parte que fosse do prejuízo que sofrera com a apreensão do filme pela censura do estado policialesco de Vargas. Uma tragédia pessoal de repercussão desastrosa, a desbordar do plano moral e se abater sobre o patrimônio da Aba-Film, respingando sobre o cabedal irrisório da Benjamin Abrahão & Cia, do Juazeiro, para além do fato sensacional de que se ocupara a imprensa de todo o país a partir do fatídico 2 de abril.

Estava aberta a pista pela qual correria contra o tempo, no afã de distribuir o produto pelo comércio fixo e pelas feiras de Pernambuco, Ceará, Alagoas, Bahia e Sergipe, na melhor configuração. Tinha nas mãos um produto cultural vendável e barato, ante o qual nenhum sertanejo se quedaria indiferente. Quem não quer ver a catadura de Lampião ou o belo rosto de Maria Bonita? Quem deixa de lado a possibilidade de comparar a elegância do Rei do Cangaço com a do príncipe e aspirante ao trono, Corisco?

Além dos cálculos bem arquitetados na visão de comércio, havia um precedente em ponto menor a animar o empreendedor e seus auxiliares. Em dias de 1935, o prefeito de Mata Grande, José Campos Uchoa, fotógrafo amador, cedera a um amigo a chapa com que registrara o massacre de quatro cangaceiros importantes do bando de Lampião, na fazenda Aroeiras, lá mesmo do município, a 19 de setembro, em cilada bem urdida por certo Antônio Manuel Filho, o Antônio de Amélia. Um coiteiro que se declara arrependido, mãos ainda tintas de sangue, e pede o amparo do governo em decorrência dos riscos em que incorrera, findando por ser alistado na polícia de Pernambuco como sargento. Atraído pelo lado moral da história de regeneração de alguém que se transforma em martelo contra seus antigos benfeitores, o amigo do prefeito monta uma cena fotográfica em que figuram em corpo inteiro, além de Amélia já metido na farda, os cadáveres horrendamente golpeados dos cabras Medalha, Suspeita, Fortaleza e Limoeiro, eis os vulgos das vítimas, disso resultando a impressão de um cartão-postal que foi vendido como banana entre Alagoas e Pernambuco.

Pelo meado de outubro, em maços ou isoladas, há fotografias de cangaceiros por todo o sertão, distribuídas por seis auxiliares escolhidos por Antônio Paranhos para o velho amigo Benjamin. Na visão deste, o rendimento das fotografias, aliado ao da filmagem da vaquejada do Pau Ferro em perspectiva, e mais ao das imagens de encomenda que colhia socialmente em batizados, casamentos, bodas em geral e outras ocasiões festivas ou de simples documentação, responderia pela recuperação econômica planejada.[9]

Não há necessidade de imaginação para calcular o ódio com que o major Lucena reage à chegada das fotos ao comércio de Santana do Ipanema, mandando logo recolhê-las por suas tropas espalhadas de Pão de Açúcar a Mata Grande, do Inhapi à Pedra de Delmiro Gouveia.

O acesso não tão difícil à intimidade dos bandos de cangaceiros, que o à vontade das imagens tornava patente, valia por um atestado da incompetência de forças policiais que não se cansavam de cobrar da sociedade o preço do sacrifício por conta de uma tal "busca incessante", por muitos considerada pouco mais que imaginária, há de ter remoído no raciocínio vivo do comandante do II Batalhão, virtude que nem os inimigos lhe negavam. Que dirão os críticos com quem se travara na polêmica recentíssima? Braseiro ainda quente de que escapara com dificuldade, penhorando-se no agradecimento ao comandante-geral e ao governador. Um crédito sem margem para ampliação. O momento de dar aos adversários novos motivos para pelejar não poderia ser pior. Acrescendo a tudo isso, as agitações que prenunciam o advento de uma ditadura estão às portas.

Como é possível um estrangeiro, um árabe vindo não se sabe lá de onde, fazer tanto reboliço no sertão, a ponto de irritar o Catete e atrair sobre si a censura do governo federal no começo do ano? E agora, sem um padre-nosso de penitência, reacender na opinião pública a ideia da camaradagem suspeita da polícia em relação ao cangaço, disseminando a imagem de criminosos ricos, gordos, enfeitados e risonhos por toda a caatinga. Criminosos pouco perseguidos, ao que estava depondo o conjunto fotográfico agora escancarado aos olhos do matuto. Do paisano do miolo da caatinga. O cochicho tomando conta até mesmo das folhas das árvores. Tema recorrente, o amaciamento do gato da ordem pública pelo rato de chapéu de couro, cada vez menos ostensivo e mais sutil em seu poder argentário, não poderia deixar de subir ainda uma vez à consideração de todos.[10]

A notícia da apreensão dos impressos no Estado vizinho paralisa Benjamin. Lucena não é homem com quem se possa brincar. Seu nome infunde temor por todo o Nordeste, sendo respeitado até por Lampião, desde quando se travaram no primeiro choque sangrento no meado de 1921. De maneira que nada resta ao sírio senão arrebanhar os agentes de venda que espalhara pela caatinga e tocar fogo no grosso do estoque de fotografias encalhado, amargando o prejuízo.

Quem comprou, comprou; quem não comprou, não compra mais. Melhor é a vida. E será na linha da preservação desta que o fotógrafo sem sorte correrá ao Recife, para obter do *Diário de Pernambuco* uma declaração escrita de que sua permanência no Pau Ferro estava se dando a serviço do jornal, a título de "colaborador". Consegue sem maior dificuldade. E firmada pelo diretor, Aníbal Fernandes, que já vimos ser nome de prestígio intelectual na região. Não esquecer que Benjamin chegara ao Brasil portando uma credencial de jornalista escrita em francês, de validade para lá de duvidosa, sobretudo quando afetada ao adolescente que era na ocasião, mas que não lhe saía do bolso. E que fora dono, bem mais tarde, do semanário O *Cariri*, do Juazeiro, nos idos de 1930, como vimos. Um homem de imprensa, de qualquer modo.

A fama de periódico mais antigo do país, aliada à fase pujante que o *Diário de Pernambuco* atravessava e à defesa aguerrida que Assis Chateaubriand sempre dispensou aos seus auxiliares dos Diários Associados, valeria por salvo-conduto até que a brasa esfriasse, eis o cálculo do sírio ao que dá para supor. Por este, não teria de desistir da missão rentável de filmar a vaquejada e livrar algum capital. Tanto mais que o coronel Audálio acenava com a possibilidade de que instalasse toldas de venda de bebidas e de tira-gostos por ocasião da festa, sem que a jogatina ficasse de fora da exploração.

Chega a sexta-feira, 5 de novembro. A abertura festiva da vaquejada do Pau Ferro tem lugar. A vila se engalana com palhas de coqueiro e palmeira em cada esquina, colunatas verdes a guiar os passos dos visitantes. Os rojões estrondam no quebrar da barra, tirando a matutada da cama. Ainda em meio à fumaça dos fogos do ar, a banda de pífano de Águas Belas, chegada de véspera, ataca o esquenta-mulher. Uma festa autêntica na fidelidade aos estilos da terra.

No quadro da feira, os oitenta vaqueiros esperados ouvem a saudação de um coronel Audálio montado em quartau branco impecável, metido nos couros dos pés à cabeça, traje completo de campeador das caatingas. Quebrando no chapéu de couro rebatido, no guarda-peito, no gibão, nas perneiras, nas luvas, nas esporas de prata do finado coronel Chico, seu pai, nas botinas vermelhas de couro de veado e na ligeira, passada no punho a modo de peia-de-mão.

Alto de 1,80 m, peitoral largo, estreito de quadril, traços faciais corretos, o patrono da festa impressiona a todos. Anfitrião perfeito, além de tudo. Ao seu lado, um ilustre do lugar, o coronel João Nunes de Araújo, antigo comandante-geral da Força Pública de Pernambuco, vindo de sua fazenda Sueca, e o major Lucena, chegado de Santana do Ipanema na noite anterior, com uns poucos auxiliares, em dois automóveis selados ao peso do armamento.

O sírio, maldisfarçando a palidez diante do major, fotografa ostensivamente a abertura da festa e manda o material para o *Diário de Pernambuco*, que publica quatro imagens de muito boa qualidade na primeira página da edição de 13, tudo creditado "ao nosso colaborador, sr. Benjamin Abrahão", como este desejava.[11]

No sol claro das nove horas, os cavaleiros põem-se a caminho da fazenda Barra Formosa, meia-leguinha de conversas e cigarros. Ali, nas chãs encapoeiradas da propriedade sem-fim, as corridas terão lugar, depois de aboio soltado por vaqueiro famoso de Quebrangulo, Zezé do Riachão, do povo do coronel Frederico Maia. A postos, Benjamin documentará as derrubadas cinematograficamente. E deixará para a posteridade, não custa brindar mais uma vez.

À tardinha, todos de volta ao quadro da vila para o *happy hour* caboclo, e para o concerto de planos com vistas à jornada do dia seguinte, o sírio dá prova do quanto era hábil em superar seus temores. De modo discreto, fotografia compreensivelmente tremida, flagra cena que a tantos pareceria uma impossibilidade completa: o maior amigo de Lampião em terras pernambucanas no período, a passear de braços dados com o maior inimigo do chefe cangaceiro no Estado de Alagoas. Sim, Audálio Tenório de braços com o major Lucena, tendo a ladeá-los os coronéis João Nunes e Gerson Maranhão.[12]

Três dias passados do encerramento da festa, o Estado Novo se abate sobre o país em proclamação do presidente Getúlio Vargas pela Rádio Nacional, seguida da outorga de carta constitucional nova, repleta de dentes e de garras. Que abre para o legislador ordinário a possibilidade de instituir a pena de morte fora dos casos previstos nas normas militares de tempo de guerra. E esse legislador não seria outro senão o próprio Vargas, por meio de decretos-lei. Era o 10 de novembro de 1937, já apresentado ao leitor no capítulo oitavo, pelos traços que o fizeram inesquecível para tantos.

A democracia liberal passava ao vinagre, não custa repetir, arrastando na queda a letra e o espírito da Carta de 1934, notadamente no que diz respeito à abolição da independência dos três poderes essenciais ao regime republicano desde o século XVIII. Do que deu imagem tragicômica o fechamento do Senado e da Câmara por meia dúzia de soldados de polícia, mal raiara a manhã carioca, poupando o Exército de cumprir o papel triste. Importa dizer que a truculência antecipa em algumas horas a regulamentação da norma constitucional de dissolução do Congresso, das assembleias estaduais e das câmaras de vereadores, cozida às pressas no Decreto nº 19.398, de 11 de novembro. A federação, se não chega a ser abolida, sobrevive no espectro de unidades desidratadas daquela autonomia vital à sobrevivência diante do leviatã em crescimento no Catete. O sistema representativo se anemiza ante o corporativismo em triunfo. A imprensa se espreme na mordaça sem disfarces.

Um órgão combativo, como vimos ser a *Gazeta de Alagoas* naquele final de década, abate o penacho e ocupa as páginas com filatelia, fábulas de Monteiro Lobato, aspectos da vida de Catulo da Paixão Cearense, estátua para Deodoro, festa da bandeira. Recorrências monótonas, comuns ao cotidiano dos jornais em período forte.

A 22 do mês, ato do governador Osman Loureiro cria a Delegacia de Ordem Política e Social de Alagoas, provendo na direção o capitão do Exército Mário da Silva Lima, "a quem incumbe executar o estado de guerra no Estado". Depois de intrigar o quanto pôde o governador Carlos de Lima Cavalcanti com o presidente Vargas, Agamenon Magalhães colhe os frutos do que semeara, investindo-se como interventor federal do Estado de Pernambuco a 3 de dezembro. Cavalcanti se consola com embaixada na Colômbia. Em Alagoas e Sergipe, os governadores Osman Loureiro e Eronides de Carvalho não somente são mantidos como galgam a blindagem da interventoria federal em suas unidades. Por toda parte, pululam as delegacias de ordem política e social, a controlar os passos dos suspeitos aos olhos do regime, a exigir uma espécie de passaporte de quem cruzasse a fronteira de unidade federativa, a propriedade de simples aparelho de rádio doméstico não se dando sem autorização documental.

O ano de 1937 se esvai, em meio a discussão no mínimo funesta: a de como deveria ser aplicada a pena de morte no Brasil. A 21 de dezembro, toda a imprensa se ocupa do Decreto-Lei nº 88, baixado na véspera, a deitar as primeiras diretrizes sobre o ponto candente da

Lei de Segurança Nacional. Dois meses antes, a poucos dos coronéis sertanejos deixara de ocorrer que o Art. 122, inciso 13, alínea f, da Constituição nova em folha abrira margem para a adoção da medida radical em casos de "homicídio cometido por motivo fútil ou com extremos de perversidade", parecendo mirar o dia a dia dos cangaceiros e de seus protetores. Carapuça certeira. Cabia o alarme entre chefes políticos do sertão. Entre os favorecedores mais eficientes do cangaço, incorrigíveis até ali.

No começo de 1938, azedando definitivamente as coisas para Benjamin, o apurado das bancas da vaquejada se mostra desastroso, o que o leva a discutir com os auxiliares, chegando a chamar a um destes de ladrão. Ofensa imperdoável naquelas terras, mesmo quando atirada sobre um vendedor ainda imberbe, amarelo, rosto marcado por bexigas, vindo da vizinha povoação da Mariana, de quem ninguém sabia o nome ao certo.

Passados alguns dias, porque negócios são negócios, o coronel Audálio põe na mesa a cobrança do previsto na comercialização de tudo quanto fornecera a Benjamin, de quem recebe a promessa de que levantaria o dinheiro com os parentes do Recife. Não basta. Vê-se obrigado a emitir promissórias para preservar a mobilidade de que carecia mais do que nunca. Vencimento: 18 de fevereiro.

Corre para a capital, a ver com os primos da casa de ferragens se poderiam ajudá-lo no impasse. Emocionado, solicita três contos de réis a Francisco Antônio Elihimas, colhendo uma negativa paralisante, a despeito da amizade. A família estava informada de que os negócios de Benjamin no interior de Pernambuco estavam fadados ao colapso. Ajudá-lo, como se dizia entre comerciantes da praça, sempre bem informados, seria tão proveitoso quanto "dar purgante a defunto".[13]

Na data aprazada, 18 de fevereiro, o devedor não resgata as promissórias nem dá satisfações, alternando permanências de busca de empréstimos entre Juazeiro e Recife.

Quanto ao major Lucena, cumpre dizer que lhe chegaria de Maceió, nesse momento, um chamado que desejou nunca ter recebido: o coronel Teodureto ansiava por ter com ele uma conversa reservada, com vistas a "identificar o dedo misterioso que incidia sobre o contexto da campanha [contra o cangaço] e levava àquele resultado deplorável". Homem enérgico, embora polido, como se impõe a um oficial superior do Exército, Teodureto abre a fala ressalvando "que não punha em dúvida a lealdade e a competência do seu subordinado, mas que precisava descobrir a causa da frustração e eliminá-la custasse o que custasse". E porque "cumpria restaurar a confiança das populações massacradas pelo cangaço nas providências de governo", pontuava palavra por palavra, "não abriria mão, a partir de agora, de ação efetiva e ajustada, sob pena de apelar para medidas drásticas e até arbitrárias contra aqueles que fossem apanhados violando suas determinações". Lucena pouco fala. Ao fazê-lo, já no final, somente lhe acode rememorar o que dissera à imprensa na polêmica de meses atrás: que lhe parecia impossível garantir a honradez de cada uma das quatrocentas individualidades que comandava no sertão. E deixa o Regimento Policial "tão amargurado, que ruma dali para a catedral, a fim de orar e pedir a Deus ânimo e luzes para se safar do sério embaraço em que se via metido".

Tudo isso o major comandante do II Batalhão revela no dia seguinte ao coronel Pedro Rodrigues Gaia, em Palmeira dos Índios, um amigo de muitos anos e de tempos difíceis, a quem viria a indicar, com sucesso, para prefeito nomeado de Santana do Ipanema, no meado do ano, tamanha a confiança.[14]

De volta à caatinga, um Lucena mais que ressabiado "reuniu os comandantes de volantes, passou-lhes o ocorrido, frisando que não estava ali apenas como um emissário de seu chefe para fazer-lhes uma advertência, mas, na verdade, como um executor inflexível de suas novas ordens". Ato contínuo, manda rodar e distribuir pelos quatro cantos do sertão um boletim de advertência a coiteiros e matutos em geral, no sentido de que cessassem, de uma vez por todas, as ações de favorecimento ao cangaço, deixando claro que o II Batalhão estava de posse da carta branca por que ansiava havia tempo.[15]

Em Sergipe, a postura de Lampião evoluíra nos últimos meses para coincidir com o pensamento do militar e do chefe político quanto ao árabe. Ao cangaceiro Candeeiro, um dos oito homens de sua guarda pessoal, Virgulino viria a surpreender, em conversa, ao revelar que mataria Benjamin se o encontrasse. "Ele foi falso comigo, levando de mim para contar aos oficiais", rosnava baixinho, riscando na areia as iniciais do agora desafeto. Lampião se queixava ainda da massificação das fotografias por todo lugar, "fora do que ficou combinado".[16]

A incursão mais recente do bando de cangaceiros, com Lampião à frente, se dera no meado de 1937, ainda uma vez partindo de Sergipe, atravessando Alagoas e chegando a cruzar a fronteira sul do sertão pernambucano, na reprodução do roteiro que apontamos acima. Atendendo ao que havia de recorrente na ação, o repórter do *Diário de Pernambuco* resolve promover o chefe a major, por antiguidade. "À frente de 48 homens, o major Virgulino transita livremente pelo Estado de Alagoas", dá conta o jornal, que registra ainda a companhia dos grupos de Corisco e Português a escoltá-lo.

No começo de 1938, logo a 11 de janeiro, o *Diário de Notícias*, de Salvador, noticiava a morte em Sergipe do chefe supremo do cangaço, vencido pela tuberculose. Balela. Barriga de imprensa. Mais uma nessa linha. Mas que ganhará espaço até mesmo no *New York Times* de 13: "O fora da lei número um morre em sua cama, no Brasil".

Bem real, no entanto, foi a travessia do São Francisco pelo bando a 17 de abril, ganhando as terras de Alagoas pelo município de Traipu, um espaço insuspeitado pelas volantes, onde dá início a um pente-fino de rapina, a derradeira da existência do bandido. No dia seguinte, os jornais de toda a região abrem manchete que parece combinada: "Ressurge o Terror do Nordeste".

Depois de talar sem piedade o agreste e parte do sertão alagoano, penetra em Pernambuco e sobe até o município de Buíque, onde descansa por uma semana nas caatingas cerradas de Santo Antônio do Tará. Refeito, à frente de dezessete cabras e duas mulheres, o chefe de cangaço inicia o roteiro habitual de regresso a Sergipe, que incluía passagem pelo município de Águas Belas, a imprensa, assanhada, registrando cada surgimento ao longo da trajetória o seu tanto previsível.

Traçando a movimentação mais recente do cangaço, o que importa trazer aqui ao exame do leitor é que o bando de cangaceiros estará acampado nas areias do riacho do Mel a 6 de maio, véspera da morte de Benjamin, a menos de duas léguas do Pau Ferro. Nada que uma burra de sela esquipadeira não fosse capaz de vencer em hora e pouco de passada baixa.[17]

Temperamento tigrino, de Lampião o que se poderia esperar era que tocasse fogo na palha de que dependesse a vida do sírio.

No início de maio, o colecionador de inimizades dá as caras no Pau Ferro, fazendo praça de que iria pagar tudo quanto devia. Surpresa geral. Somente a paixão não correspondida pelos olhos negros, redondos e doces de certa mulher casada poderiam explicar tamanha ousadia, comentou-se à boca pequena pelas ruas da vila. Comentários que só faziam acrescer no risco de vida a que Benjamin estava submetido, como se tanto fosse possível àquela altura do tempo.

A pelo menos um amigo revelou não ter levantado sequer a metade do dinheiro que tinha de pagar, mas que estava pensando em cotar a peso de ouro o seu silêncio, depois das semanas de convívio no bando de Lampião em 1936. Em que se assenhoreara de informações tanto mais delicadas quando mais incômoda se mostrava para a elite sertaneja a situação de suspeita generalizada em que estava mergulhando o país. Foi aconselhado a não fazer uso do argumento, nada menos que uma chantagem em esboço. Reage: que outro valor lhe restava? A conversa morre ali.[18]

No começo da noite de 7 de maio de 1938, Benjamin se detém no centro da vila para uma cerveja com alguns conhecidos. Sai do bar sozinho e caminha a pé no rumo da pensão. Ao dobrar a esquina, uma pane no gerador a óleo que ilumina as ruas principais mergulha o Pau Ferro na escuridão de noite sem lua. Não se passam três minutos antes de que os residentes comecem a ouvir os seus gritos a intervalos curtos. Gritos de socorro, inicialmente, depois apenas de dor. Um, outro, outro e mais outro. Uns cinco, ao todo, até o desfalecimento. Na pensão, Antônio Paranhos ouve tudo. A voz lhe é inconfundível. Veste-se depressa e sai à rua na direção do som, tateando na escuridão. Uma voz desconhecida o detém com dureza: "Arreda, cabra, que é encrenca!".

Os gritos tinham cessado. O motor não tornou à vida. Ninguém saiu mais de casa. Portas e janelas fechadas por todo um resto de noite, em que os relógios pareciam bocejar.

No quebrar da barra, alguns curiosos começam a se aglomerar em casa de Zé de Rita, como era conhecido José Rodrigues Lins, o esposo de Alaíde Rodrigues de Siqueira, dona de casa por quem Benjamin se apaixonara sem sucesso. O quadro é dantesco. Na sala de entrada, o corpo do sedutor fracassado jaz no centro do quadrilátero inteiramente tinto de sangue, barriga para cima. A um canto, sobre um tamborete, Zé de Rita se mantém impassível, pernas encolhidas, pés sobre o tampo, comendo o tutano que retira lentamente de um osso grande, lambendo dedo a dedo, parecendo fora de si. "Mais vida tivesse, eu matava", repete sem cessar.

Aleijado da cintura para baixo, pálido e franzino de corpo, a todos intriga como o assassino confesso conseguira dominar um tipo corpulento como Benjamin, arrastando-o para dentro de casa e o abatendo com 42 punhaladas no breu da noite.[19]

Para alimentar o clima de suspeita generalizada, vaza a informação de que uma testemunha teria visto o automóvel do major Lucena no Pau Ferro no dia do crime. Outros juram que a morte se dera pelas mãos de um filho e de um sobrinho do acusado. Ou por conta do ódio do vendedor imberbe da banca da vaquejada, o amarelo da cara bexiguenta, chamado pela vítima de ladrão e arribado no mundo desde a ofensa. A vila se deixa tomar por boatos.

A 17 de maio, passados somente dez dias da ocorrência, o delegado corre a se livrar da batata quente: fecha o inquérito policial no segundo distrito de Águas Belas, apontando nominalmente o casal como responsável único pelo homicídio, segundo noticia o *Diário de Pernambuco* de 19, renovando o lamento pela perda do "nosso colaborador especial" que fizera constar do registro de morte, saído na edição de 10, com direito a fotografia.

O delegado joga o jogo das aparências forjadas. Que mais lhe restava fazer ante um assassinato de desvendamento impossível nas circunstâncias, a unir em sorte comum o policial de ontem ao historiador de hoje?

No sétimo dia da tragédia, absolutamente só, o padre Nelson de Barros Carvalho reza a missa pela alma da vítima. Ele e Deus. Nem o coroinha dá as caras na capela.

NOTAS E REFERÊNCIAS

1. José Coelho de Araújo, entrevista ao Autor, Delmiro Gouveia, Alagoas, 2004. Araújo disse que o Doutor Borba – como era tratado por todos na Pedra – não fazia segredo do ajuste, deixando transparecer que este gozava das bênçãos da polícia. Outra coisa não nos disse Sebastião Vieira Sandes, entrevista também em Delmiro Gouveia, no final de 2003.

2. A informação nos foi passada pelo antigo secretário de Governo de Carlos de Lima Cavalcanti, professor Luiz Delgado, em conversa de 1969 na Faculdade de Direito do Recife, ao tempo em que cursávamos ali sua cadeira de Direito Administrativo. Homem austero, Delgado ainda encontrava dificuldade em contar o caso, passados tantos anos, fazendo-o com a mão sobre a boca. Findou por aproveitá-lo em livro de 1975, *Carlos de Lima Cavalcanti: um Grande de Pernambuco*, p. 142-4, cedendo à elegância de pôr à sombra o papel do governador e antigo chefe, bem assim o nome do coronel sertanejo envolvido. Detalhes que a inconfidência de historiador nos permite acrescentar agora.

3. O relato sobre a confecção dos cartões para Lampião foi feito por Francisco Albuquerque à *Gazeta de Alagoas* de 2 de agosto de 1938. Foram 500 cartões-postais e 300 cartões de visita, segundo este, tudo com fotografia no anverso. Escala a denotar encomenda profissional. Os primeiros, dispunham-se de três formas, constando do anverso apenas uma foto do chefe cangaceiro em corpo inteiro, fumando e tendo ao pé o cachorro Ligeiro; ou esta mesma foto reduzida e posta à esquerda, para dar espaço aos dizeres entusiasmados, bem de acordo com a retórica do tempo: "Capitão Virgulino Ferreira de Silva, vulgo: Capitão Lampeão"[sic]; no terceiro modelo, a mesma foto se resolve em plano americano e o prenome guarda a grafia corrente à época: "Virgolino". O cartão de visita tinha modelo único, com uma pequena foto em corpo inteiro formando coluna à esquerda. De férias em Maceió quando da morte de Lampião, o filho do proprietário da Aba-Film, e também sócio e gestor da empresa, deixou claro que o pedido tinha partido do cangaceiro, debaixo de recomendações. Estudamos todos os modelos de cartões em nosso livro *Estrelas de couro: a estética do cangaço*, p. 146, 149 e 177.

4. O cartão dirigido a Brito nos foi confiado gentilmente para exame pelo escritor Luís Antônio Barreto, que o conserva no Instituto Pesquise, por ele dirigido em Aracaju, Sergipe. A cobrança escrita apresentada a Souto Filho, nada módica por sinal, quatro contos de réis, valor próximo ao de um automóvel à época, está transcrita na íntegra no *Diário de Pernambuco* de 8 de abril de 1936, em seus termos imperativos.

5. O fazendeiro Antônio Correia Rosa, sobrinho do famoso coiteiro Pedro de Cândido, em conversa conosco no ano de 2006, em Pão de Açúcar, Alagoas, admitiu ter ouvido na família, especialmente de seu pai, Zezé, rumores de que o avô, Cândido Rodrigues Rosa, da fazenda Angico, de Poço Redondo, Sergipe, morto em 1936, tinha uma chata grande no rio São Francisco, um armazém e uma padaria na vila de Entremontes, Alagoas, investimentos nos quais Lampião tinha interesses. Na pele de uma espécie de sócio de capital, naturalmente. Coube a Pedro dar andamento aos negócios em comum, e ampliá-los por meio do abate de gado para distribuição em meia dúzia de feiras, de Piranhas a Pão de Açúcar, depois que a viúva, Guilhermina Gomes Rosa, não revelou aptidão para explorar a sociedade oculta. A mesma informação já nos tinha chegado da parte do coiteiro Manuel Félix, também do Angico, em 2005, que nos disse ter visto "Lampião cruzando o São Francisco na chata de Seu Cândido, mais de uma vez". O emprego do automóvel

por Lampião e seu bando se deu de modo mais pródigo do que normalmente se imagina. Desde 1924, pelo menos, quando havia pressa e segurança relativa, o chefe se valia dos eficientes *gogós-finos*, geralmente Ford ou Chevrolet, para deslocamentos. Num relance, podemos lembrar aqui as entradas pacíficas nas cidades de Ribeira do Pombal, Tucano e Queimadas, Bahia, entre 1928 e 1929, além de Capela, Sergipe, nesse último ano, todas em automóvel. Em Queimadas, o bando todo desembarca alegremente de um caminhão da Inspetoria Federal de Obras contra as Secas. Nas proximidades da vila do Pau Ferro, das referências do capítulo, Maria Bonita aprendeu a dirigir em veículo do coronel Audálio Tenório, por volta de 1936, revelação feita a nós, em entrevista de 1967, pelo "professor" da ocasião, Antônio Paranhos, motorista do chefe político. Lampião só olhava. Cf. João Gomes de Lira, *Lampião: memórias de um soldado volante*, p. 171-2; Oleone Coelho Fontes, *Lampião na Bahia*, p. 38, 41, 54, 56 e 131; e Luís Ruben Bomfim, *Notícias sobre a morte de Lampião*, p. 43, em que transcreve matéria de 1° de agosto de 1938, do jornal baiano A *Tarde*, dando conta de que o irmão pacífico de Lampião, João Ferreira, que transportava cargas como tropeiro a partir de sua residência no Juazeiro, Ceará, estaria sendo acusado da compra de um automóvel com dinheiro do mano recém-abatido.

6. A condição de pasto aberto de que Lampião desfrutava em Sergipe pode ser explicada, para além dos fatores ligados ao atraso econômico e ao domínio político do Estado por meia dúzia de oligarquias de base familiar, pela condição de território subpovoado relativamente à região. Com seus 551.887 habitantes, entre os anos de 1935 e 1936, sendo 60.203, na capital, Sergipe se mantinha longe de Estados como Alagoas e Pernambuco. O primeiro, com 1.205.204 habitantes, sendo 133.858, em Maceió; e o segundo, com 2.949.634 habitantes, o Recife figurando com 491.078 almas, cf. Robert Levine, *O regime de Vargas: os anos críticos, 1934-1938*, p. 295. Ao falecer, em 1936, o coronel Francisco Martins de Albuquerque, o Chico Martins, chefe político de Águas Belas, deixa para as filhas e para o filho varão, Audálio, então com 30 anos, 22 fazendas no município e arredores. Terras das quais o jovem coronel se apossa em grande parte, como herdeiro direto, e ainda do quinhão das irmãs, de modo indireto, na qualidade de administrador delegado, na ausência de interesse inicial da parte destas na gestão do que lhes coubera. Fica senhor de um latifúndio acima de 12.000 hectares. Um mar de caatinga arbórea propícia à ocultação, cortada por serras escarpadas, grotas sombrias, boas aguadas e onde não se avistava vivalma. Cenário de encomenda como trunfo tático para o cangaço. Por ter concluído certo curso de comércio que havia no Recife, e começar a perder prestígio o título de coronel, Audálio preferia ser chamado sonoramente de Doutor Audálio. Em Sergipe, o poder de Napoleão não faz sombra ao do homólogo pernambucano em volume de terras, mas se vê reforçado pela gestão local que lhe cabia das propriedades do coronel Antônio Ferreira de Carvalho, o Antônio Caixeiro, dos maiores latifundiários do Estado, que chegou a ter cerca de quarenta fazendas espalhadas por Sergipe e Alagoas, de onde era natural, além de indústrias de beneficiamento de arroz e descaroçamento de algodão no baixo São Francisco. Seu filho, Eronides, foi sucessivamente governador e interventor federal de Sergipe, do meado dos anos 30 para o início dos 40, amizade sólida com o presidente Vargas, cf. Luitgarde Cavalcanti Barros, A *derradeira gesta*, p.262-3, passim. Nada mais recorrente nos depoimentos de soldados volantes que o desempenho rasteiro da munição que lhes era destinada. Um testemunho apenas traremos aqui, o do mais eficiente matador de cangaceiros dos anos 30: "Sei que a munição deles era nova porque, todo combate que dava com Lampião, eu apanhava as cápsulas das balas e ia conferir com as nossas. Eram novas, muito mais novas, daquele ano... As nossas eram munição velha". São palavras do coronel José Osório de Farias, o Zé Rufino, ditas a Paulo Gil Soares, cf. *Vida, paixão e mortes de Corisco: o Diabo Louro*, p.47. Sobre a munição paulista, chegada

em quantidade ao Nordeste para o cangaço no período, cf. *São Paulo, 1932: a máquina de guerra*, de Mário Monteiro, p. 96-8.

7. A queixa de Agamenon está no *Jornal do Comércio*, Recife, 10 de agosto de 1938. O drama humano, por vezes patético, da transmigração nordestina em benefício da lavoura do Sudeste encontrou no cineasta Alberto Cavalcanti um intérprete atento. O longa-metragem *O canto do mar*, de 1953, produzido e dirigido por ele em Pernambuco, com assistência de José de Souza Alencar, argumento de José Mauro Vasconcelos, diálogos de Hermilo Borba Filho, música de Guerra Peixe e interpretações de Rildo Saraiva, Margarida Cardoso, Aurora Duarte, Alfredo de Oliveira e Cacilda Lanuza, dentre outros, descerrou para a opinião pública o véu que cobria a diáspora regional dos anos 30 e 40, iluminando parte das fontes do preconceito que envolve até hoje o homem do setentrião brasileiro, aos olhos sobretudo de paulistas.

8. *Diário de Pernambuco*, Recife, edições de 7 e 9 de outubro de 1937. Sobre as virtudes e mazelas do algodão no vale do São Francisco ao longo dos anos 30, recomendamos estudo de Hildebrando de Menezes publicado no *Diário de Pernambuco* de 23 de dezembro de 1937.

9. Antônio Paranhos, entrevista ao Autor, Pau Ferro [Itaíba], Pernambuco, 1967. A miudeza dos atendimentos rentáveis está em inúmeros registros lançados na caderneta de campo de Benjamin.

10. Sebastião Vieira Sandes, entrevista ao Autor, Delmiro Gouveia, Alagoas, 2003. Santo – como era conhecido na caserna – que já vimos ter sido soldado volante daquele Estado entre os anos de 1937 e 1940, colheu a ira de Lucena da boca do sargento Valentim, comandante da força volante com sede em Santana do Ipanema, com quem o comandante do Segundo Batalhão costumava desabafar. Sargento e soldado se aplicaram na apreensão das fotografias ali.

11. Antônio Paranhos, ibidem. Aziz Francisco Elihimas, entrevista ao Autor, Recife, 1990 a 1992.

12. A fotografia integra o acervo do colecionador Abílio Samuel, de Águas Belas, Pernambuco, uma cópia nos tendo sido ofertada gentilmente pelo pesquisador Antônio Vilela de Souza, de Garanhuns, Pernambuco, em 2010, para ser aproveitada neste livro. Ao cangaceiro Cacheado, figura de destaque no bando de Lampião nos anos 30, sucessor que foi de Gato e de Moreno no posto estratégico de carrasco a serviço do chefe, coube dirimir toda dúvida acerca da importância de Audálio Tenório no quadro dos favorecedores do cangaço. Em entrevista que concedeu a Joel Silveira, dos Diários Associados, em 1944, quando se encontrava preso em Salvador, à indagação do repórter sobre "coiteiros importantes", nomeia apenas os dois "maiores" dos anos finais: o coronel Antônio Ferreira de Carvalho, o Antônio Caixeiro, em Sergipe, "e o Doutor Odálio, de Pau Ferro, em Pernambuco", apud Nertan Macedo, *Volta Seca: o menino cangaceiro*, p. 55.

13. Aziz Francisco Elihimas, ibidem. Além de nos informar sobre o diálogo impossível de seu pai com um Benjamin tomado por "defunto" no meio comercial, Aziz nos confiou uma das promissórias jamais resgatadas, entregue por um dos credores para fazer parte do inquérito policial da morte do sírio. Vai reproduzida neste livro.

14. Valdemar de Souza Lima, o já mencionado memorialista de Palmeira dos Índios, Alagoas, colheu as revelações do coronel Pedro Rodrigues Gaia e as lançou em seu livro *Lampião e o IV Mandamento*, p. 16.

15. Valdemar de Souza Lima, ibidem, p. 17. Do primeiro boletim, ao que se saiba, não restou exemplar para a história, a tônica do escrito nos tendo sido reconstituída de memória por dona Cira de Brito Bezerra, viúva do tenente João Bezerra, nas conversas que tivemos em sua casa do Hipódromo, no Recife, no ano de 1982. A edição de 12 de agosto de 1938 da *Gazeta de Alagoas* trouxe, na íntegra, os dizeres algo pomposos de um segundo boletim, igualmente escrito na segunda pessoa do plural. Uma reiteração do primeiro, embora vazada em termos bem mais contidos e até conciliadores. Lampião morto, o desespero de Lucena abrandara substancialmente, podendo agora, com calma, pedir o apoio do sertanejo para a extinção dos subgrupos de cangaceiros que batiam cabeça pela caatinga. Confiados, major e tenente, no que tinham ouvido do velho Jovino Novato, em Palmeira dos Índios, quando do trânsito das cabeças: "Ah, seu major, agora que o tenente quebrou a touceira, o resto pode se acabar até de pedrada de badoque...".

16. Manuel Dantas Loiola, o Candeeiro, entrevista ao Autor, Recife e Buíque, Pernambuco, 1984 e anos seguintes.

17. *Diário de Pernambuco*, edições de 16 e 22 de julho de 1937, e de 13 de maio de 1938; *Diário de Notícias*, Salvador, Bahia, 11 de janeiro de 1938. A suposta morte de Lampião, "na cama", deu registro no *New York Times* de 13 de janeiro de 1938. Baseamo-nos ainda em informações do ex-cangaceiro Candeeiro e de Antônio Paranhos quanto à presença do bando no riacho do Mel.

18. Antônio Paranhos, ibidem.

19. Luiz de Albuquerque Maranhão [filho adotivo de Audálio], entrevista ao Autor, Recife, 1988; Antônio Paranhos, ibidem. O tipo e a limitação física de Zé de Rita, passados a nós tanto por Maranhão quanto por Paranhos, confirmaram-se na prosopografia deixada por Mundó Callou, como era conhecido o juazeirense Raimundo Callou de Sá Barreto, que viajou até o Pau Ferro dias depois do ocorrido, com vistas a colher notícias para a mulher de Benjamin e para credores do Juazeiro. A Napoleão Tavares Neves, que nos passou por escrito a informação para este livro, Callou revelaria categórico: "Aquele pobre homem não era capaz de matar Benjamin nem de tiro, muito pior de faca!". De conversa rápida que teve com o acusado, Callou pôde concluir: "O homem era pequeno, aleijado, muito pálido e até meio debiloide".

Imagens

Belém, na Grande Síria do quartel final do século XIX, em estudo gráfico de Severino Ribeiro sobre óleo de Vasily Polenov, de 1882.

Porto do Recife em 1915: primeira visão de Brasil oferecida a Benjamin Abrahão. Cortesia Fundação Joaquim Nabuco – Centro de História, Coleção Benício Dias, Recife. Reprodução Ribeiro.

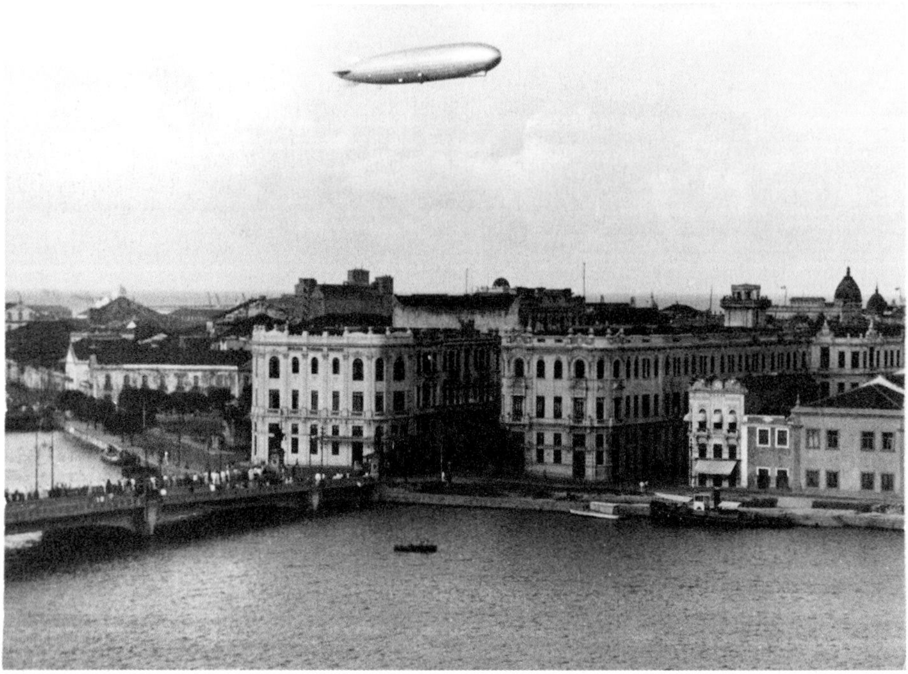

O Recife do meado dos anos 30, a "cidade-estrela" de Benjamin Abrahão, ligada ao mundo por terra, mar e ar, vendo-se a entrada da Avenida Marquês de Olinda e parte do Cais da Alfândega, no poente do bairro portuário. Cortesia Fundação Joaquim Nabuco – Centro de História, Coleção Juventino Gomes, Recife. Reprodução Ribeiro.

PER AMBUCO
Rua Visconde de Inhauma
Nos 43-91
(ANTIGA DO RANGEL 23)

CODIGOS
RIBEIRO E PARTICULARES
End. Teleg.: ELIHIMAS
TELEPH. Nº 6196

IMPORTAÇÃO EXPORTAÇÃO

ANTONIO E. .LIHIMAS & CIA. LTDA

ARMAZEM DE MIUDEZAS POR ATACADO

CASAS FILIAES EM JOÃO PESSÔA-RUA MACIEL PINHEIRO 123, PARAHYBA.
E CAM PINA GRANDE PRAÇA EPITACIO PESSÔA Nº 33

CASA FUNDADA EM 1906

João Pessôa, 9 de Janeiro de 1937

Illmo. Snrs.
Beijamim Abrahão
Fortaleza

O timbre orgulhoso da Antônio Elihimas & Cia. Ltda, nos anos 30. Cortesia Aziz Elihimas, Recife. Coleção do Autor. Reprodução Ribeiro.

O Juazeiro se engalana para receber o governador José Moreira da Rocha, em setembro de 1925. Cortesia Arquivo Renato Casimiro/Daniel Walker, Juazeiro, Ceará.

Benjamin Abrahão, ao tempo de sua fixação no Juazeiro em 1920. Cortesia Memorial Padre Cícero, Juazeiro, Ceará.

Beato José da Cruz, Juazeiro, final dos anos 10. Notar a cruz às costas, as orações ensacadas a tiracolo, gorro e túnica agaloados, além do *cordeiro de Deus*. Do livro *Beatos e cangaceiros*, Xavier de Oliveira, 1920. Reprodução Ribeiro.

Beata Mocinha, governanta e tesoureira do padre Cícero, c. 1920. M. Leite Fotografia. Cortesia Aziz Elihimas. Reprodução Ribeiro.

Cangaceiro típico do ciclo do Juazeiro: Zé Pedro, antigo *cabo de turma* na revolução de 1914, final dos anos 10. De Xavier de Oliveira, op. cit. Reprodução Ribeiro.

Na "guerra do Juazeiro", de 1914, Floro Bartolomeu da Costa, à direita, com a famosa burra castanha, e José de Borba Vasconcelos, ao centro, com cangaceiro. Do livro *O Juazeiro do padre Cícero e a revolução de 1914*, de Irineu Pinheiro. Reprodução Ribeiro.

Padre Cícero Romão Batista, em foto clássica para divulgação, c. 1918. De Irineu Pinheiro, op. cit. Reprodução Ribeiro.

Aglomeração na casa do padre Cícero para a benção, meado dos anos 20. Cortesia Acervo Amália Xavier de Oliveira, Juazeiro. Reprodução Ribeiro.

Pelúsio Correia de Macedo, entre familiares e criados, início dos anos 10. Cortesia Arquivo Casimiro/Walker.

José Geraldo da Cruz, chefe oposicionista no Juazeiro. Cortesia Arquivo Casimiro/Walker.

Prosperidade pós-revolucionária: capitão Polidoro Coelho, José de Borba Vasconcelos, coronel Pedro Silvino de Alencar e Floro Bartolomeu da Costa, Fortaleza, 1915. Cortesia Arquivo Casimiro/Walker.

Padre Cícero recebe romeiros de destaque, sob o olhar vigilante de Benjamin, no plano mais alto da janela, Juazeiro, c. 1931. Cortesia Memorial Padre Cícero.

Padre Cícero entre coronéis, c. 1925. De pé, à esquerda do religioso, José Ferreira de Menezes, redator do convite para que Lampião se alistasse no Juazeiro para o combate à Coluna Prestes, no ano seguinte. Cortesia Arquivo Casimiro/Walker.

Coronel Pedro Silvino (de pé, no estribo), padre Cícero e o comandante da Escola de Aprendizes Marinheiros do Ceará, capitão-tenente Pedro Augusto Bittencourt, Juazeiro, 1925. Cortesia Arquivo Casimiro/Walker.

O deputado federal Floro Bartolomeu da Costa brilha na corte republicana, pelas lentes do melhor estúdio fotográfico carioca, 1921. Foto Musso, Rio de Janeiro. Cortesia Arquivo Casimiro/Walker.

Batalhão Patriótico do Juazeiro, formado defronte da igreja de Nossa Senhora das Dores, Juazeiro, 1926. Cortesia Arquivo Casimiro/Walker.

Benjamin Abrahão, propagandeando o padre Cícero na imprensa pernambucana, visita o *Jornal do Recife*, 1923. Cortesia Dierson Tomaz Ribeiro, Serra Talhada, Pernambuco.

Ainda em 1923, no Recife, Benjamin e amigos de destaque na colônia árabe: Abrahão Alliz e Carlos Lamas, em pé; e Amador Lamas. Cortesia Aziz Elihimas. Coleção do Autor. Reprodução Ribeiro.

Ao Lampião "patriota" de 1926, atuando agregado ao Batalhão do Juazeiro, não ficava bem o uso do chapéu de couro de aba arrebitada, símbolo máximo do cangaço. Melhor o de feltro. Foto Lauro Cabral de Oliveira, Barbalha, Ceará. Cortesia Raul Fernandes, Natal, Rio Grande do Norte. Reprodução Ribeiro.

Benjamin Abrahão e o padre Cícero Romão Batista aos 85 anos de idade: a foto polêmica para o jornal carioca O *Globo*, de 15 de setembro de 1929. Cortesia Arquivo Crato Antigo/Lúcia Castro, Crato, Ceará.

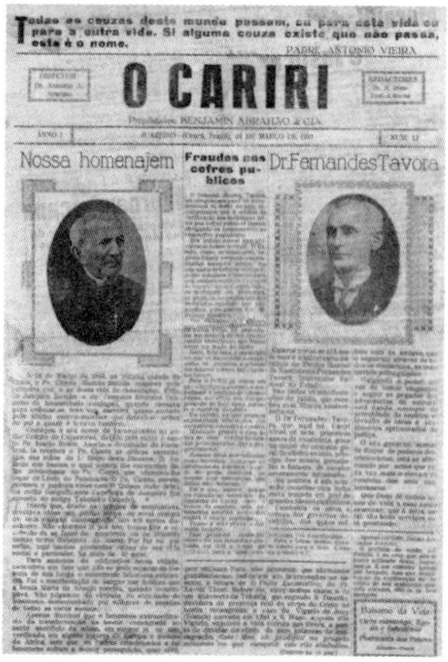

Todas as couzas deste mundo passam, ou para esta vida ou para a outra vida. Si alguma couza existe que não passa, esta é o nome.

PADRE ANTONIO VIEIRA

O CARIRI

Proprietarios BENJAMIN ABRAHÃO & CIA

Nossa homenajem

Fraudes nos cofres publicos

Dr. Fernandes Tavora

O jornal da Benjamin Abrahão & Cia, Juazeiro, 24 de março de 1931. Cortesia Arquivo Casimiro/Walker.

Primeira turma do Tiro de Guerra 48, do Juazeiro, em que Benjamin se graduou em 1933. Cortesia Arquivo Casimiro/Walker.

Postal da morte do padre Cícero: outro produto de massa da Benjamin Abrahão & Cia, 1934. Cortesia Aziz Elihimas. Coleção do Autor. Reprodução Ribeiro.

Ademar Bezerra de Albuquerque, pioneiro do cinema no Ceará e instrumentalizador da reportagem de Benjamin sobre o cangaço. Cortesia Memória do Cinema Cearense, Fortaleza.

Com o equipamento da Aba-Film, Benjamin cai na estrada em busca dos cangaceiros no ano de 1935. Cortesia Audálio Tenório de Albuquerque, Águas Belas, Pernambuco. Coleção do Autor. Reprodução Ribeiro.

Vila do Pau Ferro, Águas Belas, Pernambuco, janeiro de 1936: Benjamin entra na caatinga. Cortesia Audálio Tenório de Albuquerque. Coleção do Autor. Reprodução Ribeiro.

Câmera cinematográfica Ica, da Zeiss alemã, 35 mm, chassi para 25 m de filme, corda de mola, principal equipamento de Benjamin Abrahão. Cortesia Aziz Elihimas. Coleção do Autor. Foto Fred Jordão, Recife.

Câmera fotográfica Universal, da Zeiss, 6 x 6 cm, tipo caixão, objetiva dupla. Cortesia Aziz Elihimas. Coleção do Autor. Foto Ribeiro.

Caixa de couro para a condução da filmadora a tiracolo. Cortesia Aziz Elihimas. Coleção do Autor. Foto Fred Jordão.

Chassi de alimentação da filmadora. Cortesia Aziz Elihimas. Coleção do Autor. Foto Fred Jordão.

Tripé telescópico da filmadora. Cortesia Aziz Elihimas. Coleção do Autor. Foto Fred Jordão.

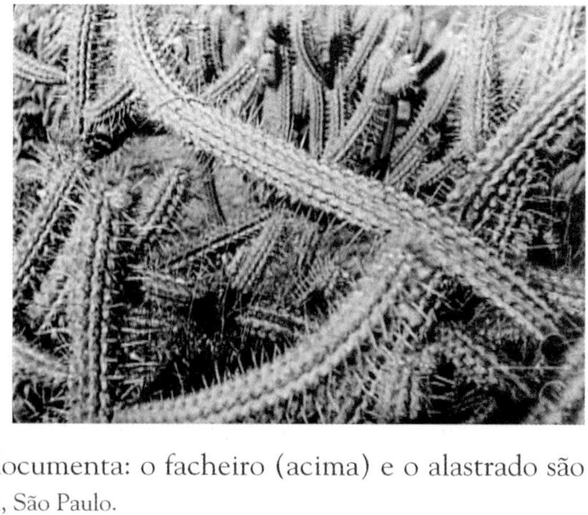

Benjamin enfrenta a caatinga e a documenta: o facheiro (acima) e o alastrado são exemplos. Cortesia Cinemateca Brasileira, São Paulo.

Benjamin neutraliza a oposição das volantes policiais fotografando-as: pernambucanos Euclides e Manuel Flor, com auxiliares, em Jeremoabo, Bahia, 1935 (acima); nos mesmos ano e Estado, a coluna José Rufino, em Serra Negra. Cortesia Marilourdes Ferraz, Recife, e Ricardo Albuquerque, Fortaleza.

Benjamin chega a Lampião no inverno de 1936, apressando-se em posar ao lado de Maria Bonita e do chefe, como também do estado-maior do bando. Notar o afã em mostrar o equipamento da Aba-Film. Cortesia Ricardo Albuquerque/Sociedade do Cangaço, Aracaju, Sergipe.

DIARIO DE PERNAMBUCO—DOMINGO, 27 DE DEZEMBRO DE 1936 3

Uma viagem de 18 mezes pelos sertões nordestinos

Dois encontros com o bandido Lampeão - Em busca de motivos para a realização de um film - O que é a caatinga

Os cangaceiros Jurity e Marrera

O sr. Benjamin Abrahão

A festa infantil do Club Portuguez

UM MANIFESTO DO EX-PRESIDENTE GOMEZ

PLANO INCLINADO

S. de LARRAGOITI

20 mil bandeirantes!

A todos quantos tomarem uma assignatura annual do "DIARIO DE PERNAMBUCO" para o anno de 1937, será distribuido, como bonificação, um lindo estojo "Bandeirante" contendo uma navalha e lamina "Gillette"

Os assignantes do interior, juntamente com os seus pedidos, devem remetter a importancia de 1$000 para o porte do correio, directamente á gerencia do DIARIO DE PERNAMBUCO á praça da Independencia, 12. Recife —

Gillette

Diário de Pernambuco, domingo, 27 de dezembro de 1936: o furo extraordinário. Cortesia Fundação Joaquim Nabuco – Centro de História. Reprodução Ribeiro.

O Povo

Fortaleza (Ceará) — Terça-feira, 12 de Janeiro de 1937

O Filme de Lampeão

UM POVO

O Sr. Benjamin Abrahão conseguiu apanhar o Grupo — A Mulher de Virgolino Ferreira — As Precauções do Bandido — Outras Notas

O Povo, Fortaleza, 12 de janeiro de 1937: Benjamin vai alimentando a curiosidade da imprensa. Cortesia Ricardo Albuquerque.

Alguns curiosos flagrantes da vida do "Rei do Cangaço" colhidos pela camera cinematographica

O sr. Benjamin Abrahão, da Aba Film, de Fortaleza, trabalhou mais de um anno para conseguir photographar o famoso bandoleiro "Lampeão" e seu grupo

Diário de Pernambuco, 12 de fevereiro de 1937: o interesse do leitor é assegurado. Cortesia Fundação Joaquim Nabuco – Centro de História. Reprodução Ribeiro.

Exercitando o tiro, conduzindo a oração coletiva, costurando à máquina, recebendo a toalete matinal da companheira, lendo jornal, almoçando: o cotidiano de Lampião cai nas lentes de Benjamin, 1936. Cortesia Ricardo Albuquerque/Sociedade do Cangaço.

Inverno de 1936: Lampião, com chapéu de feltro, em uma das fotos que foram vendidas às grosas no sertão, esta, autografada por Benjamin. Cortesia Ricardo Albuquerque/Sociedade do Cangaço.

Verão de 1936: Lampião, chapéu de couro, ao lado da companheira, em cena do filme. Cortesia Ricardo Albuquerque/Sociedade do Cangaço.

Lampião com *O Globo*, do Rio de Janeiro, 1936: novamente o *merchandising* de Benjamin em ação. Cortesia Ricardo Albuquerque/Sociedade do Cangaço.

Lampião comanda exercício de combate, 1936. Cortesia Ricardo Albuquerque/Sociedade do Cangaço.

Lampião: diálogo com a câmera, 1936. Cortesia Cinemateca Brasileira.

Lampião e Maria Bonita com a revista nacional *A Noite Ilustrada*, do Rio de Janeiro, 1936: outro dos postais vendidos por Benjamin nas feiras do sertão. Cortesia Ricardo Albuquerque/Sociedade do Cangaço. Coleção do Autor.

Benjamin entrevista Lampião para livro em projeto, 1936. Cortesia Cinemateca Brasileira.

Lampião recomenda a Cafiaspirina e distribui sachês do produto com Vila Nova, Zé Sereno, Gorgulho e Maria Bonita, 1936. Cortesia Cinemateca Brasileira.

Benjamin documenta subgrupos do bando de Lampião, a exemplo de Zé Sereno (acima) e Corisco. Cortesia Ricardo Albuquerque.

"MARIA DO CAPITÃO" --- "MADAME POMPADOUR DO CANGAÇO"

Acima, à esquerda, e abaixo, Benjamin imortaliza Maria Bonita pelo *Diário de Pernambuco* de 17 de fevereiro de 1937. Acima, à direita, exemplo da mistura público-privado na Alemanha nazista: o salão de vendas de importante indústria de automóveis, na Munique de 1935. Cortesia Fundação Joaquim Nabuco, Ricardo Albuquerque e Arquivo do Estado, Munique, Alemanha.

DIARIO DE PERNAMBUCO

PERNAMBUCO — BRASIL — RECIFE — SABBADO, 20 DE FEVEREIRO DE 1937

"Lampeão" leitor de Edgard Wallace e Georges Simenon

"Lampeão" é um apaixonado admirador dos mysteriosos entrechos policiaes de Edgard Wallace e Georges Simenon. Nos seus momentos de lazer, entrega-se o chefe cangaceiro a leitura das novellas de crimes sensacionaes, que fazem ainda a melhor delicia de milhares de individuos no mundo inteiro.

E' essa leitura o passatempo predilecto do "Rei do Cangaço", que difficilmente se aparta de uma brochura, quando attinge a um dos momentos mais emocionantes do volume.

Na photographia acima, vemos "Lampeão" embebido na leitura de uma novella policial. Figurará no film que o cinematographista amador, sr. Benjamin Abrahão acaba de fazer no acampamento do famoso cangaceiro e foi cedida com exclusividade no Brasil aos "Diarios Associados".

Atropelamento na praça da Independencia

O bonde n.º 146, da placa Casa Forte, guiado pelo motorneiro n.º 521, hontem, depois das 12 horas, atropelou na Praça da Independencia ao popular Ladislau Pereira de Moraes.

O paciente, em consequencia desse desastre, teve a perna direita fracturada, além de algumas escoriações.

O motorneiro foi preso em flagrante por um inspector de vehiculo e apresentado á 1.ª delegacia.

O ferido recebeu soccorro medico, ministrado pela Assistencia Publica.

PELOS MUNICIPIOS

NAZARETH

NAZARETH, 18 (Do correspondente do DIARIO DE PERNAMBUCO) — No Recife falleceu, domingo, a sra. Julita Tavares de Andrade, esposa do sr. Julio Tavares de Andrade, proprietario neste municipio. A noticia de sua morte echoou tristemente em nosso meio social, onde a extincta gosava de sympathias. De seu consorcio não deixou filhos. O feretro veiu na 2.ª feira ultima em carro funebre, seguido de grande numero de automoveis, para o engenho Pasta, em cuja capella foi sepultado.

Encommendaram o corpo os padres João Motta e J. Carlos Marinho.

Amanhã haverá missa de 7.º dia, na capella do referido engenho.

VIAJANTES — Vindo de Itabayanna, onde fôra em busca de melhora á sua saude, já se acha nesta cidade o maestro João Cantalice (Joquinha), que voltou completamente restabelecido.

CIRCO ATHAYDE — Desde quarta-feira que se acha nesta cidade esse circo. A sua estréa foi bôa, tendo o movimento da bilheteria sido estimado em cerca de 2:500$000. Antes de se iniciar o espectaculo, deu-se um accidente em vista de parte da galeria ter desabado, produzindo contusões em varios assistentes, embora sem gravidade. A exposição dos animaes tem sido muito visitada e apresenta leões, tigres do Amazonas, elephante, macacos, lhamas, ursos brancos, emas brasileiras e cavallos.

Hontem, houve o 2.º espectaculo, apanhando grande casa, melhor que a primeira.

Hoje será o ultimo, devendo seguir o Athayde para Timbauba, amanhã.

CHUVAS — Na quarta-feira deu uma forte chuvada nesta cidade, o que trouxe satisfação a todos. O calor reina inclemente e as manhãs são nubladas, ameaçadoras de chuvas.

NASCIMENTO — Nasceu, aqui, no dia 13, o menino José, filho do casal José Barbosa Irmão — sra. Jardilina Almeida Barbosa.

CONSTRUCÇÕES DE CASAS — Apesar da crise, surgem construcções de predios urbanos, sobresaindo-se no bairro do Joá, o que bem demonstra que a cidade augmenta gradativamente.

SPORTISMO — No proximo domingo virá a esta cidade, de Floresta dos Leões, um team afim de se bater com o Condor Sport Club, no gramado de La-

Acima, Benjamin confere ares intelectuais a Lampião pela imprensa do Recife, e de celebridade ao casal Corisco e Dadá, a quem entrevista para livro. Cortesia Fundação Joaquim Nabuco e Cinemateca Brasileira. Reprodução Ribeiro.

Modelos variantes de cartões-postais feitos por Benjamin para Lampião na Aba-Film, Fortaleza, 1936. Cortesia Moacir Assunção, São Paulo, e Luís Torres, Palmeira dos Índios, Alagoas.

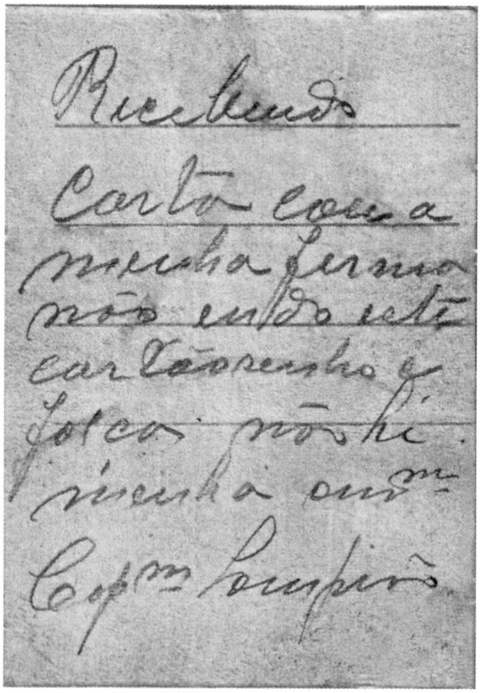

Modelo único de cartão de visita feito por Benjamin para Lampião, trazendo no reverso queixa deste contra falsificações: "Recebendo carta com a minha firma, não sendo este cartãosinho, é falça, não é minha. Sem mais, Capm Lampião". Cortesia Olavo de Freitas Machado, Pão de Açúcar, Alagoas.

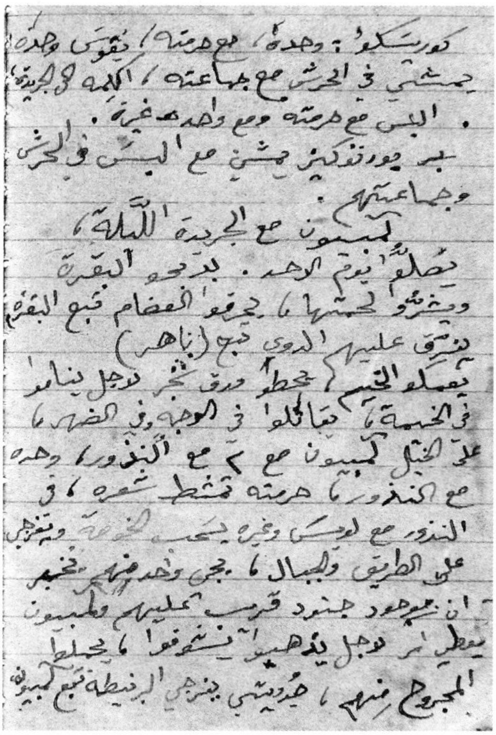

Emagrecido pelas caminhadas, Benjamin conclui a missão e se despede de Marreca e Juriti, levando consigo, além das imagens, a caderneta preciosa. Cortesia Cinemateca Brasileira. Coleção do Autor. Reprodução Ribeiro.

Lampião autentica a missão de Benjamin, em manuscrito que o *Diário de Pernambuco* estampa a 18 de fevereiro de 1937: "Venho lhi afirmar que foi a primeira peçoa que conceguiu filmar eu com todos os meus peçoal cangaceiros, filmando assim todos us muvimento da noça vida nas catingas dus sertões nordistinos. Outra peçoa não conciguiu nem conciguirá nem mesmo eu consintirei mais". Cortesia Fundação Joaquim Nabuco – Centro de História. Reprodução Ribeiro.

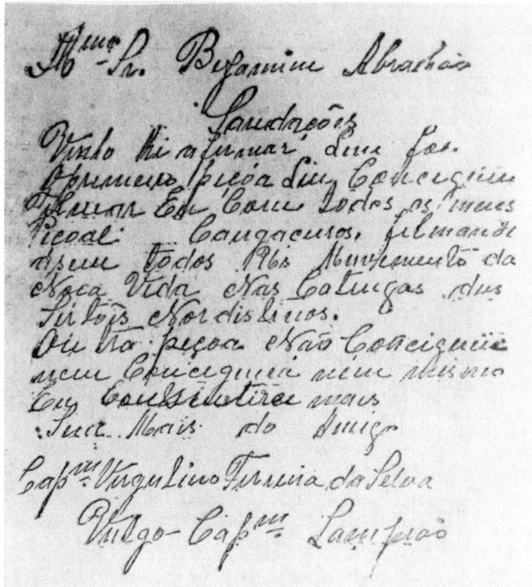

Illmo Sr. Benjamin Abrahão
Saudações
Venho lhi afirmar que foi
a primeira peçoa que conceguiu
filmar Eu com todos os meus
peçoal cangaceiros, filmando
assim todos os muvimento da
noça vida nas catingas dus
sertões Nordistinos.
Outra peçoa não conciguiu
nem conciguirá nem mesmo
Eu consintirei mais
Sem mais do amigo
Capm Virgulino Ferreira da Silva
Vulgo Capm Lampião

Entre o Recife e Fortaleza, Benjamin não chega para quem quer nas solicitações da imprensa, no início de 1937. Cortesia Vera Ferreira, Aracaju, Sergipe.

Poeta e folclorista Ascenso Ferreira, chefe do movimento de intelectuais em favor da vaquejada regional, surgido no Recife em 1937. Cortesia Fundação Joaquim Nabuco – Centro de História. Reprodução Ribeiro.

Jeni Arruda, pioneiro da promoção da vaquejada no agreste setentrional de Pernambuco em 1937, a partir de Surubim, ao lado de Vanildo Andrade. Cortesia Vilma Arruda e Neto Negromonte, João Alfredo, Pernambuco. Reprodução Ribeiro.

Quartel do histórico II Batalhão de Polícia de Alagoas, em Santana do Ipanema, que desmantelou o bando de Lampião em 1938. Cortesia Sílvio Hermano Bulhões, Maceió, Alagoas. Reprodução Ribeiro.

Beato José Lourenço Gomes da Silva c. 1943. Cortesia Arquivo Casimiro/Walker.

Coronel Audálio Tenório de Albuquerque, Pau Ferro, 1937: chapéu de couro, guarda-peito e perneiras. Cortesia Antônio Vilela de Souza/Abílio Samuel, Garanhuns e Águas Belas, Pernambuco.

DIARIO DE PERNAMBUCO

PERNAMBUCO — BRASIL — RECIFE — SABBADO, 13 DE NOVEMBRO DE 1937

de Britto

CORRENTES

CORRENTES, 8 (Do correspondente do DIARIO DE PERNAMBUCO) — FESTA DA CUMIEIRA — Verificou-se, aqui, uma curiosa festa religiosa que constou de missa às 6 horas.

[illegible]

A vaqueijada da fazenda "Barra Formosa" em Aguas Bellas

A VAQUEIJADA DA FAZENDA BARRA FORMOSA — E' tradicional [illegible] festa rustica que se realiza, annualmente, no [illegible] de Aguas Bellas. Nos flagrantes acima, feitos especialmente para o DIARIO DE PERNAMBUCO pelo nosso [illegible] sr. Benjamin Abrahão [illegible] tem a impressão do brilhantismo que alcançou a "pega do boi" alli verificada no começo deste mez, na qual [illegible] pessoas de [illegible] daquelle municipio, alem de cerca de oitenta vaqueiros. A' semelhança dessa festa terá logar, aqui no Prado da Magdalena, na proxima [illegible], interessante vaqueijada, que, de certo, irá constituir um programma de grande attracção. Hoje, pelo trem de Bom Jardim, chegam os vaqueiros [illegible]

Cobertura da vaquejada do Pau Ferro, de 1937, feita por Benjamin Abrahão para o *Diário de Pernambuco* de 13 de novembro. Cortesia Fundação Joaquim Nabuco – Centro de História. Reprodução Severino Ribeiro.

A fotografia explosiva: da esquerda, o coronel João Nunes de Araújo (fardado), o major José Lucena de Albuquerque Maranhão (com seu inconfundível talabarte invertido), de braços com o coronel Audálio Tenório, mais o coronel Gerson de Albuquerque Maranhão e auxiliar, no quadro da Vila do Pau Ferro, novembro de 1937. Foto Benjamin Abrahão. Cortesia Antônio Vilela de Souza/Abílio Samuel.

Policiais alagoanos em 1938: da esquerda, de pé, o já tenente-coronel Lucena Maranhão e o aspirante Francisco Ferreira de Melo; sentados, tenente João Bezerra da Silva e coronel Teodureto Camargo do Nascimento. Cortesia família Teodureto Nascimento. Coleção do Autor. Reprodução Ribeiro.

Por trás de sólido esquema militar, Getúlio Vargas e Agamenon Magalhães passeiam o poder quase absoluto do Estado Novo, 1937-1945. Cortesia Fundação Joaquim Nabuco – Centro de História. Reprodução Ribeiro.

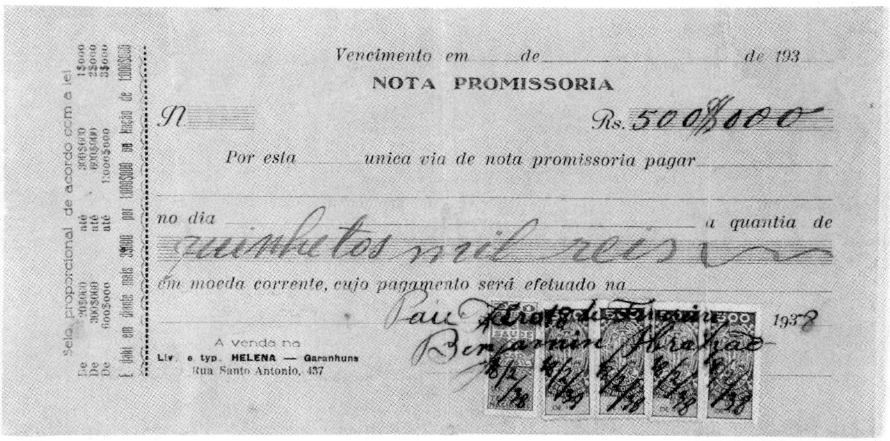

Sello proporcional de acordo com a lei
De 20$000 até 300$000 1$000
De 300$000 até 600$000 2$000
De 600$000 até 1:000$000 3$000
E dahi em diante mais 3$000 por 1:000$000 ou fracção de 1:000$000

Vencimento em de de 193

NOTA PROMISSORIA

N. Rs. 500$000

Por esta unica via de nota promissoria pagar

no dia a quantia de

quinhentos mil reis

em moeda corrente, cujo pagamento será efetuado na

Pau Ferro 18 de Fevereiro 1938

Benjamin Abrahão

A venda na
Liv. e typ. HELENA — Garanhuns
Rua Santo Antonio, 437

Uma das notas promissórias que Benjamin não conseguiu resgatar: Pau Ferro, 18 de fevereiro de 1938. Cortesia Aziz Elihimas. Coleção do Autor. Reprodução Ribeiro.

Luiz Carlos Prestes, em entrevista ao Autor, auxiliado por Roberto Arrais, Recife, 1983. Foto Arrais. Reprodução Ribeiro.

Aziz Francisco Elihimas com o Autor, Recife, 1992. A pedido deste, Aziz veste a túnica do tio Benjamin Abrahão. Foto Josenildo Freire, Recife.

Ciente da força das inimizades que despertara nos sertões de Pernambuco e Alagoas, Benjamin parece despedir-se da matriarca dos Elihimas, no Recife de abril de 1938. Foto Aziz Elihimas.

Apêndice

a – Edital de arrolamento do espólio de Benjamin Abrahão, Águas Belas-PE, 8 de março de 1941:

ESPÓLIO DE BENJAMIN ABRAHÃO – EDITAL – O doutor José F. da Silva Porto, juiz de Direito de Ausentes, da Comarca das Águas Belas, do Estado de Pernambuco, em virtude da lei etc. Faço saber aos que o presente edital virem, ou dele notícias tiverem, e a quem interessar possa, que, por este Juízo se procedeu à arrecadação dos bens que foram deixados por Benjamin Abrahão, de nacionalidade árabe, e que foi assassinado neste município no ano de mil e novecentos e trinta e oito. Ditos bens, que se achavam na Delegacia de Polícia desta Cidade, somente agora foram remetidos a Juízo e consistem em uma máquina de filmar, tipo Zeiss, número 731304, Tessar 1 : 2,7, C 4 C M, com uma bolsa de couro, estando na mesma escritas as palavras “ABA-FILME”; uma máquina fotográfica portátil tipo Kodac, com uma tripés, também portátil; um filme cinematográfico, ao que parece, em preparação; quatro caixas pequenas de metal contendo fitas de celuloide; uma maleta coberta de couro, em mau estado de conservação; e um pequeno rolo de arame de aço com o peso de cem gramas; outros objetos de uso pessoal, além da importância de oito mil e quinhentos réis em moeda corrente. Pelo que, de acordo com o artigo 561, do Código Civil Brasileiro, chamo os herdeiros do finado e os que tenham direito sobre a herança a virem habilitar-se, dentro do prazo de seis meses, a contar da primeira publicação do presente, observadas as formalidades legais. E, para conhecimento de todos, mandei passar o presente edital, que será afixado no lugar público do costume, e outro, de igual teor, para ser publicado, e reproduzido por três vezes, com o intervalo de trinta dias, no Diário do Estado. Dado e passado nesta cidade das Águas Belas, em oito de março de mil e novecentos e quarenta e um. Eu, Flávio Marques Vanderlei, escrivão, o escrevi. (assinado) José F. da Silva Porto. Nada mais se continha em dito edital, aqui fielmente copiado do próprio original, dou fé. Águas Belas, oito de março de mil e novecentos e quarenta e um. O Escrivão – Flávio Marques Vanderlei.

Fonte: cópia autêntica emitida pela Seção de Expediente da Imprensa Oficial do Estado de Pernambuco, com data de 19 de setembro de 1966. Coleção do Autor, Recife, Pernambuco.

b – Artigo de Benjamin Abrahão publicado no *Diário de Pernambuco*, edição de 2 de junho de 1937:

O REDUTO DO CALDEIRÃO DO BEATO JOSÉ LOURENÇO

Benjamin Abrahão
(para o *Diário de Pernambuco*)

O beato José Lourenço é um negro de musculatura bem desenvolvida, estatura regular, olhos sombrios. Parece ser descendente de cafres. Traja calça, paletó e colete, em geral pretos. Seu automóvel é um fogoso cavalo alazão e com arreios de primeira qualidade.

Quando viaja, sempre era acompanhado por algumas pessoas de inteira confiança, todos também a cavalo.

Residia no Caldeirão, propriedade do padre Cícero, cujo sítio pertencente ao município do Crato, fica distante duas léguas desta cidade e mais de quatro para o Juazeiro.

O beato José Lourenço tinha residência no Juazeiro, e vinha aí sempre passar as festas, assistir eleições ou para alguns negócios de urgência com o padre Cícero.

Vivia José Lourenço no Caldeirão, cercado pelos adeptos fanáticos, que os eram também do padre Cícero. São forasteiros vindos principalmente dos estados vizinhos.

Criava o beato um boi zebu do padre Cícero. Este boi chegou ao ponto dos fanáticos lhe fazerem promessas.

O boi santo e milagroso, ficou de uma mansidão sem rival, devido os carinhos e tratos que recebia.

O boi era enfeitado de flores, de fitas de todas as cores, dos pés até a cabeça, pelos fanáticos. Nada se esperdiçava do boi santo que era tudo bento e milagroso.

O dr. Floro Bartolomeu, como deputado, eleito principalmente pelo povo do Juazeiro sobre as ordens do padre Cícero, devido a certos comentários e notícias que repercutiam mal para a sua situação, mandou prender o sr. J. Lourenço e trazer o boi santo, que foi abatido na frente da residência do dr. Floro. A carne foi levada para o açougue público.

Dessa carne nenhum fanático quis comprar, alegando ser um crime e pecado comer a carne de um boi santo.

O beato José Lourenço dias depois foi solto e voltou para o Caldeirão, onde continuou com a sua atividade anterior.

Com o seu povo, se dedicava à agricultura e pequena criação, todos obedeciam a sua ordem e trajavam sempre roupas pretas e todas as mulheres que faziam parte de seu reduto eram conhecidas sempre por viúvas.

O beato era único depositador dos objetos de valor do seu povo que o reconheciam como o verdadeiro São João do Céu, que assim era chamado por eles.

O beato sempre oferecia e mandava presentes para as pessoas gradas das cidades vizinhas: cargas de legumes, frutas, galinhas, perus etc.

Daí José Lourenço enviava os seus propagandistas para os sertões vizinhos, a fim de fazerem propaganda do Juazeiro e das suas atividades.

Diziam os enviados ao povo que o beato era a segunda pessoa do padre Cícero.

Um dos mais afamados propagandistas era o célebre beato Severino, conhecido pelos fanáticos (como) Padrinho Conselheiro.

Este Severino, em 1930 e 1931, nos Estados de Piauí e Maranhão, o seu prestígio no meio dos fanáticos chegou a tanto, que batizava, confessava e casava, e em seguida mandava o povo residir no Juazeiro e no Caldeirão. Chegou a tal ponto que precisou os chefes de polícia desses estados tomarem enérgicas providências contra este enviado de J. Lourenço.

Severino, perseguido pela polícia, veio parar nas matas e agrestes de Pernambuco.

Se Severino fez a sua propaganda que resultou a retirada de muitas pessoas pais de família, para Juazeiro e Caldeirão, proprietários venderam as suas propriedades por mais ou nada a fim de seguirem o seu conselho.

Não tardou essa gente, lá, cair em extrema miséria. Uns conseguiram voltar às suas terras, pedindo esmolas pelos caminhos afora, e outros ficaram de tal modo que nunca mais puderam voltar.

Severino procurou então novas terras, tomou o rumo do sertão de Alagoas.

Próximo à margem do rio São Francisco, na povoação Caboclo, no município de Pão de Açúcar, neste Estado, Severino fixou aí sua residência temporária.

O povo quase em geral era seu adepto. O conselheiro Severino ficou assim o Pajé daquela zona.

Muitas famílias fanáticas ficaram indiferentes com o padre Soares Pinto, vigário do município de Pão de Açúcar, pelo simples motivo desse padre reprovar os atos e procedimentos do beato Severino.

Analfabeto como ele o é, entretanto, fazia sermões e práticas diariamente.

Trepava num caixão ou mesa, e em seguida Severino iniciava a sua prática com linguagem extravagante.

O seu aspecto, no momento da prática ou sermão, era dum energúmeno.

Dizia, Severino, a sua primeira frase: "Aquele que não olha para mim e que não presta atenção, será castigado. Eu peço castigo! Eu peço castigo!".

O povo fanatizado dizia: "Ave Maria! Ave Maria! Não peça castigo não, padrinho Conselheiro".

"Vocês estão cegos, precisam tomar o chá de canafístula, e vocês sabem que o pau da mata é louro e a volta do meu amo no Caldeirão é couro, e eu aqui sou um touro!".

Convidava o povo a vender seus bens e ir residir no Juazeiro e, no Caldeirão, onde reside o beato J. Lourenço.

"Ele é moreno ou preto por causa das nuvens que descem lá do céu, mas ele é o verdadeiro São José" – assim falava Severino, e somente lá podem alcançar a salvação verdadeira. Em outro lugar não há salvação igual.

O beato Severino preferia sempre ser acompanhado pelo sexo feminino e servido por elas principalmente nas horas das refeições.

Na hora da dormida, deitava-se na sua rede florada cercado por mulheres e moças, que aí cantavam um hino qualquer embalando-o até ele adormecer. Lavavam-lhe os pés com água morna e com essa água, muitos fanáticos depois lavavam feridas, olhos e crianças, pois tinham como benta e milagrosa esta água.

Houve uma visita pastoral no município de Pão de Açúcar, e Severino se achava ainda neste município que revoltou o povo fanático contra estes representantes da Igreja, intitulando-os de Capa Verde.

Chegou ao ponto de precisar a intervenção da polícia, que numa noite prendeu o beato Severino e o conduziu para a cidade de Pão de Açúcar, onde foi metido na cadeia e teve raspada a barba e a cabeça.

Os fanáticos choravam com pena de seu padrinho Conselheiro, e ficaram esperando um grande castigo do céu para aqueles que prenderam Severino.

Dias depois Severino foi solto, tomando o rumo de Juazeiro e Caldeirão, conduzindo assim na sua companhia, muitas pessoas que tiveram a mesma sorte dos outros acima citados.

No meado do ano passado, o governo do Ceará recebeu uma grave denúncia contra o beato J. Lourenço, de que no Caldeirão contava com grande reduto, de fanáticos, marchando assim para um perigo, principalmente contrário ao governo, visto que o reduto já estava desobedecendo às leis, como também estavam aí, batizando, confessando, praticando atos religiosos por sua conta própria.

Diante dessa situação o governo do Ceará mandou para lá um reforço sob o comando do capitão Bezerra, a fim de prender o beato J. Lourenço e dispersar os seus fanáticos.

Aconteceu que o beato foi avisado e conseguiu foragir-se. A força prendeu alguns do estado-maior do beato e foram incendiadas algumas palhoças.

Meses depois o governo teve novamente denúncia, que o beato J. Lourenço estava ainda residindo no Ceará.

Sabedor deste novo reduto, que com certeza mais tarde iria trazer perigo para a tranquilidade pública e as autoridades, ordenou, em seguida, que o capitão Bezerra, delegado das zonas do Ceará, com sede no Juazeiro, seguisse com a sua força a fim de verificar e estabelecer o lugar certo do reduto do beato J. Lourenço.

O capitão Bezerra, cumprindo a ordem, seguiu à delegacia, aí quando não se esperava, foi vítima duma emboscada do beato José

Lourenço com os seus fanáticos, que traiçoeiramente o assassinaram com o seu filho e quase o total de sua força.

O Cariri é a zona mais fértil do Estado, e denominada Coração do Ceará, onde estão situadas importantes cidades, como sejam: Jardim, Missão Velha, Barbalha, Juazeiro e Crato, esta última é a mais adiantada em instrução dentro do seu Estado, e é o ponto terminal da estrada de ferro, que tem 600 km de extensão.

Fonte: Fundação Joaquim Nabuco, Centro de História Brasileira, Coordenadoria de Microfilmagem, Recife, Pernambuco.

c – Convite à rendição, dirigido pelo padre Cícero à Coluna Prestes, a 20 de fevereiro de 1926:

Caros patrícios

Venho vos convidar à rendição.

Faço-o firmado na convicção de que presto serviço à Pátria, por cuja grandeza também devem palpitar os vossos corações de patriotas.

Acredito que já não nutris esperanças na vitória da causa pela qual, há tanto tempo, pelejais, com excepcional bravura. É tempo, portanto, de retrocederdes no árduo caminho por que seguis e que, agora, tudo está a indicar, vos vai conduzindo a inevitável abismo. Isto, sinceramente, enche-me a alma de sacerdote católico e brasileiro de intraduzíveis apreensões, dominando-a de indefinível tristeza.

Reflexo do meu grande amor ao Brasil, esta tristeza, assevero-vos firmemente, é uma resultante do conhecimento que tenho dos inauditos sacrifícios que estais impondo à Nação, entre os quais incluo, com notável relevo, o vosso próprio sacrifício e dos muitos companheiros que são vossos aliados, na expectativa de resultados, hoje, provavelmente impossíveis.

Confrange-me o coração e atormenta-me, incessantemente, o espírito esse inominável espetáculo de estar observando brasileiros contra brasileiros, numa luta fratricida e exterminadora, que tanto nos prejudica vitais interesses no interior, quanto nos humilha e deprime perante o estrangeiro. Acresce que para uma Nação jovem e despovoada como é a nossa, as atividades constantes de cada cidadão representam um valor inestimável ao impulsionamento do seu progresso. De modo que para se fazer obra de impatriotismo basta contribuir para a paralisação dessas atividades ou para o desvio da sua aplicação construtora. É o que estais fazendo, involuntariamente, talvez.

Assim sendo, é claro que se outros vultuosos males não acarretasse ao País a campanha que contra ele sustentais, bastaria atentardes nesta importante razão para vos demoverdes dos propósitos de luta em que persistis.

Entretanto, deveis refletir ainda na viuvez e na orfandade que, com penalizadora abundância, se espalham por toda parte; na fome e na miséria que acompanham os vossos passos, cobrindo-vos das maldições dos vossos patrícios, que não sabem compreender os motivos da vossa tormentosa derrota através do nosso grandioso hinterland.

É, pois, em nome destes motivos superiores e porque reconheço o valor pessoal de muitos dos moços que dirigem esta malfadada revolução, que ouso vos convidar e a todos os nossos companheiros a depordes as armas. Prometo-vos, em retribuição à atenção que derdes a este meu convite, todas as garantias legais e bem assim me comprometo a ser advogado das vossas pessoas perante os poderes constitucionais da República, em cuja patriótica complacência muito confio e deveis confiar também. Deus queira inspirar a vossa resolução, que aguardo com ansiedade e confiança.

Deus e o amor da Pátria sejam vossos orientadores, neste momento decisivo da vossa sorte, cujos horizontes me parecem toldados de sombrias nuvens.

Outrossim: é meu principal desejo vos salvar da ruína moral em que, insensivelmente, vos estais embrenhando, com os feios atos e desregramentos consequentes da revolução e que, certamente, vos conduzirão a uma inevitável ruína material. Lembrai-vos de que sois moços educados, valentes soldados do Brasil, impulsionados neste vosso corajoso tentame por um ideal, irrefletido embora, e que, entretanto, estais passando, perante a maioria dos vossos compatriotas, por celerados comuns, já se vos tendo comparado, na imprensa das capitais, aos mais perigosos facínoras do Nordeste.

Isto é profundamente entristecedor. Deixai, portanto, a luta e voltai à paz; paz que será abençoada por Deus, bendita pela Pátria e aclamada pelos vossos concidadãos, e, pois, só vos poderá conduzir à felicidade. Deus e a Pátria assim o querem e eu espero que assim o fareis.

Com toda atenção, subscrevo-me

Vosso patrício muito grato
P. Cícero Romão Batista
Juazeiro, 20 de fevereiro de 1926

Fonte: exemplar impresso em xilogravura e assinado de próprio punho pelo padre Cícero com tinta negra, oriundo do acervo da beata Mocinha e conservado pela beata Generosa Alencar, sua afilhada. Coleção do Autor, Recife, Pernambuco.

Fontes

a – Trabalhos publicados:

ABREU, Capistrano de. *Caminhos antigos e povoamento do Brasil*. Rio de Janeiro, Sociedade Capistrano de Abreu – Liv Briguiet, 1930.

Álbum histórico do Seminário Episcopal do Ceará – 1914, Fortaleza, Diocese do Ceará, 1914.

ALENCAR, José Almino de, Deus está nos detalhes, *Revista Brasileira*, Rio de Janeiro, Academia Brasileira de Letras, fase VII, ano XV, n. 60, jul-set 2009.

ALVES, Tarcísio Marcos. *A Santa Cruz do Deserto*. Recife, Ed Liv Rápido – Néctar, 2008.

ANDRADE, Manuel Correia de. *A terra e o homem no Nordeste*. São Paulo, Liv Ed Ciências Humanas, 1980, 4 ed.

ANSELMO, Otacílio. *Padre Cícero: mito e realidade*. Rio de Janeiro, Ed Civ Brasileira, 1968, ed il.

_________. A tragédia de Guaribas, *Revista Itaytera*, Crato-CE, n. 16, 1972.

AOUN, Farid. *Do cedro ao mandacaru*. Recife, 1979, s. ed.

ARAÚJO, Antônio Gomes de. *Apostolado do embuste*. Crato-CE, Ed Itaytera, 1956.

ARAÚJO, Ricardo Benzaquen de. *Totalitarismo e revolução: o Integralismo de Plínio Salgado*. Rio de Janeiro, Jorge Zahar Ed, 1988.

BARROS, João Alberto Lins de. *Memórias de um revolucionário*. Rio de Janeiro, Ed Civ Brasileira, 1954, 2 ed.

BARROS, Luitgarde Oliveira Cavalcanti. *A terra da Mãe de Deus*. Rio de Janeiro, Liv Francisco Alves, 1988.

_________. *A derradeira gesta: Lampião e nazarenos guerreando no sertão*. Rio de Janeiro, Mauad Ed/Faperj, 2000.

BARROSO, Gustavo. *Almas de lama e de aço*. São Paulo, Comp. Melhoramentos de São Paulo, 1930.

BOXER, Charles. *A Igreja militante e a expansão ibérica: 1440-1770*. São Paulo, Cia das Letras, 2007.

BRÍGIDO, João. *Apontamentos para a história do Cariri: crônica do sul do Ceará*. Fortaleza, Tip da Gazeta do Norte, 1888.

_________. *Ceará, homens e fatos*. Rio de Janeiro, Tip Besnard Frères, 1919.

Caderno de Pesquisas, Rio de Janeiro, Centro de Pesquisadores do Cinema Brasileiro – Embrafilme, n. 1, set 1984.

CANALE, Dario; VIANA, Francisco; TAVARES, José Nilo (orgs). *Novembro de 1935: meio século depois*. Petrópolis-RJ, Ed Vozes, 1985.

CASCUDO, Luiz da Câmara. *A vaquejada nordestina e sua origem*. Recife, MEC – Inst Joaquim Nabuco, 1969.

CASTELO BRANCO, Adauto. *Prestes e Lampião*. São Paulo, Est Graf Irmãos Ferraz, 1926.

CAVA, Ralph Della. *Milagre em Juazeiro*. Rio de Janeiro, Ed Paz e Terra, 1976.

CHANDLER, Billy Jaynes. *Lampião: o rei dos cangaceiros*. Rio de Janeiro, Ed Paz e Terra, 1981.

CORSI, Francisco Luiz. *Estado Novo: política externa e projeto nacional.* São Paulo, Unesp Ed, 2000.

COUTINHO, Lourival. *O general Góes depõe.* Rio de Janeiro, Liv Ed Coelho Branco, 1956, 3 ed.

DAUS, Ronald. *O ciclo épico dos cangaceiros na poesia popular do Nordeste.* Rio de Janeiro, MEC - FCRB, 1982.

DELGADO, Luís. *Carlos de Lima Cavalcanti: um Grande de Pernambuco.* Recife, Cia Ed de Pernambuco, 1975.

DRUMMOND, José Augusto. *O movimento tenentista: intervenção militar e conflito hierárquico (1922-1935).* Rio de Janeiro, Ed Graal, 1986.

DINIS, M. *Mistérios do Juazeiro.* Fortaleza, Ed Imeph, 2011, 2 ed (1 ed 1935).

FARIA, Juvenal Lamartine de. *Velhos costumes do meu sertão.* Natal, Fund. José Augusto, 1965.

FARIA, Oswaldo Lamartine de. *Encouramento e arreios do vaqueiro do Seridó.* Natal, Fund. José Augusto, 1969.

FAUSTO, Bóris. *Negócios e ócios.* São Paulo, Cia das Letras, 1997.

FERRAZ, Geraldo. *Pernambuco no tempo do cangaço: 1894-1933.* Recife, Gov PE – Fidem, 2002, 2v.

FERRAZ, Marilourdes. *O canto do acauã.* Recife, Ed Rodovalho, 1985, 2 ed rev e ampl.

FERREIRA, Ascenso. *Cana-caiana.* Rio de Janeiro, Liv J Olímpio Ed, 1939.

FERREIRA, Vera & ARAÚJO, Germana (orgs). *Bonita Maria do Capitão: Centenário de Maria Bonita.* Salvador, Ed UNEB, 2011.

FERRI, Enrico. *Os criminosos na arte e na literatura.* Lisboa, Liv Clássica Ed, 1916.

FREYRE, Gilberto. *Casa-grande & senzala.* Rio de Janeiro, Liv J Olímpio Ed, 1943, 4 ed.

__________. *Crônicas do cotidiano: a vida cultural de Pernambuco nos artigos de Gilberto Freyre.* Recife, Diário de Pernambuco, 2009 (organizado por Carolina Leão e Lídia Barros).

GARDNER, George. *Viagens no Brasil, principalmente nas províncias do Norte e nos distritos do ouro e do diamante, durante os anos de 1836 a 1841.* São Paulo, Liv Martins, 1942.

GATTAZ, André. *Do Líbano ao Brasil: história oral de imigrantes.* São Paulo, Gandalf Ed, 2005.

GUEIROS, Optato. *Lampião: memórias de um oficial ex-comandante de forças volantes.* Recife, Graf Ed do Recife, 1953.

GUERRA, Joaquim Pessoa. *O vaqueiro do Nordeste.* Recife, Liv Universal, 1924.

GUIMARÃES, Fausto da Costa. *Memórias de um romeiro.* Fortaleza, Ed Imeph, 2011.

HILTON, Stanley E. *Suástica sobre o Brasil.* Rio de Janeiro, Ed Civilização Brasileira, 1977.

HOLANDA, Firmino. *Benjamin Abrahão.* Fortaleza, Ed Demócrito Rocha, 2000.

KOSTER, Henry. *Viagens ao Nordeste do Brasil.* Recife, SEC-Gov de Pernambuco, tradução e notas de Luiz da Câmara Cascudo, 1978, 2 ed.

LEAL, Vítor Nunes. *Coronelismo, enxada e voto.* São Paulo, Ed Alfa-Ômega, 1976, 3 ed.

LEVINE, Robert M. *O regime de Vargas: os anos críticos, 1934-1938*. Rio de Janeiro, Ed Nova Fronteira, 1980.

LIMA, Estácio de. *O mundo estranho dos cangaceiros*. Salvador, Ed Itapoã, 1965.

LIMA, João de Souza. *Moreno & Durvinha: sangue, amor e fuga no cangaço*. Paulo Afonso-BA, Ed Fonte Viva, 2007.

LIMA, Lourenço Moreira. *A Coluna Prestes: marchas e combates*. São Paulo, Ed Alfa--Ômega, 1979, 3 ed il.

LIMA, Valdemar de Souza. *Lampião e o IV Mandamento*. Maceió, Serv Graf de Alagoas, 1977.

LIRA NETO. *Padre Cícero: poder, fé e guerra no sertão*. São Paulo, Cia das Letras, 2009.

LOURENÇO FILHO. *Juazeiro do padre Cícero*. São Paulo, Ed Cia Melhoramentos de São Paulo, 2 ed – 6 milh, s. data (1 ed. 1926).

MACAULAY, Neill. *A Coluna Prestes: revolução no Brasil*. Rio de Janeiro – São Paulo, Difusão Ed, 1977, 2 ed.

MACEDO, Manuel. *Juazeiro em foco*. Fortaleza, Emp Ed Autores Católicos, 1925.

MACEDO, Nertan. *Capitão Virgulino Ferreira Lampião*. Rio de Janeiro, Ed Leitura, 1962.

__________. *Floro Bartolomeu: caudilho de beatos e cangaceiros*. Rio de Janeiro, Ag Jorn Image, 1970.

__________. *Volta Seca: o menino cangaceiro*. Brasília, Thesaurus, 1982.

MACHADO, Paulo. *A marcha da insurreição: Juazeiro do Cariri, 1907-1911*. São Paulo, Ed Schoba, 2011.

MARTINS FILHO, Antônio. *Memórias: menoridade*. Fortaleza, Ed UFC, 1991.

MELLO, Frederico Pernambucano de. *Quem foi Lampião*. Recife – Zürich, Stähli Edition, 1993.

__________. *Delmiro Gouveia: desenvolvimento com impulso de preservação ambiental*. Recife, Massangana Ed, 1998, 2 ed ampl.

__________. *Guerreiros do sol: violência e banditismo no Nordeste do Brasil*. São Paulo, A Girafa Ed, 2011, 5 ed. rev e atualizada.

__________. *A guerra total de Canudos*. São Paulo, A Girafa Ed, 2007, 2 ed.

__________. *Tragédia dos blindados: a revolução de 30 no Recife*. Recife, Massangana Ed, 2007.

MELLO, José Antônio Gonsalves de. *Três roteiros de penetração do território pernambucano: 1738-1802*. Recife, Imp UFPE, 1966.

__________. *Tempo de jornal*. Recife, Ed Massangana, 1998.

MENEZES, Eduardo Diatahy B. de. Roger Bastide e a história dos movimentos populares no Brasil: o caso do Caldeirão. *Revista de Ciências Sociais*, Fortaleza, Ed UFC, v. 17, 1986.

__________. Padre Cícero e seu espírito público. *Revista de Ciências Sociais*, Fortaleza, Ed UFC, v. 26, 1995.

MENEZES, Fátima. *Lampião e o padre Cícero*. Recife, Ed UFPE, 1985.

MENEZES, Fátima; ALENCAR, Generosa. *Dossiê confidencial: padre Cícero e Floro Bartolomeu*. Brasília, 1995, s ed.

MONTEIRO, Mário. *São Paulo, 1932: a máquina de guerra*. São Paulo, Redação Final Ed, s. data.

MONTENEGRO, Abelardo. *Fanáticos e cangaceiros*. Fortaleza, Ed Henriqueta Galeno, 1973.

MOREL, Edmar. *Padre Cícero: o santo do Juazeiro*. Rio de Janeiro, Ed Civ Brasileira, 1966, 2 ed.

MOTA, Leonardo. *Cantadores*. Rio de Janeiro, Liv Ed Cátedra, 1976, 4 ed.

NEVES, Napoleão Tavares. *Cariri: cangaço, coiteiros e adjacências*. Brasília, Thesaurus Ed, 2009.

OLIVEIRA, Amália Xavier de. *O padre Cícero que eu conheci*. Recife, Massangana Ed, 1982, 3 ed.

PAIVA, Melquíades Pinto. *Uma matriarca do sertão: Fideralina Augusto Lima, 1832-1919*. Fortaleza, Ed Livro Técnico, 2008.

PERICÁS, Luiz Bernardo. *Os cangaceiros: ensaio de interpretação histórica*. São Paulo, Boitempo Ed, 2010.

PINHEIRO, Irineu. *O Juazeiro do padre Cícero e a revolução de 1914*. Rio de Janeiro, Irmãos Pongetti Ed, 1938.

PRESTES, Anita L. *A Coluna Prestes*. São Paulo, Ed Brasiliense, 1990.

RAMOS, Francisco Régis Lopes. O verbo encantado: imagens do padre Cícero na literatura de cordel. *Revista de Ciências Sociais*, Fortaleza, Ed UFC, v. 26, 1995.

Reclames da Bayer: 1911-1942. São Paulo, Carrenho Editorial, 1986, (2 ed em 2005).

Reclames da Bayer: 1943-2006. São Paulo, Carrenho Editorial, 2006.

ROCHA, Francisco Brochado da. *A Constituição de 1937*. Brasília, Minter – Fund Proj Rondon, 1987.

ROCHA, Tadeu. *Delmiro Gouveia: o pioneiro de Paulo Afonso*. Recife, Ed Universitária – UFPE, 1970.

SANTA ROSA, Virgínio. *O sentido do tenentismo*. São Paulo, Ed Ômega, 1976, 3 ed.

SILVA, Hélio. *1934: a Constituinte*. Rio de Janeiro, Ed Civ Brasileira, 1969.

_________. *1937: todos os golpes se parecem*. Rio de Janeiro, Ed Civ Brasileira, 1970.

SILVEIRA, Joel & MORAES NETO, Geneton. *Hitler/Stalin: o pacto maldito*. Rio de Janeiro, Ed. Record, 1990.

SOBREIRA, Pe. Azarias. *O patriarca de Juazeiro*. Juazeiro-CE, Ed Vozes, 1969, 2 ed.

SODRÉ, Nelson Werneck. *A Coluna Prestes*. Rio de Janeiro, J Olímpio Ed, 1985, 4 ed il.

TEÓFILO, Rodolfo. *A sedição do Juazeiro*. São Paulo, Monteiro Lobato Ed, 1922.

_________. *História da seca do Ceará: 1877 a 1880*. Rio de Janeiro, Imp Inglesa, 1922.

VASCONCELOS, Normando. *Cantiga de viola*. Maceió, Arte Digital Ed, 1996.

VILAÇA, Marcos Vinícios; ALBUQUERQUE, Roberto Cavalcanti de. *Coronel, coronéis*. Rio de Janeiro, Tempo Brasileiro Ed, 1965.

VILLELA, Jorge Mattar. *O povo em armas*. Rio de Janeiro, Relume Dumará Ed, 2004.

b – Revistas:
A Cena Muda, Rio de Janeiro-RJ
Cinearte, Rio de Janeiro-RJ
Fatos & Fotos, Rio de Janeiro-RJ
Itaytera, Crato-CE
Manchete, Rio de Janeiro-RJ
O *Cruzeiro*, Rio de Janeiro-RJ
Panfleto, Rio de Janeiro-RJ
Revista Brasileira, Rio de Janeiro-RJ

c – Jornais:
A *Tarde*, Salvador-BA
Correio do Ceará, Fortaleza-CE
Diário da Manhã, Recife-PE
Diário de Pernambuco, Recife-PE
Diário do Ceará, Fortaleza-CE
Jornal do Comércio, Fortaleza-CE
Jornal do Comércio, Recife-PE
Jornal Pequeno, Recife-PE
O *Ceará*, Fortaleza-CE
O *Povo*, Fortaleza-CE

d – Arquivos:
Aziz Francisco Elihimas, Recife-PE
Benjamin Abrahão Calil Botto, Juazeiro-CE, hoje na Coleção Pernambucano de Mello, Recife-PE
Fórum de Floresta-PE
Memorial da Justiça de Pernambuco, Recife-PE
Sidrack de Oliveira Correia, Recife-PE
Veremundo Soares, Salgueiro-PE, hoje na Fundação Joaquim Nabuco – Centro de História Brasileira, Recife-PE

e – Entrevistas:
Afonso Deodato Pereira Nunes, Águas Belas-PE, 1968
Antônio Afonso de Albuquerque, Fortaleza-CE, 1979
Antônio Correia Rosa, Pão de Açúcar-AL, 2006
Antônio Paranhos, Itaíba-PE, 1967
Antônio Renato Soares de Casimiro, Fortaleza-CE, 2011

Aristeia Soares (cangaceira Aristeia, de Catingueira), Frei Paulo-SE, 2004
Atallah Abrahão (filho de Benjamin Abrahão), Rio de Janeiro-RJ, 2000
Audálio Tenório de Albuquerque, Recife e Águas Belas-PE, 1967 e anos seguintes
Aziz Francisco Elihimas (sobrinho de Benjamin Abrahão), Recife-PE, 1990 a 1992
Cira de Brito Bezerra (viúva do comandante volante alagoano João Bezerra da Silva), Recife-PE, 1982 e anos seguintes
Cláudio Albuquerque, Fortaleza-CE, 2004
Gerson de Albuquerque Maranhão, Recife e Itaíba-PE, 1967 e anos seguintes
Jessé Inojosa, Recife-PE, 1965
Joaquim Rodrigues de Souza (assistente de revelação de Benjamin Abrahão), Fortaleza-CE, 1979
José Coelho de Araújo, Delmiro Gouveia-AL, 2004
José Guilherme de Lima, Gameleira do Buíque, hoje Vila Moxotó, Buíque-PE, 1970
Lauro Cabral de Oliveira Leite, Fortaleza-CE, 1980
Luiz Andrelino Nogueira, Serra Talhada-PE, 2009
Luiz Carlos Prestes, Recife-PE, 1983
Luiz de Albuquerque Maranhão (filho adotivo de Audálio Tenório), Recife-PE, 1988
Luiz Maria de Souza Delgado, Recife-PE, 1969
Manuel Cordeiro Neto, Fortaleza-CE, 1979
Manuel Dantas Loiola (cangaceiro Candeeiro), Recife e Buíque-PE, 1984 e anos seguintes
Maria Liesse Callou Duarte/Napoleão Tavares Neves, Barbalha-CE, 1988
Miguel Feitosa Lima (cangaceiro Medalha), Araripina-PE, 1970 e anos seguintes
Napoleão Ferraz Nogueira, Floresta-PE, 1982
Napoleão Tavares Neves, Barbalha-CE, 1988 e anos seguintes
Ondina Rocha Neves, Fortaleza-CE, 1973 e 1979
Orminda Asfora (Neném), Recife-PE, 1983
Oseas Rodrigues da Silva, Itaíba-PE, 1968
Raimundo Callou de Sá Barreto (Mundó) /Napoleão Tavares Neves, Juazeiro-CE, 1988
Raimundo Gomes de Figueiredo/Napoleão Tavares Neves, Juazeiro-CE, 1985 a 1988
René Ribeiro Hutzler, Recife-PE, 2009
Ricardo Kostenbauer Albuquerque, Fortaleza-CE, 2004
Sebastião Vieira Sandes (soldado volante alagoano), Delmiro Gouveia-AL, 2003
Sérgia Ribeiro da Silva (cangaceira Dadá, de Corisco), Salvador-BA, 1978
Sidrack de Oliveira Correia (coronel PMPE), Recife-PE, 1989

Índice onomástico

D

N

Impresso em São Paulo, SP, em novembro de 2012,
em norbrite 66 g/m^2 e couché fosco 115 g/m^2.
Impressão da capa nas oficinas da Stilgraf.
Impressão do miolo e acabamento nas oficinas da Corprint.
Composto em Goudy Oldstyle Std, corpo 12 pt.

Não encontrando esta obra nas livrarias,
solicite-a diretamente à editora.

Escrituras Editora e Distribuidora de Livros Ltda.
Rua Maestro Callia, 123
Vila Mariana – São Paulo, SP – 04012-100
Tel.: (11) 5904-4499 – Fax: (11) 5904-4495
escrituras@escrituras.com.br
vendas@escrituras.com.br
imprensa@escrituras.com.br
www.escrituras.com.br